古典文獻研究輯刊

三六編

潘美月・杜潔祥 主編

第30冊

《曝書亭集詩注》校證
（第三冊）

陳開林 著

國家圖書館出版品預行編目資料

《曝書亭集詩注》校證（第三冊）／陳開林 著 -- 初版 -- 新北
市：花木蘭文化事業有限公司，2023〔民 112〕
目 10+210 面；19×26 公分
（古典文獻研究輯刊 三六編；第 30 冊）
ISBN 978-626-344-288-7（精裝）
1.CST：中國詩 2.CST：詩評
011.08   111022060

ISBN-978-626-344-288-7

9 786263 442887

古典文獻研究輯刊
三六編　第三十冊   ISBN：978-626-344-288-7

《曝書亭集詩注》校證（第三冊）

作　　者　陳開林
主　　編　潘美月、杜潔祥
總 編 輯　杜潔祥
副總編輯　楊嘉樂
編輯主任　許郁翎
編　　輯　張雅淋、潘玟靜　美術編輯　陳逸婷
出　　版　花木蘭文化事業有限公司
發 行 人　高小娟
聯絡地址　235 新北市中和區中安街七二號十三樓
　　　　　電話：02-2923-1455／傳真：02-2923-1452
網　　址　http://www.huamulan.tw 信箱 service@huamulans.com
印　　刷　普羅文化出版廣告事業
初　　版　2023 年 3 月
定　　價　三六編 52 冊（精裝）新台幣 140,000 元

《曝書亭集詩注》校證
（第三冊）

陳開林　著

目

次

曝書亭集詩注卷十

嘉興　楊　謙　纂
武進　趙懷玉　參

重光作噩辛酉

送陸參議光旭督儲江北兼訊龔方伯佳育金司泉鎮田學使雯陸字鶴田，平湖人。順治壬辰進士。由保定知縣擢御史，遷冀南道。服闋，補江安糧儲道。金字長真，山陰人。《竹垞近詩》二首。其一云：「甫里先生早軼群，柏臺西出領河汾。采衣久侍兼珍饍，琳札新傳十寶文。地重東南資樹屏，山開巴蜀尚懸軍。儲胥轉粟功非細，新渥於今首屬君。」

　　春盤細菜散觥籌，暇許招尋醉肯留。遲日最難花下別，輕塵卻向雨餘收。熟知官閣三山近，《輿地紀勝》：「三山在上元縣西南五十五里。晉王濬伐吳至三山。」李白詩：「三山半落青天外。」〔註1〕預想燈船五月遊。《板橋雜記》：「秦淮燈船之盛，天下所無。兩岸河房，雕闌畫檻，綺窗絲障，十里珠簾。客稱既醉，主曰未歸，遊楫往來，指目曰某名妓在某河房，以得魁首者為勝。薄暮須臾，燈船畢集，火龍蜿蜒，光耀天地，揚搥擊鼓，蹋頓波心。自聚寶門水關至通濟門水關，喧闐達旦。桃葉渡口，爭渡者喧聲不絕。」駣竹黃童應笑語，石城岳牧總風流。見卷三《別杜濬》。啟儁《職官志》：「布政司，古方伯，為一州之表率，昉於堯之四嶽、舜之十二牧、禹之九州九牧、周之八命作牧也。」

題李檢討澄中濯足圖

　　我昔左海遊，《禮·鄉飲酒義》：「洗之在阼，其水在洗東，祖天地之左海也。」

───────────────

〔註1〕《登金陵鳳凰臺》。

曾為東武客。《山東通志》：「東武城在青州府諸城縣境。漢置縣，隋改曰諸城。」夕陽一騎人不知，馬耳晴峰照金碧。《名勝志》：「馬耳山雙峰出雲，酷似馬耳。子瞻詩：『孤雲落日在馬耳，照耀金碧開煙鬟。』」《通志》：「馬耳山在諸城縣西南六十里。」夢想青蓮五朵開，《通志》：「五垛山在諸城縣南八十里，五峰遙望如雉堞。」雩泉百折流瀯洄。蘇軾《雩泉記》：「常山在東武郡治之南二十里。其廟門之西南十餘步，有泉汪洋折旋如車輪，清涼甘滑，冬夏若一。琢石為井，作亭於其上，而名之曰雩泉。」當時濯足若逢爾，筍鞋桐帽忘歸來，張籍詩：「踏石筍鞋輕。」〔註2〕黃庭堅詩：「桐帽棕鞋稱老夫。」〔註3〕攜手日上超然臺。蘇軾《超然臺記》：「余弟子由適在濟南，聞而賦之，名其臺曰超然。」《通志》：「超然臺在諸城縣北城上。」

夏日瀛臺侍直紀事六首《金鼇退食筆記》：「瀛臺舊為南臺，一曰趯臺。」〔註4〕按：順治十二年六月，命西華門外臺為瀛臺。

暗水三橋出，《金鼇退食筆記》：「太液池舊名西海子，在西安里門，周凡數里。上跨石樑，約廣二尋，修數百步。兩崖穹嶐出水中，鯨獸楯欄皆白石鐫鏤如玉。中流駕木，貫鐵絆丹檻挈之，可通巨舟。東西峙華表，東曰玉蝀，西曰金鼇。其北別駕一梁，自承光殿達瓊華島，制差小。南北亦峙華表，曰積翠，曰堆雲。瀛臺在其南。」明星萬戶開。玉堂鈴索動，韓偓詩：「坐〔註5〕久忽聞鈴索動，玉堂西畔響丁東。」《戎幕閒話》：「翰林院有懸鈴，以備中夜，警急文書出入則引索以代傳呼。」宣喚入瀛臺。《乾淳歲時記》：「取旨宣喚。」

宿葦多於薺，涼沙白似冰。鮑照《舞鶴賦》：「涼沙振野，箕風動天。」朧朧深樹裏，忽露九枝燈。

麗草雲根潤，風花鳥下香。蓬萊今始到，真在水中央。王惲《遊瓊華島》：「蓬萊雲氣海中央。」

太液新蓮荮，《燕都遊覽志》：「太液池在子城西乾明門外，周遭凡數里，其源自玉泉山，合西北諸水流入都城德勝門，為積水潭，亦名海子。至北安門水關流入西苑，人呼西海子。」〔註6〕《開元天寶遺事》：「太液池千葉白蓮開。」金盤曲宴初。嵇康

〔註2〕《題李山人幽居》。
〔註3〕《次韻子瞻以紅帶寄王宣義》。
〔註4〕卷上。
〔註5〕「坐」，《雨後月中玉堂閒坐》作「夜」。
〔註6〕《欽定日下舊聞考》卷三十六。

《琴賦》：「華堂曲宴，密友近賓。」**君恩念蜀渴，先賜馬相如。**李商隱詩：「侍臣正有相如渴，不賜金莖露一杯。」〔註7〕又：「梓潼〔註8〕不見馬相如。」〔註9〕

螭首濡毫罷，《會典》：「唐左右二史分立殿下，直第二螭首，和墨濡筆，至螭首坳處，號螭坳。」〔註10〕**蛾眉散直歸。**《玉海》：「張泊請準舊儀，侍從官先入起居畢，分行侍立於丹墀之下，謂之蛾眉班。然後宰相相率正班入起居。」〔註11〕《筆談》：「唐兩省供奉官，謂之『蛾眉班』。」〔註12〕**爐煙香未歇，荷氣復侵衣。**

紫籞千花露，金塘萬柳條。牽巒容左史，《禮》：「左史記言。」〔註13〕**徐度赤闌橋。**《金鼇退食筆記》：「從苑牆下轉，西過小紅門，別設板橋，夾以朱欄，懸設罾網，許諸臣於奏對之暇舉網為歡，有得魚者即攜以歸，可謂升平佳話也。」〔註14〕

五月丙子侍宴保和殿恭紀二十四韻

柱下隨周史，見卷六《壽何侍御》。**琴邊聽舜歌。**見卷九《古意》。**廟謨神策勝，荒服遠人過。**《書》：「五百里荒服。」〔註15〕**蔥嶺車書接，**《綱目集覽》：「蔥嶺本山名，在天竺國東，後人據其地，自立為王，因以名國。」**條支部落多。**《史記·西域傳〔註16〕》：「條支〔註17〕在安息西數千里。」《漢書·鮑宣傳》：「部落鼓鳴，男女遮迣。」〔註18〕**郵籤幾重譯，**見卷九《平蜀詩》。**貢使百明駝。**見卷二《崧臺晚眺》。**黃帕開封速，**陸游詩：「黃帕〔註19〕裏書俄復至。」**花甎視日趨。**

〔註7〕《漢宮詞》。

〔註8〕「潼」，石印本誤作「童」。

〔註9〕《梓潼望長卿山至巴西復懷譙秀》。

〔註10〕《新唐書》卷四十七《百官志二》：「復置起居舍人，分侍左右，秉筆隨宰相入殿。若仗在紫宸內閣，則夾香案分立殿下，直第二螭首，和墨濡筆，皆即坳處，時號螭頭。」

〔註11〕卷七十《禮儀·朝儀》。

〔註12〕沈括《夢溪筆談》卷一《故事》：「唐制：兩省供奉官東西對立，謂之『蛾眉班』。」

〔註13〕《漢書·藝文志》：「左史記言，右史記事。」按：《禮記·玉藻》：「左史記動，右史記言。」

〔註14〕卷上。

〔註15〕《禹貢》。

〔註16〕按：《史記》無《西域傳》。此處《史記》卷一百二十三《大宛列傳》。此沿江浩然《曝書亭詩錄》之誤。

〔註17〕「支」，《史記》作「枝」。

〔註18〕卷七十二。

〔註19〕「帕」，《秋雨》作「把」。此沿江浩然《曝書亭詩錄》之誤。

見卷六《壽徐侍讀》。歐陽炯《南鄉子》:「豆蔻花間趁晚日。」〔註20〕**九賓齊脫劍,**《漢書·叔孫通傳》:「大行設九賓。」〔註21〕《注》:「九賓謂公、侯、伯、子、男、孤、卿、大夫、士也。」《禮》:「裨冕搢笏,而虎賁之士脫劍也。」〔註22〕**一士許鳴珂。**梁元帝詩:「鳴珂隨蹋驂。」〔註23〕《爾雅翼》:「貝大者珂,皮黃黑,骨白,可飾馬具,一名馬珂螺。」**乍橐螭頭筆,還衣鳳尾羅。**李商隱詩:「鳳尾香羅薄幾重。」〔註24〕**逶迤緣幔閣,踧踖步鑾坡。**《紀纂淵海》:「德宗移學士院於金鑾坡上。」〔註25〕**天半聞清蹕,**《古今注》:「警蹕所以戒行。《周禮》:『蹕而不警。』秦制:出警入蹕。謂出軍者皆警戒,入國者皆蹕止也。」王褒詩:「衡銜〔註26〕響清蹕。」**塵中隔絳河。**《楊升庵集》:「《漢武內傳》:『王母使女侍問武帝云:上問起居,遠隔絳河。』蓋道書〔註27〕天有九霄:赤霄、碧霄、青霄、玄霄、絳霄、黅霄、紫霄、練霄、縉霄也。絳河即絳霄。」〔註28〕**班聯小侯近,**見卷三《大閱圖》。**禮異叔孫苟。**《漢書·叔孫通傳》:「上使行禮。自諸侯王以下莫不振恐肅敬。至禮畢,盡伏,置法酒。諸侍坐殿上皆伏抑首,以尊卑次起上壽。觴九行,謁者言『罷酒』。御史執法,舉不如儀者輒引去。竟朝置酒,無敢諠譁失禮者。」〔註29〕**粔籹官庖出,**見卷六《風懷》。**葡萄塞馬馱。**《史記·大宛傳》:「宛左右以葡萄為酒,富人藏至萬餘石,久者數十歲。」〔註30〕**壺冰淘紫苣,**《本草綱目》:「白苣、生菜不可煮烹,宜生挼去汁,鹽醋拌食。」〔註31〕《合璧事類》云:「苣有數種,色白者為白苣,色紫者為紫苣。」**山葉裹瓊禾。**《山海經》:「崑崙有木禾。」張協《七命》:「瓊山之禾。」李善《注》:「瓊山,崑崙山。」〔註32〕**割肉容臣朔,**《漢書·東方朔傳》:「上曰:『昨賜肉,不待詔,以劍割肉而去之,何也?』朔免冠謝。上曰:『先生起,自責也!』朔

〔註20〕《南鄉子》其七(袖斂鮫綃)。
〔註21〕《漢書》卷四十三。按:此語早見《史記》卷九十九。
〔註22〕《樂記》。
〔註23〕《後園看騎馬詩》。
〔註24〕《無題二首》其一。
〔註25〕卷三十一。
〔註26〕「銜」,《從駕北郊詩》作「街」。此沿江浩然《曝書亭詩錄》之誤。
〔註27〕石印本此處有「所云」。
〔註28〕卷四十七《絳河》。
〔註29〕卷四十三。按:早見《史記》卷九十九《叔孫通列傳》。
〔註30〕按:《史記》卷一百二十三《大宛列傳》無此語。出《漢書》卷九十六上《西域傳上》。此沿江浩然《曝書亭詩錄》之誤。
〔註31〕卷二十七《菜之二·白苣》。
〔註32〕《文選》卷三十五。

再拜曰：『受賜不待詔，何無禮也！拔劍割肉，壹何壯也！割之不多，又何廉也！歸遺細君，又何仁也！』上笑曰：『使先生自責，迺反自譽！』復賜酒一石，肉百斤，歸遺細君。」〔註33〕**傾心到尉佗**。見卷二《越王臺》。杜甫詩：「尉佗雖北拜。」〔註34〕**上雲留麗曲**，〔註35〕**深雝舞蠻鞾**。見卷一《阿那環》。舒元興詩：「便脫蠻鞾出絳帷。」〔註36〕**喜溢龍顏甚**，《史記‧高祖紀》：「隆準而龍顏。」〔註37〕**衰慚鶴髮何**。見知真特達，《禮》：「珪璋特達，德也。」〔註38〕《論衡》：「夫特達之〔註39〕相知者，千載之一遇也。」**矢報尚蹉跎。懷核披香案**，〔註40〕見卷六《壽何侍御》。《唐書‧武宗紀》：「御殿日昧爽，宰相、兩省宮鬥班於香案前。」〔註41〕**分酾太液波**。《正韻》：「酾，馬酪。」「太液」，見前《夏日》。**自然蠲暍暑，直覺去沉痾**。《晉書‧樂廣傳》：「沉痾頓愈。」〔註42〕**煙淨高城柳，風傳別殿荷。景猶長北至**，《唐書‧曆志》：「日北至，其行最舒。」〔註43〕**序正秩南訛**。《書》：「平秩南訛。」〔註44〕**帝治原無外**，《公羊傳》：「王者無外也。」〔註45〕**皇居信有那**。《詩》：「王在在鎬，有那其居。」〔註46〕**萬方皆屬國**，〔註47〕《漢書‧霍去病傳》：「分處降者於河南，因其故族為屬國。」〔註48〕**六詔敢橫戈**。見卷九《平

〔註33〕卷六十五。
〔註34〕《奉送王信州崟北歸》。
〔註35〕國圖藏本眉批：《隋‧樂志》：梁王朝第四十四設《上雲樂》。《歌舞伎府廣序》曰：《上雲樂》，梁時西域貢舞，繫之樂章，示聖德之及遠也。
〔註36〕《獻李觀察》。
〔註37〕卷八。
〔註38〕《聘義》。
〔註39〕出王褒《四子講德論》，「之」作「而」。按：此沿江浩然《曝書亭詩錄》之誤，然《曝書亭詩錄》「之」亦作「而」。
〔註40〕國圖藏本眉批：《三輔黃圖》：「武帝時，後宮八區，中有披香殿。」《西都賦》：「披香發越。」此注誤。
〔註41〕《舊唐書》卷十八上，「宮」作「官」。
〔註42〕卷四十三。
〔註43〕《新唐書》卷二十七下。
〔註44〕《堯典》。
〔註45〕隱公元年。
〔註46〕《小雅‧魚藻》。
〔註47〕國圖藏本眉批：韓菼《平定三逆方略序》：「滇逆吳三桂、閩逆耿精忠、粵逆尚之信相繼煽亂，奄及八年，仰荷天威，次第削平。三桂孽子孫猶困守一隅，遄誅逆命。至康熙二十年冬十月，大兵平雲南，世璠授首。」
〔註48〕《史記》卷一百十一《衛將軍驃騎列傳》：「乃分徙降者邊五郡故塞外，而皆在河南，因其故俗為屬國。」《漢書》卷六十六《霍去病傳》：「乃分處降者於邊五郡故塞外，而皆在河南，因其故俗為屬國。」

蜀詩》。**洱海兵將洗**，《一統志》：「大理府西有洱海。」楊慎《雲南山川志》：「西洱海在府城東，古葉榆河也。」左思《魏都賦》：「洗兵海島。」**苴蘭石可磨**。《一統志》：「苴蘭城在雲南府城北十餘里。楚莊蹻王滇時所築。」《墨池編》：「唐元結作《中興頌》，顏真卿書勒於浯溪崖石，名摩崖碑。」**宣功宜作頌，聖德邁元和**。見《平蜀詩》。補注：《古今樂錄》：「梁武帝改西曲，製《江南上雲樂》十四曲。」

題王舍人嗣槐西山遊記三首字仲昭，仁和人。舉鴻博，授中書舍人。按：嗣槐與同里吳農祥、吳任臣、海鹽徐林鴻、蕭山毛奇齡、宜興陳維崧咸為大學士，馮公延致邸第，稱「佳山堂六子」。

三年索米住長安，《漢書·東方朔傳》：「臣言可用，幸異其禮；不可用，罷之，無令但索長安米。」〔註49〕**咫尺雲峰欲上難。讀罷高文但西笑**，《新論》：「人問〔註50〕長安樂，則出門西向而笑。」**開簾試隔女牆看**。

盧師說法已千霜，《長安客話》：「盧師山以神僧得名。師隋末居此山，能馴二龍子。山有潭，二龍潛焉。舊有寺，即以盧師名，今清涼寺是已。」〔註51〕**石上松猶四尺強**。《帝京景物略》：「祕魔崖是盧師晏坐處。」又：「崖上一松產石面，長尺，不凋不榮，是盧師所植。」**我亦曾尋二龍子**，《青溪漫稿》：「按碑記：有僧名盧，自江南來，寓居西山之屍陀林祕魔巖。一日，二童子白於盧能限雨期，言訖即委身龍潭，須臾化青龍，一大一小，至期果得甘雨。」〔註52〕**夕陰點筆在苺牆**。先生《西山祕魔崖題名》：「秀水朱彝尊錫鬯、嘉興李良年武曽、吳江潘耒次耕、上海蔡湘竹濤自翠微山來登。是日疾風揚沙，夕陽在嶺，僕馬憊甚，相與摩挲。故碣覽二龍子遺事，徘徊久之，後日入乃返。時歲在辛亥正月九日也。導予遊者，退谷僧瞻西。」〔註53〕

上方絕磴最嶄巖，見卷七《同劉侍郎》。〔註54〕**花藥春叢靜不芟。六聘山中三日住**，見《同劉侍郎》。〔註55〕**輸君秉燭入空嵌**。

〔註49〕卷六十五。
〔註50〕「問」，《新論》、江浩然《曝書亭詩錄》作「聞」。
〔註51〕《欽定日下舊聞考》卷一百四。
〔註52〕《欽定古今圖書集成·方輿彙編·職方典卷四十七》。
〔註53〕《曝書亭集》卷六十八。
〔註54〕石印本無「同劉侍郎」。
〔註55〕石印本無此注。

臨淮口號《《後漢·地理志》注》：「武帝置臨淮郡。永平十五年，更為下邳國。」
《名勝志》：「臨淮縣在鳳陽府東北二十里。」

鮮鯽臨淮美，傳聞尺半強。寧戚《飯牛歌》：「中有鯉魚長尺半。」祗供津
吏索，見卷三《曹娥碑》。不放老夫嘗。

秋杪同周篔王翬李符龔翔麟邵瓆舍弟彝玠從子建子游攝山王字石谷，常
熟人。邵字柯亭，宛平人。建子字辰始，嘉興人。《輿地紀勝》：「攝山，《建康志》在
城東北四十五里。《江乘地紀》云：『村有攝山，藥草可以攝生，因以名之。』」**是夕
包銘曹彥樞適至**曹字潛中，嘉興貢生。任訓導。溶次子。**際曉周覽山曲信宿
乃還翬圖為行看子**先生《布衣周君墓表》：「是日投山寺，客皆倦，君登絕頂賦詩。
於是上元鄭簠以分書題名於壁，常熟王翬繪作圖。」〔註56〕《攻媿集》：「《題高麗
行看子》。」〔註57〕**各紀以詩予得四首**

一峰立如鐵，江總《棲霞寺碑》：「南徐州琅琊郡江乘縣界有攝山者，其狀似鐵，
亦名鐵山。」眾峰韜陰霞。有時眾峰露，一一青蓮花。我來秋已深，白露
零蒼葭。同調五六人，志在窮幽遐。出郭屏僕從，《唐書·封常清傳》：「奏
僕從者三十人。」〔註58〕取徑入嵠岈。《集韻》：「嵢岈，或作嵠岈。谷中大空貌。」
高墳何王墓，但有麟辟邪。《周君墓表》：「遊攝山，道見石辟邪立草中，穹碑二
丈餘，將僕，人不敢近。君騎驢逕詣其下讀之，知是劉孝綽所製《梁安成康王秀碑》
也。」〔註59〕犬吠疏籬根，陸游詩：「籬根犬迎吠。」〔註60〕鳥棲枯樹椏。每
因青谿曲，〔註61〕遂使略彴斜。山僧遠迎客，拄杖披袈裟。《楞嚴經會解》：
「袈裟從色得名，三衣通稱。」坐我青豆房，梁簡文帝《與智琰法師書》：「辯論青
豆之房，遣惑赤華之舍。」〔註62〕汲泉烹紫茶。

摵摵〔註63〕霜葉鳴，皎皎霜月白。豈期深山中，乃有不速客。將無

〔註56〕《曝書亭集》卷七十二。
〔註57〕《攻媿集》卷三《題高麗行看子》詩有序：「高麗賈人有以韓幹馬十二匹質於
　　　　鄉人者，題曰行看子。」
〔註58〕《舊唐書》卷一百〇四、《新唐書》卷一百三十五。
〔註59〕《曝書亭集》卷七十二。
〔註60〕《獨行過柳橋而歸》。
〔註61〕國圖藏本眉批：「青谿」當作「青溪」。原集「青」似誤。蓋青溪在金陵城內。
　　　　此特言山中之溪澗耳。
〔註62〕（唐）道宣《廣弘明集》卷二十八。（清光緒二十二年金陵刻經處刻本）
〔註63〕「摵摵」，江浩然《曝書亭詩錄》同，《曝書亭集》作「摵摵」。

御風行，吹落大小翮。《水經注》：「王次仲，上谷人。變倉頡舊文為今隸書。秦始皇以次仲文簡，便於事要，奇而召之。三徵而輒不至，始皇怒其不恭，令檻車送之於道上。化為大鳥，翻然而去，落二翮於斯山，故其峰巒有大翮、小翮之名矣。」**手持竹如意**，《南史‧明僧紹傳》：「僧紹屢徵不至，隱於攝山。高帝謂其弟慶符曰：『卿兄高尚其事，亦堯之外臣。』乃〔註64〕賜竹根如意、筍籜冠。」〔註65〕**並坐萬古石。舉杯斟酌之，酒戶笑連擘。東林鐘魚聲，相答永今夕。**

凌晨取微徑，栗杖叩精廬。曹松《答匡山僧贈榴栗杖》詩：「栗杖出匡山，百中無一杖〔註66〕。」**病葉脫鴨腳**，見卷八《懷鄉》。**斜門束林筿。**左思《吳都賦》：「其竹則篔簹林筿。」**秋盡潤泉涸。唅窟徙潛狙**，郭璞《江賦》：「鼓唅窟以灛渤。」柳宗元文：「陰妬潛狙。」《注》：「潛狙，蛇也。」**谿橋凡屢渡，徑草多未除。西上天開巖**，〔註67〕**縱觀石壁書。**《一統志》：「攝山棲霞寺，齊時建，後有天開巖，唐以來名人多有題詠。」**大江流焉下，日午風舒舒。急槳捧盧舟，有若逆水魚。不知躋絕頂，蒼茫復何如。**

山遊逾信宿，未能極深窈。我僕迎路隅，揭步出叢篠。比丘指雙松，紀年千歲少。何人植此樹，毋乃明僧紹。《明僧紹傳》：「僧紹明經有儒術，宋元嘉中，再舉秀才。魏克淮南，渡江，聞沙門釋僧遠夙德，往候定林寺。齊高帝欲見之，遁還攝山，建棲霞寺居之。」〔註68〕**摩挲捨宅碑**，《輿地紀勝》：「齊永明七年，隱士明僧紹捨宅為寺，名曰棲霞寺。寺居四絕，陳江總作碑。」**風跡尚未杳。**《後漢‧朱浮傳》：「頗欲厲風跡。」〔註69〕**王郎妙山水，能事擅江表。**《居易錄》：「王翬畫與太倉王太常時敏、王廉州鑑齊名，江左稱『三王』。」〔註70〕**試畫偕遊朋，煙液信昏曉。經營殫意匠，改月庶能了。**

〔註64〕「乃」，《南史》、江浩然《曝書亭詩錄》作「仍」。

〔註65〕《南史》卷五十。另，《南齊書》卷五十四《高逸列傳‧明僧紹》：「慶符罷任，僧紹隨歸，住江乘攝山。太祖謂慶符曰："卿兄高尚其事，亦堯之外臣。朕雖不相接，有時通夢。"遺僧紹竹根如意，筍籜冠。」

〔註66〕「杖」，原詩押支韻作「枝」。江浩然《曝書亭詩錄》正作「枝」。

〔註67〕國圖藏本眉批：《名山記》：「天開巖在棲霞寺之後，去寺三里，石多特立，其直如截。巖之左有張稚圭、祖無擇諸公題字。」

〔註68〕《南史》卷五十。

〔註69〕卷三十三。

〔註70〕卷十八。

晚登燕子磯同周布衣賚柯舍人崇樸各賦三韻錢希言《西浮籍》：「燕子磯北俯大江，與宏濟寺相望。磯之得名，形如燕子。」

舞燕寒不出，危磯淨無塵。夕陽射亭柱，遠渚移釣綸。應從長蘆畔，指點登高人。

魯太守超席上賦潘耒《鳳臺書院碑銘》：「會稽魯公謙菴起家中書舍人，出為蘇州同知，遷知蘇州府，大著聲績，舉卓異者再。巡撫睢陽，湯公入見天子，薦公廉能第一，擢淮陽副使，晉河南按察使。京卿缺員，公不在會推之列，奉特旨擢補右通政。」

海內詞流幾派分，盡誇皇甫士安文。太守作《今詞選序》。〔註71〕《晉書·皇甫謐傳》：「謐，字士安。自號玄〔註72〕晏先生。」《文苑傳》：「左思賦三都。自以其作不謝班、張，恐以人廢言，安定皇甫謐有高譽，思造而示之。謐稱善，為其賦序。」〔註73〕正愁縞帶交期晚，見卷五《冀百朋》。蚤有瑤華驛使聞。歸路亭皋飛木葉，見卷二《送十一叔》。放船薛澱冷湖雲。《嘉禾志》：「薛澱湖在松江府西北七十二里。」十年夢寐西堂燭，今日題襟得共君。《文獻通考》：「《漢上題襟集》三卷。陳氏曰：『唐段成式、溫庭筠、崔皎、余知古、韋蟾、徐商等唱和詩什、往來簡牘，蓋在襄陽時也。』」〔註74〕

贈徐丈

石帆先生海嶽姿，《江南通志》：「蘇州府城西南有石帆山，附鄧尉山。」李郢詩：「龍馬精神海鶴姿。」〔註75〕盛年解組棲山茨。見卷八《贈鄭簠》。耕漁軒竹長千個，《靜志居詩話》：「吳人徐達左良夫居太湖之濱光福市，闢耕漁軒以延名士，集其詩文為《金蘭集》，其好事亞於顧仲瑛云。」上下崦梅開幾枝。見卷十五《雨舟》。有客問年書亥字，見卷六《風懷》。閉門轟飲過申時。呂才《東皋子序》：「恨不逢劉伶與閉門轟飲。」馮異〔註76〕《暮春醉中》詩：「不須愁犯卯，且乞醉過申。」只今介雅多新句，《隋書·音樂志》：四曰介雅。好續金蘭舊日詩。《靜志居詩話》：「耕漁軒名士留題甚眾，朱德潤澤民為作圖，仇機沙大用作傳，高遜志士敏

〔註71〕此係自注。
〔註72〕「玄」，底本、石印本作「元」，據《晉書》卷五十一改。
〔註73〕卷九十二。
〔註74〕卷二百四十八《經籍考七十五》。
〔註75〕《上裴晉公》。
〔註76〕按：作馮異誤。出（唐）馬異《暮春醉中寄李幹秀才》。江浩然《曝書亭詩錄》作「馬翼詩」。

作記，唐肅處敬作銘，王行止仲作序，楊基孟載作說，釋道衍作後序，因編為《金蘭集》。其十二世孫大業受業於予，出先代所遺詩箋百餘幅，正草篆隸靡所不有，如束筍然，皆元季明初諸公手蹟也。」

玄〔註77〕黓閹茂壬戌

送徐中允秉義假還崑山六首 字果亭，號彥和，崑山人。康熙癸丑探花。官至吏部侍郎。有《耘圃集》。

紫陌春晴匹馬歸，清江南下一帆飛。人生半百且適意，未見朝衫勝芰衣。韓愈詩：「從事久此穿朝衫。」〔註78〕

經義紛綸致異同，見卷九《酬閻若璩》。誰能閉戶軟塵中。著書終讓名山好，《漢書·司馬遷傳》：「僕誠已著此書，藏之名山，傳之其人。」〔註79〕輸與周南太史公。《史記·太史公自序》：「天子始建漢家之封，而太史公留滯周南，不得與從事。」

舊侶荊高對酒頻，見卷三《雨中》。香螺畫楬五冬春。獨醒客去無堅坐，臥甕憑誰捉醉人。

石湖居士范成大，《宋史·范成大傳》：「字致能，崑山〔註80〕人。工於詩。自號『石湖』。」《輿地紀勝》：「石湖在平江盤門西南十里，蓋太湖之派，范蠡所從入五湖者。參政范公成大隨高下為亭觀，植花竹蓮芰，湖山絕勝，繪圖以傳。范公帥江東，陛辭之日，孝宗御書『石湖』二字以賜，攜宸翰過家刻之。」金粟山人顧阿瑛。見卷七《送徐編修》。歸向東吳無個事，秦係詩：「謝生〔註81〕無個事。」留賓題徧草堂名。《齊東野語》：「范公石湖又有北山堂、千岩觀、天鏡閣、壽樂堂，他亭宇尤多。一時名人勝士，篇章賦詠，莫不極鋪張之美。」〔註82〕按：玉山草堂，蜀郡虞

〔註77〕「玄」，底本、石印本原作「元」。
〔註78〕《酬司門盧四兄雲夫院長望秋作》。
〔註79〕卷六十二。
〔註80〕「崑山」，《宋史》卷三百八十六原作「吳郡」。此沿江浩然《曝書亭詩錄》之說。
〔註81〕「生」，（唐）秦係《將移耶溪舊居留贈嚴維秘書》作「安」。此沿江浩然《曝書亭詩錄》之說。
〔註82〕卷十《范公石湖》。

集伯生書。玉山佳處、柳塘春，馬九霄書。釣月軒、可詩齋、種玉亭、絳雪亭、聽雪齋，京兆杜本書。芝雲堂、小蓬萊、碧梧翠竹堂、淡香亭、君子亭，吳興趙孟頫書。讀書舍、浣華館〔註83〕，吳興趙雍書。湖光山色樓，吳興趙奕書。漁莊、金粟影、雪巢、來龜軒、拜石壇、寒翠所，白野達兼書。書畫舫，濮陽吳孟思書。春暉樓，綠波亭，吳興沈明遠書。秋華亭，檇李鮮于樞書。春草池、周雪坡書。白雲海，范陽盧熊公武書。

爛漫廚煙爇野蔬，菘根秋末韭春初。《南史·周顒傳》：「文惠太子問顒：『菜食何味最勝？』顒曰：『春初早韭，秋末晚菘。』」〔註84〕**到家一事差堪惜，不食松江巨口魚。**中允性不食魚。〔註85〕見卷五《憶河豚》。

漉波碧草望中遙，劉井柯亭轉寂寥。李東陽《翰林後堂》詩：「柯亭劉井相西東。」《翰林記》：「劉井，學士劉定之所濬，在公署後堂之左。柯亭，學士柯潛所建，在公署後堂之右。前後二間，凡八楹。後堂有二柏，亦潛所植。」**他日歸帆下吳苑，先攜竹杖訪平橋。**

送張劭之平遙字博山，嘉興人。《荇溪集》：「博山大父剡木先生，余曾受業門下。尊人宣衡工詞曲，早逝。盛子鶴江客山右，博山因赴其約。」《一統志》：「平遙縣在汾州府城東八十里。」

彼汾沮洳吾舊遊，《詩》：「彼汾沮洳。」〔註86〕**送爾匹馬逾徐溝。**《一統志》：「徐溝縣在太原府城南八十里。」**人行芳草碧於水，日出杏花紅滿樓。榼中酒味苦桑落**，見卷九《河豚歌》。**簾外鳥聲黃栗留。**《詩》：「黃鳥于飛。」陸璣《疏》：「黃鳥，黃鸝留也，或謂之黃栗留。幽州人謂之黃鶯。一名倉庚，一名商庚，一名鵹黃，一名楚雀。齊人謂之搏〔註87〕黍。當葚熟時，來在桑間，故俚語曰：『黃栗留，看我麥黃葚熟』，亦是應節趁時之鳥也。」〔註88〕**客居適意遠亦得，搖筆賦詩何所求。**

〔註83〕「館」，底本無，據《玉山名勝集》補。
〔註84〕卷三十四。
〔註85〕此係自注。
〔註86〕《魏風·汾沮洳》。
〔註87〕「搏」，陸《疏》作「搏」。
〔註88〕《周南·葛覃》。

送編修孫卓使安南字予立。時周儀曹燦星公同使安南。《漢書·地里〔註89〕志》：「九真、南海、日南皆粵分也。武帝略以為郡。」〔註90〕黎崱《安南志略》：「宋孝宗隆興二年，李天祚遣貢，封天祚為安南國王。國名自此始。」《廣東外志》：「唐初改安南都護府，屬嶺南道。安南之名始此。」《大清會典》：「康熙十三年，安南國王黎維禧病故，嗣王黎維裎具疏告哀。康熙二十一年，安南國王嗣黎維正〔註91〕差陪臣齎捧謝恩禮物，又差陪臣齎捧款貢方物，又差陪臣齎捧康熙十四年歲貢方物，又差陪臣齎捧康熙十七年歲貢方物。康熙二十二年，欽遣翰林院禮部官各一員，賜恤致祭安南故王，復遣翰林院官二員冊封王嗣黎維正〔註92〕為安南國王，賜以誥命，並換給新鑄駝鈕鍍金銀印，御書『忠孝守邦』四字賜之。」〔註93〕

詞臣銜命自螭坳，親捧天書出漢郊。萬里驂鸞經北戶，江淹《別賦》：「駕鶴上漢，驂鸞騰天。」《爾雅·釋地》：「觚竹，北戶。」《正義》：「北戶，即日南郡也。」百夫騎象迓南交。《史記·大宛傳》：「昆明西千餘里有乘象國，名曰滇越。」〔註94〕《地理今釋》：「南交，今安南國。」蕉花紅壓梽榔杖，見卷一《送王翃》。蘭葉青連翡翠巢。知有清文冰雪並，孟郊詩：「一卷冰雪文，避俗常自攜。」〔註95〕能令瘴雨洗黃茅。《桂海雜志》：「瘴，二廣惟桂林無之，自是而南皆瘴鄉矣。邕州兩江水土尤惡，一歲無時無瘴。春曰青草瘴，夏曰黃梅瘴，六七月曰新禾瘴，八九月曰黃茅瘴。」

李檢討澄中紺園雜詠六首

荷陂

風過蓮葉香，日出釣船去。不聞雞犬聲，但有鳽鶄語。《爾雅》：「鳽，鳽鶄。」《說文》名交矑，以睛交。俗呼茭雞，言居茭菰中，似雞也。〔註96〕

柳浪

斷岸綠楊齊，濃陰覆水低。東風吹太急，扶起過橋西。

〔註89〕「里」，石印本作「理」。
〔註90〕卷二十八下。
〔註91〕「正」，《欽定古今圖書集成》作「微」。
〔註92〕「正」，《欽定古今圖書集成》作「微」。
〔註93〕《欽定古今圖書集成·方輿彙編·邊裔典卷九十四》。
〔註94〕卷一百二十三。
〔註95〕《送豆盧策歸別墅》。
〔註96〕石印本無「言居茭菰中，似雞也」。

綠水軒

軒中獨木幾，檻外獨木橋。見卷九《王尚書》。際夜沙月明，蘆荻風蕭蕭。

會心亭

雜卉秋尚開，淺莎晴可坐。於此獨寤言，浮榮等糠秕。

鏡香樓

吾里鏡香亭，見卷八《櫂歌》。君家鏡香樓。滿池鴛鴦浴，四面芙蓉秋。

松風臺

山月無片雲，夜半松風起。欲寫入瑤琴，風聲吹不已。

上巳萬柳堂讌集同諸君和相國馮夫子韻二首

《西河詩話》:「京師萬柳堂在崇文門外，益都夫子創置之，為朝士遊憩地。每歲逢上巳，夫子必率門下士修禊其中，飲酒賦詩，竟日而散。」按:《西河詩話》云:「壬戌上巳，陪侍者三十二人。夫子唱二詩。其首章第六句曰『水萍風約故沿留』，似有所寄。及閱和詩，每遇是韻，輒沉吟良久。如徐春坊健菴『盡日行吟步屧留』，施侍講尚白『回溪時有斷雲留』，陸編修義山『落花香倩蝶鬚留』，方編修渭仁『煙宿寒山翠欲留』，徐檢討華隱『小雨泥看屐印留』，高檢討阮懷『羽觴泛泛去還留』，汪主事蛟門『輕陰時為落花留』，林中書玉岩『檻拂垂楊叫栗留』類。最後至潘檢討稼堂『東山身為草堂留』，夫子拍案而起，稱為第一。蓋是年七月，夫子將致政，故先以『留』字探意，故得是語，便犁然有當也。」則是題非壬戌年作明矣。又按:《西河集·上巳易園修禊奉和益都夫子原韻二首》，自注:「時陪遊者皆同館前輩二十八人。」首句云「曲江修禊已三年」，則是詩當在辛酉年作也。

不到閒園已隔年，綠楊高映女牆連。無妨並馬橫橋渡，更許深杯曲水傳。徑仄易侵蘋葉小，日晴況有杏花妍。舞雩幸忝從遊列，澹沲春光過禁煙。杜甫詩:「春光澹沲秦東亭。」〔註97〕《荊楚歲時記》:「介之推三月五日為火所焚，國人哀之。每歲春暮不舉火，謂之禁煙。」

小徑升堂步屧偕，杜甫詩:「小徑升堂舊不斜。」〔註98〕《南史·袁粲傳》:「粲嘗步屧白楊郊野間，遇一士人，便與酣飲。」〔註99〕隄沙遙築避塵霾。見卷八《懷鄉》。歌翻驟雨新荷好，《樂全堂廣客談》:「野雲廉公於都城外萬柳堂張筵邀

〔註97〕《醉歌行》。

〔註98〕《題桃樹》。

〔註99〕《南史》卷二十六。按:早見《南齊書》卷一《高帝本紀上》。

疏齋、松雪兩學士，歌姬劉名解語花，左手折荷花持獻，右手舉杯，歌驟雨打新荷之曲。」地比崇山峻嶺佳。《蘭亭序》：「此地有崇山峻嶺。」露井有華滋藥甲，杜甫詩：「露井凍銀床。」〔註100〕又：「藥條藥甲潤青青。」〔註101〕春衣無桁掛松釵。《癸辛雜識》：「凡松葉皆雙股，故世以為松釵。」〔註102〕永和會後斯遊最，見卷四《蘭亭行》。禊飲蓬池未許儕。蕭穎士《蓬池禊飲序》：「天寶乙未，暮春三月，河南連帥領陳留守李公以政成務簡，方國多暇，率府郡佐吏二三賓客暢飲於蓬池，修祓除之禮也。」

送陳四處士晉明再入楚二首

　　燕山雪後送君行，茸帽駝裘馬上輕。一片晴川萬楊柳，春風重入武昌城。

　　官清幕府足棲遲，漢上題襟定有詩。見前《魯太守》。鑿井便為王粲宅，《襄沔記》：「王粲宅在襄陽縣西二十里峴山坡下。宅前有井，人呼仲宣井。」行歌隨處葛彊池。見卷一《夏日》。

沈詹尹荃崔少詹蔚林招同湯侍讀斌施侍講閏章潘檢討耒飲限燈字沈字繹堂，華亭人。加禮部侍郎。〔註103〕謚文恪。崔字玉階。湯字孔伯，號荊峴，又號潛菴。睢州人。順治己丑會試中式，授庶吉士。舉鴻博，補侍講。尋轉侍讀。典試浙江，巡撫江南，有惠績。官至工部尚書。

　　九月秋陽氣尚蒸，晚來欲雨薄寒增。黃花插帽經三宿，白苧裁衣試幾層。小鳥飛翻簷外樹，微風升降酒邊燈。相期偶值趨朝暇，起問鼕鼕鼓未曾。見卷九《和田郎中》。

同作時重陽後三日。〔註104〕　　　潘耒

　　西峯鎮日翠崚嶒，爆直無因得共登。九陌年華銀箭水，千秋心事玉壺冰。惟因《遂初堂集》作「應」。綠酒親元亮，莫遣黃花笑季鷹。卻憶升平多故事，醉騎官馬簇紅燈。

〔註100〕《冬日洛城北謁玄元皇帝廟》。
〔註101〕《絕句四首》其四。
〔註102〕前集《松五粒》。
〔註103〕石印本此處有「歿」字。
〔註104〕此係自注。

送查上舍昇之湖口字聲山，海寧人。《一統志》：「湖口縣在九江府城東六十里。」

爾去彭湖口，香爐對客窗。見卷二《香爐峽》。潮痕灌嬰井，《潯陽記》：「湓城，灌嬰所築。孫權經此城，自無井地，令人掘之，得故井。銘曰：『潁陰侯所開。三百年當塞。後不滿百年，當為應運者所開。』權欣悅，以為己瑞。井甚深，大江中風浪，此井輒動。」〔註105〕李白詩：「浪動灌嬰井，潯陽江上風。」〔註106〕果否應潯江。

除日保和殿侍宴

珮結緋魚後，《唐書》：「德宗命盧峴為渭洲別駕，賜緋魚袋。」樽開白獸先。見卷九《兒觥歌》。呈能勾樂隊，密坐潤爐煙。紫路頻除夕，徐陵《陳王九錫文》：「氣湧清霄，神飛紫路。」青燈異往年。誰當頌椒會，猶侍聖人前。

昭陽大淵獻癸亥

元日賜宴太和門

垂衣逢盛際，見卷二《大閱圖》。輯玉盡來庭。《詩》：「徐方來庭。」〔註107〕白醞三光酒，青歸一葉蓂。《帝王世紀》：「堯時，蓂莢生於階。每月朔生一葉，望後落一葉。月小盡，則一葉厭而不落。」新年恩較渥，昨日醉初醒。九奏鈞天曲，《史記》：「趙簡子疾。扁鵲視之，曰：『血脈治也，而何怪！昔秦繆公常〔註108〕如此，七日而寤。告公孫支曰：我之帝所甚樂。今主君之疾與之同。』居二日半，簡子寤。語大夫曰：『吾之帝所甚樂，與百神遊於鈞天，廣樂九奏萬舞，不類三代之樂，其聲動人心。』」〔註109〕風飄次第聽。

〔註105〕《欽定古今圖書集成·曆象彙編·庶徵典卷一百五十五》、《方輿彙編·坤輿典卷四十二》：
　　《潯陽記》：「湓城，灌嬰所築。建安中，孫權經此城，自標井地，令人掘之，正得故井。有石銘，云：『漢六年，潁陰侯所開。卜云：三百年當塞。塞後不滿百年，當為應運者所開。』權見銘欣悅，以為己瑞，時咸異之。井甚深，大江有風浪，此井輒動土，人呼為浪井。」
〔註106〕《下潯陽城汎彭蠡寄黃判官》。
〔註107〕《大雅·常武》。
〔註108〕「常」，《史記》作「嘗」。
〔註109〕卷四十三《趙世家》。

十三日乾清宮賜宴

詔許宮門入，人隨陛戟移。江梅低壓帽，火樹密交枝。蘇味道《元夕》：「火樹銀花合，金橋鐵鎖開。」**既醉盈觴酒**，《詩》：「既醉以酒。」〔註110〕**無疆萬壽詩**。《詩》：「萬壽無疆。」〔註111〕**夢遊真不到，今夕奉恩私。**

是夜賜內紵表二里一

元老傳天語，殊恩及侍臣。禮優加束紵，價重抵雙銀。孟郊詩：「贈炭價重雙烏銀。」〔註112〕**笑答妻孥問，爭尋剪尺頻。光風今歲早，春服最宜人。**

十五日保和殿侍食

露草詩歌雅，《詩·小雅》：「湛湛露斯，在彼豐草。」〔註113〕**雲天易象需。**《易》：「象曰：『雲上於天，需。君子以飲食宴樂。』」〔註114〕**不圖大酺樂**，《漢書·文帝紀》：「十六年，令天下大酺。」〔註115〕許慎曰：「王德布，大飲酒也。」**獨許小臣俱。注盌茶膏滑，堆盤菜甲殊。歲除曾幾日，四度飫堯廚。**宋之問詩：「芝草入堯廚。」〔註116〕

是日再入保和殿侍宴

乍賜晨餐出，束皙《補亡》：「馨爾夕膳，絜爾晨餐。」**仍容午宴陪。一夫馳秉翟**，《詩》：「右手秉翟。」〔註117〕**七校下傳杯**。《漢書》：「京師有南、北軍之屯。至武帝平百越，內增七校。」〔註118〕**妙舞娑盤歌**，見卷一《白紵詞》。**華鍾取次催。**班固《東都賦》：「發鯨魚，鏗華鍾。」**分明衣上月，攜自九霄回。**

〔註110〕《大雅·既醉》。
〔註111〕《小雅·天保》。
〔註112〕《答友人贈炭》。
〔註113〕《湛露》。
〔註114〕《需》。
〔註115〕《漢書》卷四。按：《史記》卷十《孝文本紀》：「十七年，得玉杯，令天下大酺。」
〔註116〕《扈從登封告成頌應制》。
〔註117〕《邶風·簡兮》。
〔註118〕卷二十三《刑法志》。

二十日召入南書房供奉

本作漁樵侶，翻聯侍從臣。迂疎人事減，出入主恩頻。短袂紅塵少，晴窗綠字匀。《晉書·地理志·序》：「昔大禹觀於濁河而受綠字，寰瀛之內可得而言也。」〔註 119〕願為溫室樹，《漢書·孔光傳》：「光沐日歸休，兄弟妻子燕語，終不及朝省政〔註 120〕事。或問溫室省中樹皆何木也，光默不應，更答以他語。其不泄如是。」〔註 121〕相映上林春。

恩賜禁中騎馬《分甘餘話》：「大內南書房在乾清門內西廊下，內直翰林官居之。其出入皆奉旨，由某門侍衛某人導引伴送。壬戌後，特旨內直官許於禁中乘馬，至所出入之門。故朱檢討彝尊紀恩詩云：『回思身賤日，足繭萬山中』，蓋異數云。」〔註 122〕

魚鑰千門啟，《芝田錄》：「門鑰必以魚，取其不瞑守夜之義。」〔註 123〕龍樓一道通。《漢書·成帝紀》：「上嘗急召太子，出龍樓門，不敢絕馳道。」《注》：「門樓上有銅龍，若白鶴、飛廉之為名也。」〔註 124〕趨翔人不易，行步馬偏工。《列異傳》：「鮑宣生子永、永子昱，三世皆為司隸，而乘驄馬。京師人歌之：『鮑氏驄，三人司隸再入公。馬雖瘦，行步工。』」〔註 125〕鞭拂宮鴉〔註 126〕影，衣香苑柳風。薄遊思賤日，足繭萬山中。《墨子》：「自魯趨楚，十日十夜，足重繭而不休息。」〔註 127〕杜甫詩：「足繭荒山轉愁疾。」〔註 128〕

〔註 119〕卷十四《地理上》。

〔註 120〕「政」，石印本無。

〔註 121〕卷八十一。

〔註 122〕卷一。

〔註 123〕《御定淵鑑類函》卷四百四十二、《御定佩文韻府》卷六之一、卷二十四之六、卷九十九之八。

〔註 124〕《漢書》卷十。《注》引「張晏曰」。

〔註 125〕《御定佩文韻府》卷一之四、卷六十六之四。
另，國圖藏本眉批：「乘」字下本有一字。若刪去則馬瘦二句不醒矣。
開林按：《樂府詩集》卷八十五《鮑司隸歌》：「《樂府廣題》曰：『《列異傳》云：鮑宣、宣子永、永子昱三世皆為司隸，而乘一驄馬。京師人歌之：鮑氏驄，三人司隸再入公。馬雖瘦，行步工。』」

〔註 126〕「鴉」，底本作「雅」，據《曝書亭集》改。

〔註 127〕按：非出《墨子》。《淮南子·脩務訓》：「楚欲攻宋，墨子聞而悼之，自魯趨而十日十夜，足重繭而不休息。」

〔註 128〕《觀公孫大娘弟子舞劍器行》。

三十日上自南苑回賜所射兔

壹發歌文囿，《詩》：「壹發五豝。」〔註129〕三驅入漢郊。《易》：「王用三驅，失前禽。」〔註130〕乍肥淺草窟，《史記》：「狡兔有三窟。」〔註131〕宜入早春庖。《禮》：「三為充君之庖。」〔註132〕

賜向燈前出，歸從馬後捎。王昌齡詩：「少年獵得平原兔，馬後橫捎意氣歸。」〔註133〕食經繙未得，見卷九《河豚歌》。方法試燔炰。《詩》：「有兔斯首，炰之燔之。」〔註134〕

二月初二日賜居禁垣

講直華光殿，《漢書》：「楊賜有重名，侍講華光殿中。」〔註135〕居移履道坊。《唐書·白居易傳》：「居易居東都履道里，疏沼種樹，搆石樓香山，鑿八節灘，經月不食葷，自號香山居士。」〔註136〕經營倚將作，劉向《九歎》：「經營原野。」王逸《注》：「南北為經，東西為營。」《史記·孝景帝傳》：「更命將作少府為將作大匠。」〔註137〕《漢書·百官表》：「將作少府，秦官，掌治宮室。」〔註138〕宛轉繞宮牆。對酒非無月，攤書亦有牀。承恩還自哂，報國祗文章。

駕幸五臺山恭紀三首

徐乾學《扈從西巡日錄序》：「康熙二十二年二月甲申，大駕發京師，歷五臺諸山寺道苑，家口南海子，以三月戊申還宮，往返二十五日。」

圖經曾識五臺名，想見雲從帳殿生。節物乍分春恰半，登臨最好雪初晴。林香紫鴿翻風上，月黑金蓮照地明。《扈從西巡日錄》：「五臺山名花有五：曰菊、曰金芙藥、曰百枝、曰鉢囊、曰玉仙。元好問詩云：『沉沉龍穴貯雲煙，百草千花雨露偏。佛土休將人境比，誰家隨步得金蓮。』蓋指金芙藥也。」定有山靈

〔註129〕《召南·騶虞》。

〔註130〕《比》九五。

〔註131〕按：非出《史記》。出《戰國策》卷十一《齊四》。

〔註132〕《禮記·王制》。

〔註133〕《觀獵》。

〔註134〕《小雅·瓠葉》。

〔註135〕按：非出《漢書》。出《後漢書》卷八十四《楊震列傳》，楊賜乃楊震之孫。

〔註136〕《御定佩文韻府》卷七之五。按：《新唐書》卷一百十九《白居易傳》：「東都所居履道里，疏詔種樹，構石樓香山，鑿八節灘，自號醉吟先生，為之傳。」

〔註137〕卷十一《孝景本紀》。

〔註138〕卷十九上。

呼萬歲，《漢書·武帝紀》：「親登嵩高，聞呼萬歲者三。」〔註139〕**不徒龍象下方迎**。《傳燈錄》：「水中龍力大，陸中象力大，故負荷大法者，比之龍象。」

　　花宮高下繞臺懷，《白帖》：「佛寺曰蓮界、花宮。」《扈從西巡日錄》：「廣宗、永明、圓照、塔院、羅睺、殊像諸寺，在靈鷲之麓。土人名曰臺懷、清涼，最佳處也。」**鐵鏁層層雁齒階**。見卷八《櫂歌》。**代郡雲山連朔郡，北街星斗劃南街**。《星經》：「昴畢間二星曰天街。日月五星出入要道，若津梁，主伺候關梁。又主國界，街南為中土，街北為外國。」**千夫試轉清涼石**，《華嚴經大疏》：「清涼山即代州雁門郡五臺山也。歲積堅冰，夏仍飛雪，曾無炎暑，故曰清涼。」《一統志》：「清涼嶺西有清涼石、清涼泉、清涼洞。」《扈從西巡日錄》：「清涼石在清涼谷嶺西保安寺內，崇六尺五寸，圍四丈七尺。石面如砥，細理成文，天然綺藻。傳有頭陀趺坐說法，梵音琅琅，近之即失。後人目之為曼殊床。」**二月如燔泰岱紫**。《書》：「歲二月，東巡守〔註140〕至於岱宗，柴。望秩於山川。」〔註141〕**望秩百王曾不到，天教宸藻首磨崖**。見前《五月丙子》。

　　紫府仙居嶽鎮同，《太平御覽》：「五臺山名紫府山，仙人居之。」〔註142〕《寰宇記》：「五臺山，道經以為紫府山，內經以為清涼山。」**削成太古想神功**。《山海經》：「太華山削成而四方。」**地傳竺法蘭棲處**，《釋氏通鑒》：「東漢永平，蔡愔等至天竺、大月氏，遇迦葉摩騰、竺法蘭二梵僧，偕入中國，居清涼臺。」**山入勾龍爽畫中**。《宣和畫譜》：「勾龍爽，蜀人。有《紫府仙山圖》。」**曲磴溪流頻度馬，晴雲鳥下數歸鴻。省方豈為尋沙界**，《易》：「先王以省方，觀民設教。」〔註143〕王中《頭陀寺碑》：「演勿照之明，而鑒窮沙界。」**特採天花壽兩宮**。《日下舊聞》：「五臺出天花、羊肚菜、雞腿、銀盤等蘑菇。」〔註144〕陳與義詩：「誰折黃花壽兩宮。」〔註145〕

〔註139〕卷六。
〔註140〕「守」，石印本作「狩」。
〔註141〕《舜典》。
〔註142〕卷四十五。
〔註143〕《觀》。
〔註144〕按：不詳。（明）劉若愚《酌中志》卷二十《飲食好尚紀略》：「五臺之天花、羊肚菜、雞腿、銀盤等蘑菇。」
〔註145〕《有感再賦》。

駕自五臺回賜金蓮花

紫府蕃神草，金花近御牀。獻非緣鹿女，王維詩：「雁王銜果獻，鹿女踏花行。」〔註146〕恩許載牙箱。皮日休《白菊》：「無山摘句〔註147〕牙箱裏，飛上方諸贈列仙。」一束叩殊數，千金補禁方。《仙傳拾遺》：「孫思邈撰《千金方》三十卷，嘗有神仙降謂曰：『爾所著《千金方》，濟人之功廣矣。而以生命為藥，害物亦多，必為尸解之仙，不得白日輕舉矣。』其後思邈取草木之藥以代蝱蟲水蛭之命，作《千金方翼》三十篇，每篇有龍宮仙方一首，行之於世。」〔註148〕《史記・扁鵲傳》：「長桑君呼扁鵲私坐，間與語曰：『我有禁方，年老，欲傳於公。』」〔註149〕丁寧須什襲，或恐夜生光。見卷九《送董孝廉》。

銀盤菇 《扈從西巡日錄》：「銀盤、猴頭皆菌屬，味亦香美。」

細菌多無算，銀盤大一圍。未殊榆肉脆，《六研齋筆記》：「古北口有榆肉者，菌蕈之類，大署如蘑菇而稍大。炙熟，其大又倍。聶切之味如肉。或云生樹間，或云產石上。」〔註150〕更較樹雞肥。王建詩：「雁門天花不復憶，況乃桑鵝與樹雞〔註151〕。」注：「菌也。」御墨題猶濕，嘉蔬物豈微。流傳文館記，盛事景龍稀。武平一有《景龍文館記》。

賜紵紀事

上闌〔註152〕初日映簾犀，見卷三《大閱圖》。李商隱詩：「簾釘鏤白犀。」〔註153〕天語聽傳紫閣西。庾信詩：「紫閣旦朝罷。」〔註154〕織自珠宮加熨貼，杜甫詩：「煌煌珠宮物。」〔註155〕又：「美人細意熨帖平，裁縫滅盡針線跡。」〔註156〕

〔註146〕《遊感化寺》。
〔註147〕皮日休《奉和魯望白菊》作「無由摘向」。
〔註148〕《御定佩文韻府》卷二十二之七。按：原出《太平廣記》卷二十一《神仙二十一・孫思邈》。
〔註149〕卷一百五。
〔註150〕（明）李日華《六研齋筆記》卷一。
〔註151〕按：非王建詩。出黃庭堅《答永新宗令寄石耳》，「樹雞」作「楮雞」。
　　　　又，唐・韓愈《答道士寄樹雞》詩，注：「樹雞，木耳之大者。」宋・蘇軾《和陶下喂田舍穫》：「黃菘養土膏，老楮生樹雞。」
〔註152〕「闌」，江浩然《曝書亭詩錄》同，《曝書亭集》作「闌」。
〔註153〕《和孫樸韋蟾孔雀詠》。
〔註154〕《仰和何僕射還宅懷故詩》。
〔註155〕《太子張舍人遺織成褥段》。
〔註156〕《白絲行》。

擎來黃紙驗封題。西鑑《續事始》：「貞觀十年，詔用黃麻紙寫詔勅。」〔註157〕折枝花訝臨風並，見卷八《棹歌》。掉尾鯨看戲水齊。杜甫《太子張舍人遺織成褥段》：「開緘風濤湧，中有掉尾鯨。」端綺入春恩再洽，《古詩》：「遺我一端綺。」〔註158〕稱詩彌媿在梁鷫。《詩》：「維鷫在梁，不濡其翼。彼其之子，不稱其服。」〔註159〕

賜御衣帽恭紀

鶴紋初啟尚衣封，張玄〔註160〕晏《謝衣段啟》：「鶴紋價重，龜甲樣新。」《唐書·百官志》：「尚衣局奉御二人、直長四人，掌供冕服几案。」〔註161〕藤帽朱絲自九重。蘇軾《歐陽晦夫遺接羅琴枕》〔註162〕：「白頭穿林要藤帽，赤腳渡水須花緵。」日角乍辭宮樣穩，《東觀漢記》：「光武隆準日角。」《尚書中候注》：「日角謂庭中骨起狀如日。」冰紈不散御香濃。《漢書·地里志》：「齊地織作冰紈綺繡純麗之物。」〔註163〕玉堂掌故傳他日，《漢書·李尋傳》：「久污玉堂之署。」《注》：「玉堂殿在未央宮。」〔註164〕《東都事略·蘇易簡傳》：「太宗為飛白書院額曰玉堂，及以詩賜之。太宗曰：『此永為翰林中一美事。』」〔註165〕清鏡衰顏話舊蹤。回憶滄江六年事，按：先生自戊午應召入都，至是凡六年。筍皮荷葉釣船縫。高適《漁父歌》：「筍皮笠子荷葉衣。」

醍醐飯

絕品醍醐飯，人間總不知。素餐臣節媿，推食主心慈。九鑿長腰米，《風土記》：「海南有『長腰秔稻，縮項鯿魚』之諺。」范成大《吳米》〔註166〕：「長腰瓠犀瘦，齊頭珠顆圓。」兼金六寸匙。趙岐《孟子注》：「兼金，其價兼倍於常者。」青精徒自滑，見卷六《壽陳叟》。較此駐顏遲。

〔註157〕按：《補注杜詩》卷十八《贈翰林張四學士》「黃麻似六經」，注：「馮鑑《續事始》：『貞觀十一年，太宗詔用黃麻紙寫詔勅文。』」
〔註158〕《古詩十九首》其十八。
〔註159〕《曹風·候人》。
〔註160〕「玄」，底本、石印本作「元」，據《文苑英華》卷六百五十五改。
〔註161〕《新唐書》卷四十七。
〔註162〕按：蘇軾原題作《歐陽晦夫遺接羅琴枕戲作此詩謝之》。
〔註163〕卷二十八下。
〔註164〕卷七十五。
〔註165〕卷三十五。
〔註166〕按：范成大詩題為《勞畬耕》。

賜鰳魚《江南通志》：「鰳魚，揚子江出。四月時，郭公鳥鳴，捕魚者以此候之。魚遊江底，惜其鱗纔掛網，即隨水而上。其鱗如銀，鮮明可愛。」

京口鰳魚尺半《風池集》作「二尺」。肥，《一統志》：「鎮江府，三國吳初都於此。及遷都秣陵，乃改京口鎮。」黃梅小雨水平磯。無煩《風池集》作「乍黏」。越網千絲結，見卷一《閒情》。早見燕山一騎飛。《方輿紀要》：「燕山在玉田西北二十里。」《一統志》：「順天府，宋宣和中名燕山府。」翠釜鳴姜纔敕進，王績《遊北山賦》：「拭丹爐而調石鼎，裹翠釜而出金精。」玉河穿柳旋攜《風池集》作「移」。歸。劉鐸詩：「柳條穿得錦鱗歸。」〔註167〕鄉園縱與長干近，見卷一《小長干》。四月吳船販尚稀。

憎蠅《古今注》：「一名醜扇。東齊謂之羊，閩人謂之胡臻。」

曉夢晨光裏，群飛戶尚扃。慣能移白黑，《詩》：「營營青蠅，止于樊。」〔註168〕《箋》：「蠅之為蟲，污白使黑，污黑使白，喻佞人變亂善惡也。」非止慕羶腥。《莊子》：「羊肉不慕蟻，蟻慕羊肉，羊肉羶也。」〔註169〕曲几思投筆，《魏略》：「王思性急，執筆作書，蠅集筆端，驅去復來。思恚怒，起逐蠅，不得。還，取筆擲地，拔劍逐之。」〔註170〕輕巾屢拂屏。北窗眠未穩，孤坐憶江亭。

憎鼠

尺二田間鼠，何來廣廈中。鬚看縛筆易，《潛確類書》：「栗鼠蒼黑而小，取其尾毫，可以製筆。世所謂鼠鬚栗尾者也。」《法書要錄》：「王羲之用鼠鬚筆書《蘭亭序》。」聲比數錢工。見卷九《鄭州》。未肯腸三易，《博物志》：「唐公房舉宅登仙，惟鼠不淨，不將去。鼠自悔，一月三吐易其腸。」須知技五窮。《爾雅·釋獸》，《注》，郭璞曰：「鼯鼠有螫毒者。」《疏》曰：「許慎云：『窮鼠五技：能飛不能上屋，能遊不能度谷，能緣不能窮木，能走不能過人，能穴不能覆身，此之謂五技。』」《荀子》：「鼯鼠五技而窮。」〔註171〕銜蟬如可聘，黃庭堅《乞貓》：「聞道狸奴將

〔註167〕（金）劉鐸《所見》。

〔註168〕《小雅·青蠅》。

〔註169〕《徐无鬼》。

〔註170〕《三國志》卷十五裴松之《注》引，曰：「思又性急，嘗執筆作書，蠅集筆端，驅去復來，如是再三。思恚怒，自起逐蠅，不能得還，取筆擲地，蹋壞之。」

〔註171〕《勸學》。

數子，買魚穿柳聘銜蟬。」〔註172〕滅燭臥宵終。

送杜少宰臻視海閩粵二首字肇餘，號遇徐，嘉興梅里人。順治戊戌進士。官至禮部尚書。先生《尚書杜公疆理記》：「二十二年夏，靖海將軍臣琅克彭湖島。秋，臺灣平，捷書至。皇帝嘉悅，解衣賜琅，並製詩褒美焉。誕諏吉日，告祀孝陵。冬十月戊寅，皇帝若曰：『海壖之弗靖，權畫地以民遷。民之蕩析，朕盡傷於心久矣。茲海澨永清，界外田畝宜給還耕堢。諮汝工部侍郎世謩、副都御史呀思哈偕往江浙，吏部侍郎臻、內閣學士石柱偕往閩粵。欽哉！其善體朕意，定軍之制，圖民之艱。』於是杜公拜命出。是月己丑，發京師。明年正月，踰大庾嶺。皇帝申命進公工部尚書。公乃諏日展界，自欽州之防城始，遵海以東，歷府七、州三、縣二十九、衛六、所一十七、巡檢司一十六、臺城堡砦二十一，給還民地二萬八千一百九十二頃，復業丁口三萬一千三百，定懸軍之營二十八，而廣東之疆理復矣。自福寧州西分水關，始遵海以東，歷府四、州一、縣二十四、衛四、所五、巡檢司三、關城鎮砦五十五，給還民地二萬一千一十八頃，復業丁口四萬八百，定懸軍之營三十三，而福建之疆理復矣。」〔註173〕

漢將樓船遠受降，《漢書·武帝紀》：「元鼎五年，遣樓船將軍楊僕出豫章，下湞水。」〔註174〕《後漢·馬援傳》：「援將樓船大小二千餘艘，戰士二萬餘人，擊九真賊徵側餘黨都羊等，自無功至居風，斬獲五千餘人，嶠南悉平。」〔註175〕杜佑《通典》：「漢孝成〔註176〕征閩越東甌，有伏波樓船。」重臣疆理到南邦。《詩》：「于疆于理，至于南海。」〔註177〕山程伐〔註178〕嶺復見嶺，晁補之詩：「幽事課伐嶺。」〔註179〕水驛下瀧還上瀧。《一統志》：「三瀧水在龍州府樂昌縣西六十里，源出湖南莽山。水有新瀧、垂瀧、腰瀧三派，故名。」元結詩：「下瀧船似入深淵，上瀧船似上青天〔註180〕。」榕葉清陰交露輞，《南方草木狀》：「榕樹，桂林、南海多植之。葉如木麻，實如冬青樹。幹拳曲，是不可以為器也。其本稜理而深，是不可以為材也。燒之無焰，是不可以為薪也。以其不材，故能久而無傷。其蔭十畝，故人

〔註172〕按：（明）王志堅《表異錄·羽族》：「後唐瓊花公主有二貓，一白而口銜花朵，一烏而白尾，主呼為銜蟬奴、崑崙妲己。」
〔註173〕《曝書亭集》卷六十六。
〔註174〕卷六。
〔註175〕卷五十四。
〔註176〕「成」，《通典》卷二十八作「武」。
〔註177〕《大雅·江漢》。
〔註178〕「伐」，四庫本《曝書亭集》作「越」。
〔註179〕《感寓十首次韻和黃著作魯直以將窮山海跡勝絕賞心晤為韻》其六。
〔註180〕「上青天」，《雜曲歌辭》其五《欸乃曲》作「欲昇天」。此沿江浩然《曝書亭詩錄》之說。

以為息焉。」王維詩:「朱文露輻〔註181〕動行軒。」**梅花疎影入吟窗**。林逋《梅花》:「疏影橫斜水清淺。」**不知五色羅浮雀**,《東坡集》:「羅浮有五色雀,以絳羽為長,余皆從之東西,俗云『有貴人入山則出』。」〔註182〕《嶺南雜記》:「五色雀產羅浮。遊羅浮者,大率先至華首寺。有佳客至,則此鳥飛鳴迎客,名迎客鳥。」**玉節前頭日幾雙**。唐明皇詩:「玉節授軍符。」〔註183〕

暫輟山公啟事書,《晉書‧山濤傳》:「濤再居選職十有餘年。所奏甄拔人物,各為題目,時稱《山公啟事》。」〔註184〕《隋‧經籍志》:「《山公啟事》三卷。」〔註185〕**周巡閩海自扶胥**。見卷二《越王臺》。**廿年已失魚鹽利**,《管子》:「通齊國魚鹽東萊,使關市幾而不正,壗而不稅,以為諸侯之利。」〔註186〕**百戰猶存蕩析余**。《書》:「今我民用蕩析離居,罔有定極。」〔註187〕**雁戶沙邊尋舊宅,鮫人渡口趁新墟**。見卷十一《輓曹先生》。《南部新書》:「端州以南,三日一市,謂之趁墟。」**恩言卻似平淮後,相度來宣走傳車**。韓愈《平淮西碑》:「帝有恩言,相度來宣。」「傳車」,見卷六《九日集刺梅園》。

早秋西華潭

《金臺集》:「西華潭,金之太液池也。」

殘暑秋逾熾,涼風午乍催。微波蓮葉卷,新雨豆花開。《風土記》:「八月雨為豆花雨。」許渾詩:「山風藤子落,溪雨豆花肥。」〔註188〕**宛轉通橋影**,韓偓詩:「漾水斜〔註189〕通宛轉橋。」**清泠傍水隈。夕陽山更好,金碧湧樓臺**。

夜起

銀浦懸宮月,見卷一《七夕》。**金風動井榦**。見卷三《大閱圖》。**魚雲吹不去**,〔註190〕《呂氏春秋》:「山雲草莽,水雲魚鱗。」〔註191〕**虹箭滴初殘**。

〔註181〕「輻」,王維《送崔五太守》作「網」。此沿江浩然《曝書亭詩錄》之說。
〔註182〕《書羅浮五色雀詩》。
〔註183〕《餞王曉巡邊》。
〔註184〕卷四十三。
〔註185〕卷三十五。
〔註186〕《小匡》。
〔註187〕《盤庚》。
〔註188〕《題韋隱居西齋》。
〔註189〕按:非韓偓詩。出韓翃《江南曲》,一作李益詩,「斜」作「回」。
〔註190〕國圖藏本浮簽:「魚雲吹不去」,「去」,初印本作「散」。
〔註191〕《有始覽‧應同》。

木落南樓早，山連北口寒。《昌平山水記》：「古北口水淺則絕潮，河水大則紆迴。從山頂行故石匣至古北口，計程為六十里也。城在山上，週四里三百一十步，三門。」〔註192〕**秋來無別夢，夜夜望回鑾**。按：康熙二十二年六月十二日，聖祖巡幸塞北，至七月廿五日回鑾。見高士奇《塞北小鈔》。

送宋僉事犖之官通潞四首

湯右曾《宋公墓誌》：「諱犖，字牧仲，晚歲自號漫堂。商丘人。大學士文康公子。年十四，例以大臣子入宿衛。逾歲，擢用試第一，改文資。康熙中謁選，得黃州通判。歷官江西、江蘇巡撫，召為吏部尚書。」

十里鶯花露輞前，慶豐壩口〔註193〕**得漁船**。見卷七《九言》。**莫嫌一出春明遠**，見卷九《酬閻若璩》。**猶是城東尺五天**。《唐小史》：「韋曲、杜鄠近長安。諺曰：『城南韋杜，去天尺五。』」《通州志》：「新城連接舊城。正德六年，巡撫都御史李貢增崇之，加五尺。萬曆十九年，復修南門，題曰望帆雲表，西門題曰五尺瞻天。」

中盤曾聽佛樓鐘，《名勝志》：「盤山，一名盤龍山，在州西北二十五里。高二千仞，周百餘里。山北數峰，林立如削，曰紫蓋，曰宿猿，尤為奇特。最高者，曰上盤頂，有巨石，以指搖之輒動。上有二龍潭，下有潮井，又有澤鉢泉。稍下者，曰中盤。」〔註194〕**按部重登紫蓋峯**。《後漢·蘇章傳》：「順帝遷冀州刺史，故人為清河太守，章行部按其奸贓。」〔註195〕**料得使君吟興發，塞門百道走紅龍**。《松亭行紀》：「少陵寺傍紅龍池，鑿石如龍，以朱塗之，甚不可解。」

按：宋公於癸亥秋以通永僉事奉檄偕部，使案海濱地。自鹽山抵山海關，紆回將三千里，得詩二十四首。

漁陽松蕡寶坻魚，《一統志》：「通州，秦屬漁陽郡。」《盤山志》：「松蕡產盤山，土人目為紫蘑菇。」《一統志》：「寶坻縣在通州城東南一百二十里。」《寶坻縣志》：「寶坻銀魚，霜降後自海中蛤山出，逆流北上薊州溫泉下育子。其色瑩白如銀。」《燕山叢談》〔註196〕：「寶坻銀魚，都下所珍。」**涭酒吳船味不如**。《一統志》：「涭水在豐潤縣，經縣西南，過玉田，至寶坻縣草頭湖入海。」**更憶昔年移柳在，濃陰**

〔註192〕《欽定日下舊聞考》卷一百五十三、《欽定古今圖書集成·方輿彙編·職方典卷五十三》。
〔註193〕「口」，江浩然《曝書亭詩錄》同，《曝書亭集》作「水」。
〔註194〕《欽定古今圖書集成·方輿彙編·山川典卷十二》。
〔註195〕卷六十一。
〔註196〕「談」，江浩然《曝書亭詩錄》作「錄」。

輸爾晝簾餘。《南史・顧愷之傳》:「為山陰令。晝日垂簾,門階閒寂,務簡而政理。」
〔註197〕

按:先生於癸酉秋客通潞龔斂事幕中,故有「更憶昔年」語。

白馬銀鞍紫絡縹,引弓曾傍屬車行。《後漢書・輿服志》:「大駕屬車八十一乘,最後一車懸豹尾。」宋犖《韋菴記》:「予年十四,以大臣子入侍。交戟出參,屬車豹尾。」〔註198〕**為郎未老單車出,**《漢書・馮唐傳》:「唐以孝著,為郎中署長,事文帝。帝輦過,問唐曰:「父老何自為郎?」〔註199〕《漢紀》:「馮唐白首,屈於郎署。」《漢武故事》:「上嘗輦至郎署,見顏駟鬢眉皓白,問:『何其老也?』駟對曰:『臣文帝時為郎,文帝好文,而臣好武;景帝好老,臣尚少;陛下好少,臣已老。是以三棄不遇。』上感其言,擢為會稽都尉。」李陵《答蘇武書》:「足下昔以單車之使。」**射虎重過右北平。**《史記・李廣傳》:「廣為右北平太守。出獵,見草中石,以為虎而射之,中石沒鏃,視之石也。因復更射之,終不能復入石矣。廣所居郡聞有虎,嘗自射之。及居右北平射虎,虎騰傷廣,廣亦竟射殺之。」〔註200〕《一統志》:「北平城在薊州,相傳李廣射石沒羽即此。」

按:宋公從曾祖莊敏公起家永平司理,歷總督倉場侍郎;文康公以遵化道開府畿東。至是公由刑部郎中陞通永道,皆兩公舊治也。

次韻贈沈上舍

沈郎詩格珊瑚鉤,宋張表臣,字正民。著《珊瑚鉤詩話》。**曾題八詠之高樓。**《金華志》:「齊隆昌元年,沈約守東陽,作八詠,題於元暢樓,時號絕唱。後人更為八詠樓。」**著書應過習鑿齒,**《晉書・習鑿齒傳》:「是時溫覬覦非望,鑿齒在郡,著《漢晉春秋》以裁正之。起漢光武,終於晉愍帝。於三國之時,蜀以宗室為正。凡五十四卷。後以腳疾,遂廢於里巷。」〔註201〕**論事不數賈長頭。**《後漢・賈逵傳》:「自為兒童,常在太學,不通人間事。身長八尺二寸,諸儒為之語曰:『問事不休賈長

〔註197〕《南史》卷三十五。按:《宋書》卷八十一《顧愷之傳》:「復為東遷山陰令。山陰民戶三萬,海內劇邑,前後官長,晝夜不得休,事猶不舉。覬之理繁以約,縣用無事,晝日垂簾,門階閒寂。自宋世為山陰,務簡而績修,莫能尚也。」
〔註198〕《西陂類稿》卷二十六。
〔註199〕《漢書》卷五十。按:早見《史記》一百二《馮唐列傳》。
〔註200〕卷一百九《李將軍列傳》。
〔註201〕卷八十二。

頭。』」〔註202〕橋門鼓篋又三載，見卷七《送龔孝廉》。《禮》：「入學鼓篋，孫其業也。」〔註203〕社酒治聾須幾秋。祝誠蓮詩話：「晉李濤小字社公，為兵部。時文公昉為翰林學士，月給內醖兵部。因春社，寄昉詩云：『社公今日沒心情，為乏治聾酒一瓶。』蓋俗云社日酒治聾。」〔註204〕愛子齋居花滿眼，疎簾清簟坐銷愁。〔註205〕

題高侍讀江村圖二首按：《江村草堂圖》，菰村寫。

菊磵疎僚舊跡存，先生《信天巢遺槀序》：「宋處士菊磵，高先生嘗以信天巢名其居。先生高尚不仕，以詩聞於時，卒葬之葛嶺。今翰林侍讀學士正公實先生裔孫。」〔註206〕按：《江湖詩》，四明高似孫續古有《疏僚集》，滄州高九萬有《菊磵集》。畫圖髣髴見江村。雙橋佇許通舟楫，他日柳陰來叩門。

杜甫南鄰有朱老，杜甫有《過南鄰朱山人水亭》詩。吾將徙宅問東家。杜甫詩：「來問爾東家。」〔註207〕水邊《苑西集》作「竹外」。沙際閒田闊，添種鴨桃千樹花。見卷一《游仙》。

題畫羅漢

梅生小十六羅漢，筆力遠勝盧楞伽。《宣和畫譜》：「盧楞伽，長安人。學畫於吳道玄〔註208〕。嘗畫莊嚴寺三門，竊自比道玄總持壁。一日，道玄忽見之，驚歎曰：『此子筆力常時不及我，今乃相類。是子也，精爽盡於此矣。』有《小十六羅漢像》三。」我題此幅更奇絕，人影瘦於枯木查。

按：汪鈍翁有《題梅豹方十六羅漢畫冊》詩。所謂「梅生」者，疑即豹方也。

題雪中垂釣圖

九十九澱畿南水，《一統志》：「掘鯉澱在任丘縣東南。《唐志》：『莫州有九十

〔註202〕卷六十六。

〔註203〕《學記》。

〔註204〕按：《錦繡萬花谷》前集卷三十五《酒》：「治聾酒。兵部李濤小字社翁，時李公昉為翰林學士，月給內醖兵部。嘗因春社，寄昉詩云：『社公今日沒心情，為寄治聾酒一瓶惱。亂玉堂將欲遍，依稀巡到第三廳。』社酒號治聾酒。〔《賈氏談錄》〕」

〔註205〕國圖藏本眉批：杜甫詩：「清簟疏簾對弈棋。」

〔註206〕《曝書亭集》卷三十六。

〔註207〕《陪鄭廣文遊何將軍山林十首》其四。

〔註208〕「玄」，底本、石印本作「元」，據《宣和畫譜》卷二改。下同。

九澱」，此其一也。」先生《風庭掃葉錄》：「『左思《魏都賦》有掘鯉之澱，或云即狐狸澱。《廣韻》：『澱，泊屬。』《韻會》：『淺泉也。』今京師有南澱、北澱，近畿則有方澱、三角澱、大澱、小澱、清澱、洄澱、勞澱，以及趙襄子澱、孟宗澱，其他不能悉記，凡九十九澱。」按：《說文》無澱字，傳寫者或作洊〔註209〕，或作澱，或作墊，皆非。」〔註210〕**五三六點塞北鴻。**無上宮道人《仙遊歌》：「五三六點靈雨滴，百千萬樹梨花開。」**雪花溟濛濕柳絮，人影瑟縮枯蓮蓬。易酒淶酒村罋白，**周亮工《霜月乞酒歌》：「易州滑辣青州至。」自注：「易酒以辣名。」**東家西家爐火紅。此時堅坐不歸去，一笑無乃天隨翁。**見卷二《南安客舍》。

為王祭酒士禛〔註211〕題畫冊二首

澝山濼音泊。**口水糢糊，陸** 《山東通志》：「澝山濼在鄒平縣西十五里長白山下。」**穰柳夭桃何處無。他日雪堂留客逕，不難疏鑿擬西湖。**

按：鄒平澝山濼，獺水匯處，煙波浩淼，中有墨王亭，是漁洋從叔祖洞庭象咸別業。

寒江窠石早梅舒，此地仙居也不如。但恐瀑泉侵案濕，小窗催徙讀殘書。

法酒《傍秋亭雜記》：「內法酒總名長春，有上用甜、苦二色，給內閣〔註212〕者以黃票，學士以紅票。」

勅自宮門下，香從內庫來。綠瓷雙罋滿，黃紙一封開。《雜志》：「宮酒以黃帕封，故謂之黃封酒。」張公庠詩：「朱書十字黃封酒。」〔註213〕**燈火將除夜，屠蘇最後杯。**《荊楚歲時記》：「昔人居草菴，除夕遺里人藥令囊浸井中，元日取水置酒樽，名屠蘇酒，飲之不疫。」蘇軾詩：「不辭最後飲屠蘇。」〔註214〕**沉吟主恩重，入手且先催。**

〔註209〕「洊」，石印本誤作「洵」。
〔註210〕《欽定日下舊聞考》卷七十九、《欽定古今圖書集成·方輿彙編·職方典卷四十七》。
〔註211〕「禛」，底本作「正」，四庫本《曝書亭集》作「禛」，康熙本《曝書亭集》作「稹」。
〔註212〕「閣」，石印本作「閤」。
〔註213〕《宮詞》其六。
〔註214〕《除夜野宿常州城外二首》其二。

官羊

考牧傳周雅，《詩序》：「《無羊》，宣王考牧也。」炰羔憶楚騷。《楚辭》：「腼鱉炮羔，有柘漿些。」〔註215〕肥應速諸父，《詩》：「既有肥羜，以速諸父。」〔註216〕瘦敢讓聯曹。《東觀漢紀》：「甄宇，建武中為青州從事，徵拜博士。每臘，詔賜博士羊。羊有大小肥瘦，時議欲殺羊分肉。甄宇恥之，因先取其瘦者。後召問瘦羊博士所在，京師因以號之。」家祭占丁巳，〔註217〕《儀禮》：「少牢饋食之禮，日用丁巳，筮旬有一日。」《注》：「禮祭將祀，必先擇牲繫於牢而芻之，羊豕曰少牢。諸侯之卿大夫祭宗廟之禮，內事用柔日，必丁巳者，取其令名。」《疏》：「乙丁巳辛，祭為柔日。」〔註218〕毛牀鉸圈牢。《齊民要術》：「養羊法：三月毛牀動，則鉸之；五月毛牀將落，鉸取之；八月又鉸之。」〔註219〕賜生臣必畜，詎忍授屠刀。

鹿尾《漁洋詩話》：「今京師宴席最重鹿尾，雖猩唇、駝峰未足為比。」

東丹王子畫，《遼史·宗室傳》：「義宗，名禧〔註220〕，小字圖欲，太祖長子。善畫本國人物，如《射騎獵雪騎》、《千鹿圖》，皆入宋秘府。」《五代會要》：「長興元年十一月，契丹渤海東丹王突欲率番官四十餘人、馬百疋自登州泛海內附。其年十二月，中書門下奏契丹國東丹王突欲遠泛滄溟，來歸王化，宜賜姓東丹，名慕華。二年九月，複姓李，名贊華。」《宣和畫譜》：「御府所藏李贊華《千角鹿圖》一。」移剌楚材詩。〔註221〕鹿尾漿始見《楚材集》。〔註222〕耶律楚材《鹿尾》：「鑾輿秋獮獵南岡，鹿尾分甘賜尚方。濃色殷殷紅玉髓，微香馥馥紫瓊漿。韭花酷辣同蔥薤，芥屑差辛類桂薑。何似氄根蘸濃液，邀將詩客大家嘗。」按：《楚材集》有《和移剌繼先韻》、《和移剌子春見寄詩》。此云「移剌楚材」，未解。凥截漿尤美，胾蒸味最奇。《酉陽雜俎》：「梁劉孝儀食鯖鮓，曰：『鄴中鹿尾，為酒肴之最。』魏使崔劼在坐，曰：『生

〔註215〕《招魂》。

〔註216〕《小雅·伐木》。

〔註217〕《曝書亭集》有自注：「少牢饋食禮，日用丁巳。」原在詩末。

〔註218〕《少牢饋食禮第十六》。

〔註219〕此係自注，《曝書亭集》原在詩末。

〔註220〕「禧」，《遼史》卷七十二《宗室列傳》作「倍」。

〔註221〕國圖藏本眉批：按：遼始興之地名世里，譯曰耶律，因以為姓。楚材，東丹王突欲八世孫也。又按：《金史國語解》姓氏類：移剌曰劉。則耶律與移剌各自一姓，此云移剌楚，蓋誤以移剌即耶律也。

〔註222〕此係自注。

魚、熊掌，孟子所稱。雞跖、猩唇，呂氏所尚。鹿尾乃有〔註223〕奇味，竟不載書籍，每用為恨。』」〔註224〕**須停射工脯**，《樂府》：「白鹿乃在上林西苑中，射工尚復得白鹿脯。」〔註225〕**不數果園狸**。見卷九《讀嵩遊草》。**燒尾聞唐日**，《邵氏聞見錄》：「士人初登第，必展歡晏，謂之燒尾。說者云：『虎化為人，惟尾不化，須得燒去乃化。』又云：『新羊入羣，必牴觸，須燒其尾乃定。』又：『魚躍龍門化為龍，必雷燒其尾乃化。』」今朝宴亦宜。

梭魚

雉兔關東最，梭魚味更良。刺方青鯽少，鱠比玉鱸香。見卷六《食鐵腳》。賜出春初早，攜歸尺半長。罝師題字在，魚鱗有字識，獲時係十月十日。〔註226〕寧分小臣嘗。

除日侍宴乾清宮夜歸賦

千門除日已春融，蘇軾詩：「湧金門外已春融。」〔註227〕**兩度椒盤侍禁中。坐聽鈞天仙樂後，起看珠斗上闌東。**《天文志》：「珠斗，北斗也。」〔註228〕**歸鞍笑逐三驂馬**，《書斷》：「唐人尚剪驄。三驄者曰三花，五驄者曰五花。」**守歲歡迎五尺童。**李密《陳情表》：「無應門五尺之童。」**不是雲漿浮鑿落**，見卷九《兒觥歌》。**衰顏那傍燭花紅。**

曝書亭集詩注卷十　　　　　　　　　　　　　　　男　蟠　挍

〔註223〕石印本此處有「此」。
〔註224〕卷七《酒食》。
〔註225〕（晉）袁山松《白鹿山詩》：「白鹿乃在上林西苑中。射工尚復得脯臘之。」
〔註226〕此係自注。
〔註227〕《常潤道中有懷錢塘寄述古五首》其三。
〔註228〕見《陳檢討四六》卷一《璇璣玉衡賦》注。

曝書亭集詩注卷十一

嘉興　楊　謙　纂
嘉興　范安國　參

閼逢困敦甲子

元日南書房宴歸上復以肴果二席賜及家人恭紀先生《馮孺人行述》：「甲子元日，彝尊方侍宴，天子念講官家人居室，特賜肴果二席，孺人九拜受之，洵異數也。」〔註1〕

　　縿承曲讌侍仙闈，又撒瓊筵到北扉。《夢溪筆談》：「學士院北扉者，為其在浴室之南，便於應詔。」歲酒更番移席勸，丁仙芝詩：「開正獻歲酒。」〔註2〕主恩一念感心微。比鄰漏下驚窺戶，兒女燈前笑攬衣。黃庭堅詩：「兒女燈前語夜深。」〔註3〕閒向金坡說遺事，《郡齋讀書志》：「《金坡遺事》三卷。錢惟演撰。載國朝禁林雜儀式事蹟並學士名氏。文元公述真宗禮待儒臣三事附於卷末。」〔註4〕全家賜食古來稀。

自禁垣徙居宣武門外《馮孺人行述》：「是月，予被劾謫官。三月，移寓宣武門外。」

　　詔許攜家具，孟郊詩：「借車載家具，家具少於車。」〔註5〕書難定客蹤。誰憐春夢斷，猶聽隔城鐘。〔註6〕

〔註1〕《曝書亭集》卷八十《亡妻馮孺人行述》。
〔註2〕《京中守歲》。
〔註3〕《寄上叔父夷仲三首》其三。
〔註4〕卷二。
〔註5〕《借車》。
〔註6〕（清）龍顧山人纂《十朝詩乘》卷六《朱竹垞與高江村》（卞孝萱，姚松點校，

送張先生巡撫山東二首名鵬，字南溟，丹徒人。順治辛丑進士。

十二河山〔註7〕大小東，《漢書‧高帝紀》：「夫齊，東有琅邪、即墨之饒，南有泰山之固，西有濁河之限，北有渤海之利，地方二千里，持戟百萬，縣隔千里之外，齊得十二焉。」〔註8〕譚用之詩：「三〔註9〕千賓客舊知己，十二山河新故園。」《詩》：「小東大東。」〔註10〕**中丞持節鎮繁雄。循良久數張京兆**，《漢書‧張敞傳》：「其治京兆，略〔註11〕循趙廣漢之跡。方略耳目，發伏禁奸，不如廣漢。然敞本治《春秋》，以經術自輔其政，頗雜儒雅，往往表賢顯善，不醇用誅罰。」〔註12〕**副相依然漢上公**。《漢官儀》：「漢末以大司馬、大司徒、大司空為三公。立師、傅、保之官，位在三公上，崇號為上公。」岑參詩：「上公周太保，副相漢司空。」〔註13〕楊巨源詩：「次第儀形漢上公。」〔註14〕**井稅蠲來青帝壤**，王維詩：「歲晏輸井稅。」〔註15〕「青帝」，見卷五《謁仲子祠》。**屬車迎及素王宮**。見卷十《送宋僉事》。李存詩：「時來湖上素王宮。」〔註16〕**菌華**〔註17〕**秋色看逾好**，〔註18〕《濟南府志》：「鵲

福建人民出版社 2000 年版，第 212～213 頁）：

朱竹垞之直南齋，後於高江村。內直甫期年，以攜僕充供事，錄四方經進書，為掌院牛鈕論劾，降調，並奪賜第。竹垞詩有云：「詔許攜家具，書難定客蹤。誰憐春夢斷，猶聽隔城鐘。」即是時作。或謂為江村所排，然二人固夙契。江村退居後，竹垞以姚雲東《寒林鸜鵒》立軸贈其生日，江村題二絕句云：「鸜鵒無言立北風，孤村竹樹自成叢。不知鎖向雕籠者，得似寒山野水中。」「野港菱灣起柁風，往來不離稻花叢。茂林茆屋棲遲慣，忘卻多年直禁中。」跋云：「昔與竹垞同直南書房，每有江湖之思，今共在寒山野水中矣。」竹詫亦有詩云：「雲東三絕見唐風，貌得山禽占竹叢。誰分偶然題句在，兩人心會不言中。」蓋風格雖殊而感遇則一。此軸後入內府，高宗御題云：「鸜鵒何曾畏北風，雕籠常鎖海棠絲。竹窗既有江湖思，何事頻懷玉禁中。」意薄之也。竹垞左官，尋復秩。其歸以引疾。聖祖南巡，猶拜御書「研經博物」之賜。江村自宮詹罷歸，且再起為少宗伯。蓋內直諸臣，眷遇尤厚云。

〔註7〕「河山」，四庫本《曝書亭集》作「山河」。
〔註8〕《漢書》第一下。按：早見《史記》卷八《高祖本紀》。
〔註9〕「三」，譚用之《送友人歸青社》作「二」。此沿江浩然《曝書亭詩錄》之說。
〔註10〕《小雅‧大東》。
〔註11〕「略」，石印本無。
〔註12〕卷七十六。
〔註13〕《奉送李太保兼御史大夫充渭北節度使》。
〔註14〕《薛司空自青州歸朝》。
〔註15〕《贈劉藍田》。
〔註16〕不詳。
〔註17〕「華」，四庫本《曝書亭集》作「花」。
〔註18〕國圖藏本眉批：《容臺集》有《題松雪鵲華秋色圖跋》。

山在歷城北十五里。」「華不注」，見卷六。《香祖筆記》：「趙松雪《鵲華秋色圖》，為周密公謹作。山頭皆著青綠。公謹家世濟南，流寓吳興，故松雪為作此，以寄其故鄉之思。」〔註19〕**秀澤單椒儼畫中**。《水經注》：「華不注單椒秀澤，不連丘陵以自高。」

泰雲堂上酒曾酣，泰雲，院署中堂名。種竹開亭徑舊諳。山湧高城雙戟外，池分新水七橋南。見卷七《賦得官柳》。要知政簡無留牘，可許朋來賦盍簪。準擬春風陪杖屨，《禮》：「撰杖屨。」〔註20〕**重遊細酌瀅泉甘**。瀅泉，余客濟南時所鑿。〔註21〕先生《瀅泉記》：「宛平劉公巡撫山東之明年，於廳事西北掘土，深二尺，有泉涓涓出自穴，從而濬之。又二尺，其廣倍焉。語其友朱彝尊曰：『是宜何名？』曰：『《爾雅》：水自濟出為瀅。其瀅泉乎？』」〔註22〕

同黃虞稷周在浚彭桂飲劉學正中柱齋黃字俞邰，一字楮園，晉江人。舉鴻博。以母喪不與試。周字雪客，號遺谷，祥符人。官經歷。著《梨莊集》。彭字爰琴，溧陽人。舉鴻博。以丁憂未與試。劉字砥瀾，號禹峰，寶應人。

國子先生屋數椽，韓愈《進學解》：「國子先生晨入太學。」**晴窗齊拓衍波牋**。見卷八《櫂歌》。詩題史籀岐陽鼓，《集古錄》：「石鼓之在岐陽，初不見稱於前世，至唐人始盛稱之。而韋應物以為文王之鼓，至宣王刻詩。韓退之直以為宣王之鼓。在今鳳翔孔子廟中。鼓有十，先時散棄於野，鄭餘慶置於廟而亡其一。皇祐四年，向傳師求於民間，得之，十鼓乃足。其文可見者四百六十有五，磨滅不可識者過半。退之好古不妄者，予姑取以為信。至於字畫，亦非史籀不能作也。」〔註23〕**書載氾光湖水船**。《江南通志》：「氾光湖在寶應縣西南一十五里。」**百罰深杯初度夜**，見卷四《同楊二》。**十年舊雨一燈前**。杜荀鶴詩：「半夜燈前十年事，一時隨雨到心頭。」〔註24〕**不嫌臥甕人來數**，見卷九《春暮》。**日日牀頭釀酒錢**。

副相徐公元文庭中種蕉結實禹鴻臚為作圖名之鼎，字尚基，號慎齋，江都人。康熙中授鴻臚寺序班。**因題絕句三首**《騰笑集》四首。其四云：「候蟲新雁驗花時，開後重開歲歲宜。卻笑茅山張外史，僅移白石插紅荑。」

已愛清陰護綠紗，更看秋蕊綻靈芽。《南方草木狀》：「甘蕉望之如樹，株

〔註19〕卷十二。
〔註20〕《曲禮》。
〔註21〕此係自注。
〔註22〕《曝書亭集》卷六十七。
〔註23〕卷一《石鼓文》。
〔註24〕《旅舍遇雨》。

大者一圍餘，葉長一丈，或七八尺，廣尺餘二尺許。花大如酒杯，形色如芙蓉，著莖末百餘。子大名為房，相連累。甜美，亦可密藏。根如芋魁，大者如車轂。實隨葉，每花一闔，各有六子，先後相次。子不俱生，花不俱落。一名芭蕉。」**豐宜門外園官老，**《榆櫪別錄》：「豐宜門外西南行四五里，有鄉曰宜遷，地偏而囂遠，土腴而氣淑。郊丘帶乎左，橫岡亙其前，中得井地三九之一，卜〔註25〕築耕稼，植花木，鑿池沼，覆簣池旁，架屋臺，上隸其榜，曰遠風，以為歲時賓客宴遊之所者，韓氏之昆仲總管通甫判府君美也。」〔註26〕**能得幾人逢此花。**

日南曾記一叢叢，《漢書·地里志》：「日南，故秦象郡。武帝元鼎六年開，屬交州。」〔註27〕**合薦冰盤荔子紅。誰料塵沙燕市滿，露珠涼綴小亭中。**

十年青簡待封題，官燭長分太乙藜。《拾遺記》：「劉向校書天祿閣，夜有老人著黃衣，植青藜杖，受向《五行洪範》，云：『我是太乙之精。天帝聞卯金之子有博學者，下而觀焉。』出懷中玉牒，有天文地圖之書。」〔註28〕**正值閒庭花放日，便應焚槀禁園西。**故事：國史編成，於西苑蕉園焚槀。〔註29〕《甫田集》：「芭蕉園在太液池東，崇殿〔註30〕復殿、古木珍石參錯其中，又有小山曲水。實錄成，於此焚稿。」〔註31〕按：徐公時監修《明史》，故有是作。

題汪贊善霦讀書秋樹根圖字朝采，號東川，平湖籍，錢塘人。康熙丙辰進士，授行人。舉鴻博，改編修。官至戶部侍郎。《騰笑集》三首。其二云：「風林但有石泉聲，坐久不聞一鳥鳴。縱使滿頭秋葉舞，無妨盡掃入茶鐺。」其三云：「吾家長水塘南宅，改歲歸田共爾期。百里輕帆忩來往，借書一瓻還一瓻。」

千官仗下列蛾眉，杜甫詩：「千官拜舞開仙杖。」〔註32〕「蛾眉」，見卷十《夏日》。**東馬嚴徐獻賦時。**韓愈詩：「東馬嚴徐已奮飛。」〔註33〕**安得斯人坐雲壑，披圖真笑虎頭癡。**見卷二《贈高儼》。

〔註25〕「卜」，底本作「十」，據石印本、《欽定古今圖書集成·方輿彙編·職方典卷四十六》改。按：此引文亦見《欽定日下舊聞考》卷九十，注出處為《秋澗集》。
〔註26〕國圖藏本眉批：豐臺在京師右安門外，即今之豐宜門也。居人以種花為業。此云園官，即指種花之人耳。注引韓氏昆仲以實官字，非是。
〔註27〕卷二十八下。
〔註28〕卷六。
〔註29〕此係自注。
〔註30〕「殿」，石印本作「樓」。按：《甫田集》原作「臺」。
〔註31〕《欽定日下舊聞考》卷三十六。按：原出（明）文徵明《甫田集》卷十。
〔註32〕按：杜甫詩未見此句。
〔註33〕《贈崔立之評事》。

同陸處士查上舍兄弟寓齋小集分韻得逢字查慎行,字悔餘,號他山。原名嗣璉,字夏重。海寧人。康熙癸未進士。官編修。有《敬業堂集》。弟嗣瑮,字德尹。康熙庚辰進士。官侍講、順天學政。有《查浦詩鈔》。

　　金水橋南楊柳,《元史‧地里志》:「金水河源出宛平縣玉泉山,流至和義門、南水門入京城。」〔註34〕**西華潭外芙蓉**。見卷十《早秋》。**衰年杯興未減**,韓琦詩:「杯興逢人〔註35〕老未闌。」**隔歲詞人又逢。爾汝何甥謝舅**,李商隱詩:「何甥謝舅當世才。」〔註36〕按:查他山係陸辛齋之甥。**飛揚季虎頭龍**。黃滔《投翰長趙侍郎》:「賈氏許頻趨季虎,荀家因敢謁頭龍。」《三輔決錄》:「賈彪,字偉節。兄弟三人有高名,彪最優,時人語曰:『賈氏三虎,偉節最怒。』」張璠《漢紀》:「荀淑有八子,居西豪里。縣令苑康曰:『昔高陽氏有才子八人。』遂署其里為高陽里。時人號曰『八龍』。」**夕曛戀客未落,留聽西林暮鐘**。

送益都馮先生集萬柳堂次韻二首按:《馮公年譜》:康熙廿一年八月廿六日,御筆印章一方,上勒「適志東山」四字,又墨刻《升平嘉宴詩》一冊。次日辭謝,上遣中書舍人羅映臺護送到家,京朝官數百人同餞之彰義門外,祖帳相望十餘里,京城小民有牽車泣下者。則此詩作於壬戌,誤編在此。

　　十里沙堤萬樹楊,見卷八《懷鄉》。**秋容猶未點新霜。小車稷下將歸日**,《漢書‧田千秋傳》:「車千秋,本姓田氏。年老,上憂之,朝見得乘小車入宮殿中,故因號曰『車丞相』。」〔註37〕《水經注》:「係水傍城北流,逕陽門西,水次有故封處,所謂齊之稷下也。齊宣王喜文學游說之士,鄒衍、淳于髡之徒皆賜列第,為上大夫,是以稷下學士復盛。劉向《別錄》以稷為齊城門名,談說之士期會於稷門下,故曰稷下也。」《山東通志》:「稷下在青州府臨淄縣。」〔註38〕**上巳城東舊醉鄉。坐立部歌聽總好**,《唐書‧禮樂志》:「分樂為二部。堂下立奏,謂之立部伎;堂上坐奏,謂之坐部伎。太常閱坐部,不可教者隸立部,又不可教者,乃習雅樂。」〔註39〕

〔註34〕按:《欽定古今圖書集成‧方輿彙編‧職方典卷十二》,注出《元史》。又見《欽定日下舊聞考》卷五十四,注出《元史‧河渠志》。實出《元史》卷六十四《河渠志》。

〔註35〕「人」,(宋)韓琦《感春貽崔公孺國博》作「辰」。此沿江浩然《曝書亭詩錄》之說。

〔註36〕《偶成轉韻七十二句贈四同舍》。

〔註37〕卷六十六。

〔註38〕卷二十六。

〔註39〕《新唐書》卷二十二。

田園樂事話方長。千秋祖帳嬴疏傅，《漢書·疏廣傳》：「廣為太傅，兄子受為少傅，俱移病。滿三月賜告，廣遂稱篤，上疏乞骸骨。上以其年篤老，皆許之。公卿大夫故人邑子設祖道，供帳〔註40〕東都門外，送者車數百兩，辭決而去。及道路觀者皆曰：『賢哉二大夫！』或歎息為之下泣。」錄別樽前有和章。

　　白頭許賜冶源間，《池北偶談》：「臨朐縣有冶源，亦名冶泉，有水竹之勝。世為馮氏別業。」〔註41〕青史難將諫錄刪。《漢書·藝文志》：「《青史子》五十七篇。」〔註42〕此去耕漁尋舊侶，且憑絲竹解離顏。開簾浴鳥階前水，過雨斜陽檻外山。他日從遊期莫定，強留嘶騎玉河灣。

　　按：馮公有《微臣去國戀主》一疏，內列五事：一曰皇上不宜費財，二曰不宜遠出，三曰勿輕遣官，四曰臺灣不宜輕剿，五曰關稅監課不宜贈額。上嘉納之。

送張遠之桂林二首字超然，侯官人。康熙己卯福建解元。

　　濯枝新雨玉河隄，《風土記》：「六月有大雨，名濯枝雨。」送客遙尋五筦西。《唐書·地理志》：「永徽後，以廣、桂、容、邕、安南府皆隸廣府都督統攝，謂之五府節度使，名五筦。」自是驂鸞逐仙侶，韓愈《送桂州嚴大夫》詩：「遠勝登仙去，飛鸞不暇〔註43〕驂。」范成大《驂鸞錄》：「桂林自唐以來，以山川奇秀稱。韓文公雖不到，然在潮熟聞之，故詩有參天、帶水、『翠羽』、『黃甘〔註44〕』之語。末句乃曰『飛鸞不暇驂』，蓋歆羨之如此。故余行紀以驂鸞名之。」緇塵不上錦障泥。《晉書·王濟傳》：「濟善解馬性，嘗乘一馬，著連乾障泥，前有水，終不肯渡。濟云：『此必是惜障泥。』使人解去，便渡。」〔註45〕梁簡文帝詩：「未乘青鞘尾，猶掛錦障泥。」〔註46〕

　　星郵南指伏波岩，《閩敘粵述》：「伏波岩在桂林城東北，突起千餘丈。相傳馬伏波徵交阯過此。」路轉衡山九面帆。見卷七《譚孝廉》。吟到相思江更好，

〔註40〕「帳」，《漢書》卷七十一作「張」。顏師古《注》：「張音竹亮反。」
〔註41〕卷十三。
〔註42〕卷三十。
〔註43〕「暇」，韓愈《送桂州嚴大夫同用南字》作「假」。此沿江浩然《曝書亭詩錄》之說。
〔註44〕「甘」，底本、石印本作「相」，據《驂鸞錄》改。按：韓愈《送桂州嚴大夫同用南字》：「江作青羅帶，山如碧玉篸。戶多輸翠羽，家自種黃甘。」另，江浩然《曝書亭詩錄》作「柑」。
〔註45〕卷四十二。
〔註46〕按：南北朝·蕭綱《繫馬詩》：「未垂青鞘尾，猶掛紫障泥。」又，李白《紫騮馬》：「臨流不肯渡，似惜錦障泥。」

《一統志》：「相思江在桂林府城南五十里。」**綠榕樹底紫蕉衫**。白居易詩：「綠槐風透紫蕉衫。」〔註47〕

題王叔楚墨竹為家上舍載震〔註48〕賦

《居易錄》：「予舊為朱悔人題小竹山人王叔楚畫竹卷，云：『茅齋青壁幾年成，溪路無人略彴橫。一夜春雷動崖谷，四山風雨攛龍驚。』爾時但愛其畫之瀟灑，亦不詳叔楚誰何也。讀徐宗伯叔明《海隅集》，有《王山人墓銘》，乃知為吳嘉定之羅溪人，名翹，字時羽，一字叔楚。詩宗孟郊，山水宗米芾，間出新意，尤工草蟲與竹。婁堅子柔敘其先友，有叔楚名。」〔註49〕《靜志居詩話》：「叔楚工畫竹，余嘗覯其真蹟，為賦長歌，不知其幕府才雄也。邑人侯大年述其繪草蟲更精，惜未得見。《水竹集》一冊，中間贈酬諸將之作居多。」載震，字悔人，潛江人。官石泉知縣。有《東浦詩鈔》。

畫家畫竹專用墨，李波文同已難得。〔註50〕《宣和畫譜》：「李波善畫竹，氣韻飄舉，不求小巧任率，落筆便有生意。然所傳於世者不多。」又：「文同善畫墨竹，知名於時。」**後來能事吳仲圭**，見卷八《欋歌》。**橫斜曲直無端倪。誰為此圖王叔楚，意象豈必全師古。竹枝大者一尺強，其餘瑣細抽風篁。**謝莊《月賦》：「涼夜自淒，風篁成韻。」**山泉泠泠走石罅，可惜無人坐銷夏。潛江主人購得之，索我點筆題新詩。**杜甫詩：「石闌斜點筆，桐葉坐題詩。」〔註51〕**吾家長水一茅屋，北坨南坨都是竹。**王維《輞川集》有《南坨》、《北坨》詩。**每憶園林燒筍時，不戀樹雞及榆肉。**見卷十《銀盤菇》。**海陵曹嶽為我畫作圖，**〔註52〕按：曹嶽，字次嶽，號秋崖，泰興人。善畫。曾為先生寫《竹坨圖》，瀟疏淡遠，頗有幽趣，名流皆題百字令一闋，今藏予兄漢籌水北樓。**藥爐茗椀書簽廚，**梅堯臣詩：「書畫羅簽廚。」〔註53〕**年來松菊成榛蕪。對此臨風一惆悵，歸與歸與范蠡湖。**

送馮遵祖宰平陸

《湖州府志》：「馮遵祖，字孝行，號青士，長興人，居歸安。父顯明，以孝友稱。遵祖力學修行，登康熙庚戌進士，授中書，改山西平陸知縣。」《西峰字說》：「平陸縣在平陽府解州城東南九十里。」

〔註47〕《晚歸府》。
〔註48〕「震」，四庫本《曝書亭集》作「宸」。
〔註49〕卷十九。
〔註50〕國圖藏本眉批：按《宣和畫譜》：「李頗，南昌人。」一作波。郭若虛：「竹波。」
〔註51〕《重過何氏五首》其三。
〔註52〕國圖藏本眉批：《竹坨圖》向藏青谿李就間家，予曾見之。
〔註53〕《寄題西洛致仕張比部靜居院四堂》。

著書獨有五亭好，《西峰字說》：「白蘋洲在霅溪東南，取梁吳興守柳惲『汀洲採白蘋』語。唐刺史楊漢公建三圃五亭於上。」《吳興統紀》：「郡有五亭，曰白蘋亭、集芳亭、山光亭、朝發亭、碧波亭。」作吏無如三晉閒。見卷九《題吳徵君》。醉裏襄陵官甕酒，到來底柱郭門山。《水經》：「河水又東過砥柱間。」《注》：「砥柱，山名也。昔禹治洪水，山陵當水者鑿之，故破山以通河。河水分流，包山而過山，見水中若柱然，故曰砥柱也。」〔註54〕耕餘讓畔田千頃，《西峰字說》：「間原東西七里，南北十三里，即虞、芮二君往質西伯，始爭而終讓者。俗呼讓城，在縣西界。」吟對浮查水一灣。白雁年年度汾曲，相思煙月幾彎環。陳陶詩：「鄉月十彎〔註55〕環。」

送少詹王先生士禛〔註56〕**代祀南海**〔註57〕王士禛〔註58〕《南來志》：「康熙二十三年十月十九日辛亥，上東巡狩，祭岱宗，謁先師闕里。先期布告中外，遣官祭嶽鎮海瀆之神。兵部督左理事官鄭重祭告南鎮會稽山，余以詹事府少詹事兼翰林院侍講學士有事南海。」〔註59〕

今年天子省方岳，《書》：「六年，五服一朝。又六年，王乃時巡，考制度於四嶽。諸侯各朝於方岳，大明黜陟。」〔註60〕詔祀四瀆封五山。見卷四《上元》、卷六《淮南》。《爾雅》：「中嶽嵩山，東嶽泰山，西嶽華山，南嶽衡山，北嶽恒山。」屬車先行上日觀，《漢官儀》：「泰山東南頂名曰日觀，雞鳴時見日出，高三丈。」使者分命辭星班。章碣詩：「玉皇恩詔別星班。」〔註61〕先生儲端乍遷秩，《事文類聚》：「太子詹事號曰儲端，亦曰宮端。」〔註62〕《漁洋年譜》：「二十三冬，遷詹事府少詹事兼翰林院侍講學士。十一〔註63〕月，奉命祭告南海。」誕持龍節臨百蠻。

〔註54〕卷四。

〔註55〕「彎」，陳陶《清源途中旅思》作「灣」。

〔註56〕「禛」，底本作「正」。

〔註57〕按：康熙本《曝書亭集》題作《送少詹王先生士禛代祀南海兼懷梁孝廉佩蘭屈處士大均陳處士恭尹》，四庫本《曝書亭集》無此篇。另，（清）崔弼輯《波羅外紀》卷八「詩歌」（清光緒八年刻本）收此篇，題為《送少詹王先生士禛代祀南海兼懷梁孝廉佩蘭及南園諸社友》。

　　另，國圖藏本眉批：題中既有違礙，宜刪之不錄。改題而存，末二句竟無著落，不妥。

〔註58〕「禛」，底本作「正」。

〔註59〕《漁洋精華錄》卷十《河間從倉公乞滄酒》「同時銜命帝城闉」惠棟注。

〔註60〕《周官》。

〔註61〕《送韋岫郎中典泗州》。

〔註62〕《御定佩文韻府》卷十四之三。

〔註63〕「十一」，石印本作「次」。

《周禮》：「凡邦國之使節，山國用虎節，土國用人節，澤國用龍節。」〔註64〕**維南有海祝融宅**，韓愈《南海神廟碑詩》：「南海陰墟，祝融之宅。」**沐浴日月**〔註65〕**神所寰**。《禹玉牒辭》：「祝融司方發其英，沐日浴月百寶生。」韓愈詩：「幽暗鬼所寰。」〔註66〕**吾昔踰嶺謁祠下，嘔啞門啟金獸鐶**。薛逢詩：「鎖銜金獸連環冷。」〔註67〕**木棉陰濃畫壁冷**，《嶺南雜記》：「木棉樹大可合抱，高者數丈。葉如香樟，瓣極厚，一條五六葉。正二月開大紅花，如山茶，而蕊黃色。結子如酒杯，老則坼裂，有絮茸茸，與蘆花相似。廣州閱武廳前與南海廟各有一株甚大，開時赤光照耀。坐其下，如入朱明之洞也。」〔註68〕**銅鼓雨漬苔花斑**。先生《南海廟二銅鼓圖跋》：「廣州波羅江上南海神廟銅鼓二。大者，唐嶺南節度使鄭絪出鎮時，高州守林靄得之峒戶以獻，絪納諸廟。面闊五尺，臍隱起，羅布海魚蝦蟇等紋，旁設兩耳。通體微青，雜以丹砂瘢，其光可鑒。小者殺大者五之一，從潯州灘水湧出，色純綠，雜以鷓鴣斑。審視之，隱隱若八卦畫。每歲二月上壬，土人擊以樂神。民間有疾，禱於廟，亦擊之。」〔註69〕**模糊穹碑蝕歲月，夾侍秘怪殊鬒鬖。鱟帆欻忽颺母惡**，《埤雅》：「鱟海中群行，輒相積於背上，高尺餘，如帆，俗呼鱟帆。」〔註70〕**珠宮貝闕罕得扳**。《楚辭》：「魚鱗屋兮龍堂，紫貝闕兮珠宮。」〔註71〕**先生到日陳祝冊**，《南海神廟碑》：「祝冊自京師至。」**扶胥渡口黃木灣**。見卷二《越王臺》。**雙崖斷若青玉玦**，孫覿詩：「蒼巇中斷青玉玦。」〔註72〕**小海大海波漩澴**。楊萬里《題南海東廟》詩：「大海更在小海東，西廟不如東廟雄。」郭璞《江賦》：「漩澴滎瀅。」**綾袍織成孔雀翠**，白居易詩：「彩動綾袍雁趁行。」〔註73〕《嶺南雜記》：「孔雀產廣西，而羅定山中間或有之。雌者尾短，無金色。雄者尾大而綠，金翠奪目。土人取其尾，每數十莖，長短相雜為屏，價亦不甚貴。其遍身毳毛及尾毛之破碎者，取以織補服。」〔註74〕**彩旗飄颸芙蓉殿。神絃安歌合竽瑟**，《古今樂錄》：「《神絃歌》十一曲。」

〔註64〕《地官·掌節》。
〔註65〕「沐浴日月」，康熙本《曝書亭集》作「沐月浴日」。
〔註66〕《題炭谷湫祠堂》。
〔註67〕《宮詞》。
〔註68〕《廣東通志》卷五十二《物產志》。
〔註69〕《曝書亭集》卷四十六。
〔註70〕卷二《鱟》。
〔註71〕《九歌》其八《河伯》。
〔註72〕《小園春事二首》其一。
〔註73〕《聞行簡恩賜章服喜成長句寄之》。
〔註74〕《廣東通志》卷五十二《物產志》。

《楚辭》：「揚枹兮拊鼓，疏緩節兮安歌，陳竽瑟兮浩倡。」〔註75〕**巫覡屢舞搖花鬘**。見卷四《上元》。皮日休詩：「藤深垂花鬘。」〔註76〕**牲肥酒香百靈悅，旋艫奮櫂渡無艱。乾坤端倪盡軒豁**，《南海神廟碑》：「牲肥酒香，尊爵淨潔。降登有數，神具醉飽。海之百靈秘怪，恍惚畢出。蜿蜿虵虵，來享飲食。闔廟旋艫，祥飆送颿。旗纛旄麾，飛揚晻藹。鐃鼓嘲轟，高管嗷謘。武夫奮棹，工師唱和。穹龜長魚，踊躍後先。乾端坤倪，軒豁呈露。」**鱷魚遠徙除陰奸**。《唐書‧韓愈傳》：「愈至潮州，皆曰：『惡溪有鱷魚，食民畜產。』愈自往視之，令其屬秦濟以一羊一豕投溪水而祝之。祝之〔註77〕夕，暴風震電起溪中，數日水盡涸，西徙六十里。自是潮無鱷魚患。」〔註78〕**五羊仙城六榕寺**，見卷二《五羊觀》。《廣州通志》：「淨慧寺在廣州府西北半里。南溪為長壽寺。〔註79〕梁大同三年，僧曇裕建舍利壙寶莊嚴寺。宋端拱中，改名淨慧。後元祐間，林修建千佛壙。紹聖間，蘇軾至，顏曰六榕。」**劉王花塢恣迴環**。《一統志》：「劉王花塢在廣州府城西六里。」**況有尉陀臺畔樓，晴闌百尺眺高閒**。見《越王臺》。《一統志》：「海山樓在廣州府城鎮南門外。極目千里，百越之偉觀也。宋陳去非詩：『百尺欄杆橫海立，一生襟抱與天開。岸邊天影隨潮入，樓上春容帶雨來。』」〔註80〕趙壹《疾邪賦》：「通淳淑於高閒。」**人家兩岸種紅豆**，歐陽炯《南鄉子》：「兩岸人家微雨後，收紅豆。」**芳草一叢飛白鷳**。按：白鷳者，南越羽族之珍，即白雉也。素質，黑章，喙丹。雄者朱冠，背純白，腹有黑毛，尾長二三尺，時銜之以自矜。神貌清閒，不與眾鳥雜，故曰鷳。〔註81〕**荔枝洲邊少黃葉**，《一統志》：「荔枝洲在廣州府城東四十五里，周回五十里。」**菖蒲澗曲多青菅**。《一統志》：「菖蒲澗在廣州府城北二十里。」**江蕉成林乳滴滴**，〔註82〕見前《副相徐公》。**山鳥挾子鳴喑喑**。《嶺南雜記》：「山鳥形如八哥，能作種種禽獸音，教之亦能學人語。臆間有黑色圓長者善鳴，眼紅者善鬥，

〔註75〕《九歌》其一《東皇太一》。
〔註76〕《太湖詩》其十《明月灣》。
〔註77〕「祝之」，石印本無。
〔註78〕《新唐書》卷一百七十六。
〔註79〕按：檢《廣東通志》卷五十四《壇祠志》，無「南溪為長壽寺」一句，「寶莊嚴寺」後有「五代為長壽寺」。
〔註80〕《明一統志》卷七十九。
〔註81〕按：此注引自江浩然《曝書亭詩錄》，無「按」字，出處作四空格。經檢，見屈大均《廣東新語》卷二十《禽語》。
〔註82〕國圖藏本眉批：江蕉，前未有注。
　　　　甘蕉一種。子大如牛乳，名牛乳，應見《南方草木狀》。

彼處皆畜之。」〔註83〕李賀詩:「桐林啞啞挾子烏。」〔註84〕《玉篇》:「喑本作闇。」
珠娘搖櫓蜑子唱,《述異記》:「越俗以珠為上寶,生女謂之珠娘,生男謂之珠男。」
蘇軾詩:「浦浦移家蜑子船。」〔註85〕《閩敘粵述》:「蜑人水居,無土著。捕魚為食,
自為婚姻。善沒水取珠。今潯梧有蜑戶,供魚稅及拽舟之役。」**小舫亦足開襟顏。**
先生賦才嫭群雅,見卷九《題吳徵君》。**得句豈獨驚愚屎。古來時巡必望秩,**
書有帝典頌有般。《書‧舜典》:「望秩於山川。」《小序》:「般,巡守而祀四嶽河海
也。」**蚫蛉毛筆鸜鵒硯**,《廣志》:「蚫蛉,鼠毛,可以為筆。」「《文海披沙記》:
筆有豐狐、蚫蛉、龍筋、虎僕及猩猩毛。狼毫雖奇品而醇正得宜,不及中山兔毫。」
〔註86〕**輶軒所採誰能刪。**《風俗通》:「周太〔註87〕常以歲八月遣輶軒使,採異俗
方言,還奏之。」韓愈詩:「心之紛亂誰能刪。」〔註88〕**陲簽雖越一萬里,計程**
七月當來還。河冰未合日南至,《後漢‧王霸傳》:「光武北至虖沱河,河冰亦合。」
〔註89〕《左傳》:「日南至。」〔註90〕**盧溝橋水流琤**〔註91〕**潨。**陸龜蒙詩:「落處
皆琤潨。」〔註92〕**四牡皇華送行邁**,《詩》:「四牡騑騑。」〔註93〕《左傳》:「《四
牡》,君所以勞使臣也。」〔註94〕**車前驪唱難牽攀。**《唐書‧李實傳》:「實與御史
王播遇,而驪唱爭道。」〔註95〕**最愁執手河梁人**,李陵《與蘇武詩》:「攜手上河
梁,遊子暮何之。」**歸時穩臥柴荊關。南園舊友倘無恙**,見卷三《篷軒》。**尺**
書報我吳會間。

送周參軍在濬之官太原

  曩客晉陽城,逢君館香界。《首楞嚴經》:「因香所生,以香為界。」《韻會》:

〔註83〕《廣東通志》卷五十二《物產志》。
〔註84〕《夜來樂》。
〔註85〕《連雨江漲二首》其一。
〔註86〕王士禎《香祖筆記》卷二。
〔註87〕「太」,《風俗通義序》作「秦」。另,江浩然《曝書亭詩錄》作「泰」。
〔註88〕《雪後寄崔二十六丞公》。
〔註89〕卷五十。
〔註90〕僖公五年。
〔註91〕「琤」,康熙本《曝書亭集》同,江浩然《曝書亭詩錄》作「崢」。
〔註92〕《引泉詩》。按:(宋)劉攽《引泉詩睦州龍興觀老君院作》:「泉分數十派,落
    處皆琤潨。」
〔註93〕《小雅‧四牡》。
〔註94〕襄公四年。
〔註95〕《新唐書》卷一百六十七。

「佛寺曰香界。」群公方愛士，列席邀旅話。君時一縫〔註96〕掖，血氣自矜邁。《晉書·王綏傳》：「少有美稱，厚自矜邁。」〔註97〕高坐噉彘肩，勇若舞陽噲。《漢書·樊噲傳》：「項羽曰：『壯士！』賜之卮酒彘肩。噲既飲酒，拔劍切肉食之。」又：「漢王即皇帝位，以噲有功，賜爵列侯，食舞陽，號舞陽侯。」〔註98〕百壺恣傾倒，寸心無蔕介。張衡《西京賦》：「睚眥蔕介。」《注》：「張楫《〈子虛賦〉注》曰：『蔕介，刺鯁也。』蔕與蔕同。」〔註99〕此會二十年，平生意所快。川塗屢漂泊，《周禮》：「凡天下之地勢，兩山之間，必有川焉；兩川之上，必有塗焉。」〔註100〕第宅改湫隘。謀生術愈疏，汲古心匪懈。詩圖審正變，歐陽修《詩譜序》：「《春秋》、《史記》本紀、世家、年表，而合以毛、鄭之說，為《詩圖》十四篇。」〔註101〕《晉書·庾峻傳》：「常侍帝講詩，中庶子何劭論風雅正變之義，峻起難往反，四坐莫能屈之。」〔註102〕樂章別流派。博稽皇象碑，《宣和畫譜》：「皇象，字休明，廣陵人。官至侍中。工八分隸〔註103〕草。世以書聖稱。」《東觀餘論》：「皇象書，人間殊少，惟建康有吳時天發神讖碑，若篆若隸，字勢雄偉，相傳乃象書也。」〔註104〕先生《天發神讖碑文考序》：「祥符周雪客僑居江寧之汝南灣，去黌宮甚邇。歲在戊午三月，偕予詣尊經閣下，觀吳時天發神讖碑石三段，文字艱晦不可讀。逾三年，予以典鄉試再至江寧。雪客語予，合三段之石，審其斷〔註105〕處，聯貫讀之，文義既從，字亦可以意辨。乃先列其文，援據載記，作《天發神讖碑文考》一卷。」〔註106〕耽讀向平卦。見卷四《觀海行》。以茲河漢才，《論衡》：「漢作書者多，司馬長卿、揚子雲河漢也，其餘涇渭也。」〔註107〕金門足遷拜。《後漢書·李固傳》：「日有遷拜。」〔註108〕一官趨幕府，杜甫詩：「白頭趨幕府。」〔註109〕諾仕

〔註96〕「縫」，四庫本《曝書亭集》作「逢」。
〔註97〕卷七十五。
〔註98〕卷四十一。
〔註99〕《文選》卷二。
〔註100〕《冬官考工記下·匠人》。
〔註101〕《歐陽文忠公集》卷四十一《詩譜補亡後序》。
〔註102〕卷五十。
〔註103〕「隸」，《宣和畫譜》卷十三作「篆」。此沿江浩然《曝書亭詩錄》之說。
〔註104〕卷上。
〔註105〕「斷」，石印本作「段」。
〔註106〕《曝書亭集》卷三十五。
〔註107〕卷二十九《案書篇》。
〔註108〕卷九十三。
〔註109〕《正月三日歸溪上有作簡院內諸公》。

籲可怪。《文心雕龍》：「銘發幽石，籲可怪也。」〔註110〕衣垢馬足塵，費昮詩：「飄飄馬足塵。」〔註111〕氣短酒壚債。所幸山水區，轍跡舊曾屆。琤琮難老泉，韓愈詩：「泉聲玉琤琮。」〔註112〕「難老泉」，見卷六《太原途中》。分流注蒲稗。中有長生蘋，見《太原途中》。蔥青儼圖畫。峪藏千佛經，見《太原途中》。遺跡久未壞。吾初見之喜，力欲抉幽砦。徙置叔虞祠，見卷五《晉祠》。琳琅等金薤。韓愈詩：「平生千萬篇，金薤垂琳琅。」〔註113〕事惟慮始難，《北史‧于謹傳》：「愚人難以〔註114〕慮始。」〔註115〕謀以蓄疑敗。風峪洞中有北齊天保時刻佛經石柱一百二十六。予客太原，謀於王方伯顯祚、曹副使溶，將啟而徙於晉祠，築亭貯之。有方使君持不可，乃止。〔註116〕《書》：「蓄疑敗謀。」〔註117〕好奇君過我，試往破天械。韓愈詩：「逸步謝天械。」〔註118〕築亭古柏交，移石秋陽曬。廣搨九萬牋，《韻會》：「用紙墨磨摸古碑帖曰搨。」《語林》：「王右軍為會稽令，謝公就乞牋紙。檢校庫中，有九萬牋，悉與謝公。」〔註119〕流轉都市賣，桓譚《新論》：「布之都市。」即事良可傳。居卑莫深唶，行春狐突山。《後漢‧謝夷吾傳》：「遷鉅鹿太守。行春，乘柴車從兩吏。」〔註120〕《名勝志》：「狐突山在交城北五十里，縣之鎮山也。晉大夫狐突及子堰〔註121〕墳廟俱存。」翫月鮑昭廨。鮑昭有《翫月城西門廨中詩》。適意亦由人，慎勿形神瘵。《詩》：「無自瘵焉。」〔註122〕趙岐《孟子序》：「十有餘年，心勤形瘵。」

送田少參雯之楚分韻得江字

前年白下君送我，臨當解纜拔柳椿。勞勞亭子惜分袂，《江南通志》：

〔註110〕《銘箴第十一》。

〔註111〕《春郊見美人詩》。

〔註112〕按：韓愈集未見此句。（宋）徐沖淵《題清音亭》：「泉聲飽聽玉琮琤。」

〔註113〕《調張籍》。

〔註114〕「以」，《北史》卷二十三作「與」。此沿江浩然《曝書亭詩錄》之說。

〔註115〕按：《六臣注文選》卷四十五劉歆《移書讓太常博士》：「夫可與樂成，難與慮始。」善曰：「《太公金匱》曰：『夫人可以樂成，難以慮始。』」

〔註116〕此係自注。

〔註117〕《周官》。

〔註118〕《雨中寄孟刑部幾道聯句》。

〔註119〕出裴啟《語林》，見《說郛》卷五十九上。

〔註120〕卷一百十二上《方術列傳上》。

〔註121〕按：《左傳》作「狐偃」。

〔註122〕《小雅‧菀柳》。

「勞勞亭在江寧府，古送別之所，吳置亭，在勞勞山上。顧家寨大路東即其所。」李白詩「勞勞送客亭」即此。**津吏伐鼓聲逢逢。**《詩》：「鼉鼓逢逢。」〔註123〕**今年燕市我送君，西山積雪連崆峨。**張衡《南都賦》：「其山則崆峨嶻嵑。」**夕陽欲落猶未落，返景倒射紅油窗。**陸游詩：「日射油窗特地明。」〔註124〕**人生會難別苦易，**曹植詩：「別易會難，當各盡觴。」〔註125〕**君又乘傳熊渠邦。**《漢書·京房傳》：「乘傳奏事。」〔註126〕「熊渠」，見卷五《聞黃鶴樓》。**川塗迢遞四千里，計程涉濟河淮江。翻飛蒼雁且莫致，攬環結佩何時雙。**杜甫詩：「攬環結佩相終始。」〔註127〕**深杯當前宜縱飲，滿貯獸火傾羊腔。**《晉書·羊琇傳》：「琇性豪侈，屑炭和作獸形，洛下豪貴咸競傚之。」〔註128〕韓愈詩：「酒壺掇〔註129〕羊腔。」**坐中曹貞吉**〔註130〕**謝重輝**〔註131〕**鬥奇句，掉險類舞都盧橦。**《漢書·地里志》：「南入海，有都盧國。」《註》：「其國人勁捷，善緣高。」〔註132〕《西域傳》：「饗四夷之客，作巴俞都盧、海中碭極、漫衍魚龍、角抵之戲。」〔註133〕張衡《西京賦》：「都盧尋橦。」《談薈》：「漢所謂都盧尋橦，今之所謂上竿也。」〔註134〕**譬諸宮商迭相奏，竽瑟椌楬紛琤摐。**《禮》：「聖人作為鞀、鼓、椌、楬、壎、篪。」〔註135〕司馬相如《子虛賦》：「摐金鼓，吹鳴籟。」**君亦錄別留新詩，偏師一出長城降。**《唐書·秦繫傳》：「繫與劉長卿善，以詩相贈答。權德輿曰：『長卿自以為五言長城，繫用偏師攻之，雖老益堅〔註136〕。』」〔註137〕**古來文人志開濟，**《梁書·張惠紹傳》：「志略開濟，幹用貞果。」〔註138〕**豈必翰墨驚冥霽。**《禮》：「寡

〔註123〕《大雅·靈臺》。
〔註124〕《幽興》。
〔註125〕曹植《當來日大難》：「別易會難，各盡杯觴。」
〔註126〕卷七十五。
〔註127〕《荊南兵馬使太常卿趙公大食刀歌》。
〔註128〕卷九十三《外戚傳》。
〔註129〕「掇」，《病中贈張十八》作「綴」。此沿江浩然《曝書亭詩錄》之說。
〔註130〕此係自注。
〔註131〕此係自注。
〔註132〕《御定康熙字典》卷二十「盧」。按：原見《漢書》卷二十八下。
〔註133〕卷九十六下《西域傳下》。
〔註134〕（明）徐應秋《玉芝堂談薈》卷十四《漫衍角抵》。
〔註135〕《樂記》。
〔註136〕「雖老益堅」，石印本作「雖老且益堅焉」。
〔註137〕《新唐書》卷一百九十六《隱逸列傳》。
〔註138〕卷十八。

人羣愚冥頑。」〔註139〕**邇者七澤罷兵革**，見卷七《送越孝廉》。**燒畬買犢齊耕耰。**杜甫詩：「燒畬度地偏。」注：「楚俗燒榛種田曰畬。先以刀芟治林木，曰斫畬。其刀以木為柄，刃向曲，謂之畬刀。」〔註140〕《漢書·龔遂傳》：「遂為渤海太守，民有帶持刀劍者，使賣劍買牛，賣刀買犢。」〔註141〕黃庭堅詩：「一丘事耕耰。」〔註142〕**劉芟米粟待輸輓，**《書》：「峙乃劉芟。」〔註143〕**筥籔稯秅爭牽扛。**《儀禮》：「十六斗曰籔，十籔曰秉，四秉曰筥，十筥曰稯，十稯曰秅。」〔註144〕蘇軾詩：「珍禽瑰產爭牽扛。」〔註145〕**有時清暇集參佐，**《魏志·王基傳》：「歸功參佐。」〔註146〕杜甫詩：「自公多暇延參佐。」〔註147〕**赤闌湖口浮艀艬。**《一統志》：「武昌府城望澤門外南湖，舊名赤闌湖。」《廣韻》：「艀艬，船名。」**雄風颯然蘋末至。**宋玉《風賦》：「此大王之雄風也。」**怒濤直指臺根撞。武昌魚泔十千尾，**見卷三《寄查容》。《荀子》：「曾子食魚有餘，曰：『泔之。』」〔註148〕**宜城酒醖二百缸，**見《寄查容》。秦觀詩：「獨留二〔註149〕百缸。」**維藩樹屏昔所重。**《詩》：「价人維藩。」〔註150〕**快意不在張牙幢。**《演繁露》：「黃帝出軍，有所征伐，作五采牙幢。」〔註151〕**吾今謫官一無事，思從楚客搴蘭茳。**黃庭堅詩：「要我賦蘭茳。」〔註152〕**題襟漢上許酬和，**見卷十《魯太守》。**他日抽帆偃畫槓。**《爾雅》：「素錦綢槓。」《注》：「謂以白地錦韜旗之竿。」《廣雅》：「天子槓高九仞，諸侯七仞，大夫五。」沈遼詩：「且卷孤篷偃畫槓。」〔註153〕

　　按：田公雯時督湖北糧儲，釐剔漕弊。著《楚儲末議》甫五月，臙特簡內擢，田公當拜命出都，以公事晉謁總漕徐公旭齡，詢及楚漕利弊。田公曰：「楚漕興革，自當

〔註139〕《哀公問》。
〔註140〕《秋日夔府詠懷奉寄鄭監審李賓客之芳一百韻》。
〔註141〕卷八十九。
〔註142〕《送彥孚主簿》。
〔註143〕《費誓》。
〔註144〕《聘禮》。
〔註145〕《閻立本〈職貢圖〉》。
〔註146〕卷二十七。
〔註147〕《江陵節度陽城郡王新樓成王請嚴侍御判官賦七字句同作》。
〔註148〕《大略》。
〔註149〕「二」，《與子瞻會松江得浪字》作「三」。此沿江浩然《曝書亭詩錄》之說。
〔註150〕《大雅·板》。
〔註151〕《欽定佩文韻府》卷三。按：原出《演繁露》卷二。
〔註152〕《送彥孚主簿》。
〔註153〕按：（宋）沈遘《奉酬潤州余少卿見寄》：「且卷孤帆偃畫槓。」

不遺餘力。所難者，天下漕政歷來之利弊耳。」徐公避席延問。田公夜歸，草數條以進。徐公悉舉行之。附識於此，以見徐公之虛懷善下，田公之直諒敢言也。

送曹郡丞貞吉之官徽州

勝絕新安郡，《一統志》：「徽州府，晉曰新安。」高秋擁傳行。見卷六《九日》。江流清見底，《南畿志》：「新安江其源有四，皆達於歙浦，合流入浙江，為灘三百六十。水至清，深淺皆見底。」山色翠當楹。萬壑云為海，見卷七《和程邃》。三都石作城。《山海經》：「三天子都，一曰天子鄣。」《張氏土〔註154〕地記》：「東陽永康縣南四里有石城山，山有小石城，云黃帝曾遊此山，即三天子都也。」〔註155〕《爾雅注》：「三天都，今在新安歙縣東。」漆林分井社，《一統志》：「徽州祁門縣出漆。」《周禮·載師》：「漆林之征，二十而五。」松蓋辨陰晴。李山甫詩：「高丘松蓋古。」〔註156〕墨愛麋丸漬，《江南通志》：「五代李超及子廷珪造墨。至宋，徽州逐歲充貢。仁宗嘉祐中宴群臣，以李超墨賜之，曰新安香墨。其後賜翰林，皆李廷珪雙脊龍，樣品尤佳。近代製墨者，以程君房、方於魯為上，吳去塵次之。」楊慎《謝華啟秀》：「麋丸，墨也。」茶先穀雨烹。《通志》：「徽州府產茶，細者為雀舌、蓮心、金芽。」《學林新編》：「茶之佳者，造在社前，其次火前，其次雨前。」由來風土美，見說訟庭清。之子齊東彥，才華鄴下並。見卷四《西陵感舊》。詞源白石叟，黃昇《白石詞序》：「姜夔，字堯章，自號白石道人。詞極精妙，不減清真樂府。其間高處，有美成所不能及。」詩法玉谿生。《唐書·藝文志》：「李商隱《玉谿生詩》三卷。」〔註157〕鳳詔趨晨久，《晉書·載記》：「後趙石虎凡下詔書，用五色紙，銜於木鳳之口中，放數百丈緋繩，以轆轤回轉飛下，故名曰鳳詔。」鸞臺典籍榮。《唐書·職官志》：「改門下省為鸞臺，中書省為鳳閣。」〔註158〕後來薪愈積，《史記·汲黯傳》：「陛下用群臣如積薪耳，後來者居上。」〔註159〕老去驥長鳴。魏武帝詩：「老驥伏櫪，志在千里。」〔註160〕豈

〔註154〕「土」，底本、石印本作「上」，據《山海經》郭璞《注》、江浩然《曝書亭詩錄》改。

〔註155〕《山海經》郭璞《注》引。

〔註156〕《題李員外廳》。

〔註157〕《新唐書》卷六十。

〔註158〕《舊唐書》卷四十二。

〔註159〕卷一百二十。

〔註160〕《龜雖壽》。

厭承明出，《漢書‧嚴助傳》：「上賜書曰：『君厭承明之廬，勞侍從之事，懷故土，出為郡吏。』」〔註161〕《三輔黃圖》：「未央宮有承明殿，著作之所也。」遙思廄吏迎。《漢書‧朱買臣傳》：「長安廄吏乘駟車馬〔註162〕來迎，買臣遂乘傳去。」名山謝康樂，見卷五《華壇》。隱吏許宣平。《雲笈七籤》：「許宣平，新安歙人也。睿宗景雲中，隱於城陽山南塢，結庵以居。或負薪以賣。醉行歸吟，人多誦之。天寶中，李白自翰林東遊，於傳舍覽詩，吟之，歎曰：『此仙人詩也。』於是遊新安，累訪之不得，乃題詩菴壁，有『應化遼天鶴，歸當千載餘』之句。後不知所終。」〔註163〕晚飯桃花米，《梁書‧任昉傳》：「昉為新安太守，為政清省，惟有桃花米二十斛。」〔註164〕春廚竹筍萌。《江南通志》：「徽州府產筍，出問政山者，鮮脆香美，獨異他種。」《爾雅》：「筍，竹萌。」麥光題素紙，《一統志》：「歙縣龍鬚山出紙，有麥光、白滑、水翼、凝霜之名。」〔註165〕龍尾滌金坑。見《和程邃》。《歙硯譜》：「羅紋金星坑，在羅紋山西北，自羅紋坑相去四十五丈。今廢。」暇有懷人作，知同惜別情。十年呼蘄酒，《食物本草》：「蘄州薏苡酒清烈。」雙調譜秦箏。忽漫登長道，沉吟數去程。跡猶淹旅食，心已定歸耕。七里嚴陵瀨，見卷四《七里瀨》。千秋黟帥營。《一統志》：「徽州黟縣林歷山，三國吳將賀齊討黟帥陳僕、祖山等於此。」相尋試酬和，編筏採紅蘅。孫覿詩：「編筏沿村徑。」〔註166〕《許彥周詩話》：「湘妃廟詩：『碧杜紅蘅縹緲香。』」

贈別孟楷二首字彥林，會稽人。

老夫臥穩謝浮名，羅雀閒門少送迎。《史記‧鄭當時傳》：「下邽翟公為廷尉，賓客填門；及廢，門外可設雀羅。」〔註167〕一事近來差快意，篋中詩得孟雲卿。《唐詩紀事》：「孟雲卿，河南人。與杜子美、元次山最善。」按：元結《篋中集》凡七人：沈千運、王季友、於逖、孟雲卿、張彪、趙微明、元融。

〔註161〕卷六十四上。
〔註162〕「車馬」，《漢書》卷六十四上作「馬車」。此沿江浩然《曝書亭詩錄》之說。
〔註163〕《御定佩文韻府》卷九十九之四。按：原出《雲笈七籤》卷一百十三之下第二十二《許宣平》。
〔註164〕按：《梁書》卷十四《任昉傳》無此語。出《南史》卷五十九《任昉傳》，節略不當，曰：「出為新安太守，在郡不事邊幅，率然曳杖，徒行邑郭。人通辭訟者，就路決焉。為政清省，吏人便之。卒於官，唯有桃花米二十石。」
〔註165〕《明一統志》卷十六。
〔註166〕《卷晝連雨溪漲丈餘雨霽水落喜而賦詩二首》其一。
〔註167〕按：實出《史記》卷一百二十《汲鄭列傳》「太史公曰」。

碧山學士王聖與，《詞綜》：「王沂孫，字聖與，號碧山，又號中仙，會稽人。有《碧山樂府》二卷，一名《花外集》。」鑑曲詩人陸務觀。《居易錄》：「宋王景文詩云：『直翁自了平生事，不了山陰陸務觀。』放翁見之，笑曰：『我字務觀，乃去聲，如何把做平聲押了？』此雖戲語，亦可為用字不詳出處者戒。」〔註168〕五百清詞縴過眼，最愁花外送歸鞍。先生《孟彥林詞序》：「會稽孟彥林訪予京師，出所著《浣花詞》，凡五百餘闋。」〔註169〕

詠柿

累累八稜柿，《禮記》：「累累乎端如貫珠。」〔註170〕《事類合璧》：「柿大者如楪，八稜，稍扁；其次如拳。」託根西山陽。見卷六《壽何侍郎》。一株一畝陰，蟲鳥莫敢藏。《酉陽雜俎》：「柿有七絕：一壽，二多陰，三無鳥巢，四無蟲，五霜葉可玩，六嘉實，七落葉肥大，可以臨書。」烏椑秋迸實，《漢書·地理志》：梁侯園有烏椑，八稜。潘岳《閑居賦》：「梁侯烏椑之柿。」赤葉新翻霜。《爾雅翼》：「柿葉甚厚，經霜乃丹。」團酥釀甘露，溫庭筠詩：「團酥握雪花。」〔註171〕冰齒流寒漿。見卷六《風懷》。回憶三伏時，毒熱難周防。永日無片雲，焦煙起連岡。鮑昭《苦熱行》：「焦煙起石圻。」〔註172〕行人經樹底，豈異冰壑涼。此時倘結子，瓜果安足方。奈何風淒其，《詩》：「淒其以風。」〔註173〕摘來始盈筐。嗟爾生非時，難誇受命強。況值蟹膏肥，皮日休詩：「蟹因霜重金膏溢。」〔註174〕配爾慮見殃。〔註175〕《爾雅翼》：「柿有一種，利以作漆。漆與蟹相犯，故不宜與蟹同食。」憧憧往來人，《易》：「憧憧往來。」〔註176〕掉臂不一嘗。空煩黃口兒，燈火市道傍。南鄰煨芋栗，杜甫詩：「園收芋栗未全貧。」〔註177〕趙

〔註168〕按：非出《居易錄》，實出《池北偶談》卷十四《人名字音》。
　　　　另，國圖藏本眉批：《困學紀聞》：「列子曰：『務外遊不如務內觀。』陸游字務觀本此。」按：遊觀之觀本平聲，則放翁之字正宜作平聲押。《居易錄》所引云云似不足據。且此詩既作平聲，不宜更引異說矣。
〔註169〕《曝書亭集》卷四十。
〔註170〕《樂記》。
〔註171〕《南歌子》其二。
〔註172〕按：原題作《代苦熱行》。
〔註173〕《邶風·綠衣》。
〔註174〕《寒夜文宴得泉字》。
〔註175〕國圖藏本眉批：《本草衍義》：「凡柿同蟹食，令人腹痛作瀉，二物俱寒也。」
〔註176〕《咸》九四。
〔註177〕《南鄰》。

師秀詩：「寒爐夜煨栗。」〔註178〕**北舍鳴椒薑。炎涼迭相代，**《齊書‧樂志》：「裁化變〔註179〕寒燠，布政司炎涼。」**斂退分所當。**韓愈詩：「斂退就新懦。」〔註180〕**幸有林居人，愛之終勿忘。**

題東浦學耕圖二首按：朱載震字東浦。

上書空敝黑貂歸，《戰國策》：「蘇秦說秦王書十上而說不行。黑貂之裘弊，黃金百斤盡，資用乏絕，去秦而歸。」〔註181〕**賣賦年來計漸非。**見卷一《放言》。**爭似為農東浦畔，醉吟獨速舞蓑衣。**孟郊《送淡公》：「腳踏小船頭，獨速舞短蓑。」

老我青綬嬾束腰，《史記‧滑稽傳》：「東郭先生拜為二千石，佩青綬。」〔註182〕《說文》：「綬紫青色曰綟。」**薄田枕水傍灣橋。明年準擬全家返，也買烏犍種楚苗。**蘇軾詩：「卻下關山入蔡州，為買烏犍三百尾。」〔註183〕枚乘《七發》：「楚苗之食，安胡之飯。」《注》：「楚苗山出禾。《淮南子》：『苗山之鋌。』高誘曰：『苗山，楚山也。』」〔註184〕

題汪檢討楫乘風破浪圖先生《汪公墓表》：「二十一年春，琉球國王表請封爵舊典，用給事中、行人各一員往。天子重其選，特命廷臣會推可使者以聞。入朝，人多俛首畏縮，公鶴立班中，大臣遂以公對。充正使，賜一品服。臨發，公詣闕，上言七事。其一謂本朝文教誕敷，皇上方頒御書於封疆大吏，宜並及海外屬國。禮部以無故事，持不可。天子特允四條，給鑾仗之半，縹囊鈿函，齎宸翰以往。既達螺江，釃酒梅花洋，百神衛護，帆開風便，七日抵彭湖島。中山王率所部郊迎公，諭以天子威德，王及臣民小大稽首，陳天書殿中，告諸宗廟。琉球自隋始通道，明初析而為三，其後山北山南復合於中山為一。分合之故，史不能詳。公思採入《明史》，乃入廟，觀所立主，一一默識之，撰《中山沿革志》一〔註185〕卷。又述其山川風俗禮義，為《琉球使錄》。國王之讌公也，酒半，手自彈琴以悅公。公故善樂律，與談長清短側之辨，王大悅服。及請公書殿牓，公縱筆為擘窠書，王大驚，以為神。國雖有孔子廟，庳陋將

〔註178〕《哀山民》。

〔註179〕「變」，《南齊書》卷十一作「徧」。此沿江浩然《曝書亭詩錄》之說。

〔註180〕《秋懷詩十一首》其五。

〔註181〕《秦策一》。

〔註182〕卷一百二十六。

〔註183〕《過新息留示鄉人任師中》。

〔註184〕《文選》卷三十四。

〔註185〕「一」，江浩然《曝書亭詩錄》同，《曝書亭集》作「二」。

圮，公俾修治。既成，為文刊諸石，上頌天子神聖，聲教洋溢海外。繇是國人知學。使還，國王例有饋。王重公，有加禮，卻不受。朝命受之，乃受。天子以公奉使盡職，從優議敘，俾宮坊官缺出用。適聞本生祖考訃，乞歸治喪。」〔註186〕按：是時林舍人焜麟字石來同使琉球。〔註187〕

汪君才地何崢嶸，直與東馬嚴徐並。見前《題汪贊善》。一朝銜命使絕域，《禮》：「銜君命而使。」〔註188〕李陵《答蘇武書》：「出征絕域。」瀕行封事上九閽。《說苑》：「子賤瀕行，遇陽晝曰：『子亦有以送僕乎？』」〔註189〕注：「瀕，地之近水者，故謂近多曰瀕。」《漢書·揚雄傳》：「騰九閽。」《注》：「九天之門。」〔註190〕乞降御筆示海外，永使荒服輸其誠。《書》：「五百里荒服。」〔註191〕僉曰不可帝曰可，濃墨大字搖光晶。天子臨軒賜顏色，《漢書·史丹傳》：「天子自臨軒檻〔註192〕上。」王維詩：「天子臨軒賜侯印。」〔註193〕崔顥詩：「一朝天子賜顏色。」〔註194〕容臺諫院那得爭。琅函錦題國門出，車前騶唱揚三旌。見前《送王少詹》。《莊子》：「子其為我延之以三旌之位。」〔註195〕麒麟之袍繡織成，白居易詩：「金杯翻污麒麟袍。」〔註196〕青絲絡馬雙鞶纓，張耒詩：「青絲絡馬黃金勒。」〔註197〕《周禮·春官》：「巾車樊纓。」《注》：「樊讀如鞶帶之鞶，謂今馬大帶也。纓，今馬鞅。」被以重罽紅猩猩。《爾雅》：「氂，罽也。」《疏》：「所謂毛罽也。織毛為之。若今之氈毹，以衣馬之帶鞅也。」《齊東野語》：「猩猩血以赭罽，色終始不渝。」南浮江淮達閩越，《史記·五帝本紀·贊》：「東漸於海，南浮江淮矣。」〔註198〕長風五月沙雨晴。天妃廟前釃酒行，《一統志》：「五代閩王時，都巡簡林願第六女歿而為神，賜號天妃。生時預〔註199〕知休咎，長能束席渡

〔註186〕《曝書亭集》卷七十三《通奉大夫福建布政司使內陞汪公墓表》。
〔註187〕國圖藏本眉批：與本詩無關，不必闌入。
〔註188〕《檀弓》。
〔註189〕按：《說苑》卷七《政理》：「子賤為單父宰，過於陽晝曰：『子亦有以送僕乎？』」
〔註190〕卷八十七。
〔註191〕《禹貢》。
〔註192〕「檻」，《漢書》卷八十二作「檻」。此沿江浩然《曝書亭詩錄》之說。
〔註193〕《少年行》。
〔註194〕按：不詳。另，「天子臨軒賜顏色」見（明）梁有譽《酬同年陳子憲卿》。
〔註195〕《讓王》。
〔註196〕《醉送李二十常侍赴鎮浙東》。
〔註197〕按：出（元）黃鎮成《李將軍歌》。另，（宋）蘇洞《送孟信州去矣行》：「青絲絡馬黃金羈。」
〔註198〕卷一。
〔註199〕石印本此處有「先能」。

海，乘雲遊島，眾呼為神母，亦呼龍女。」〔註200〕《詩》：「醓酒有蓺。」〔註201〕**柁樓語笑潮已生。梅花洋東天水黑，**《方輿紀要》：「梅花江在福州府東北五十里，近梅花所城。嘉靖三十八年，倭賊犯會城，旋自洪塘江出洋，參將尹鳳進敗之於梅花外洋。即此。」**但見日月星辰明。一夫危檣赤腳撐，捷如山木騰鼯鼪。**見卷九《憎鼠》。**百夫仰望目盡瞠，峭帆風飽弓在檠。又如張翼鷟鳥徵，有時吟嘯訝餅笙。**蘇軾《餅笙詩引》：「劉幾重餞飲東坡。中觴聞笙簫聲，杳杳若在雲霄間。徐而察之，則出於雙瓶，水火相得，自然吟嘯。主客驚歎，請作《瓶笙詩》記之。」**千人同舟一心力，不比吳越交相傾。**《孔叢子》：「吳越之人同舟濟江，中流遇風波，其相救如左右手者，所患同也。」〔註202〕**巨魚長似金背鯨，**范成大詩：「誰能坐守白頭浪，我欲往騎金背鯨。」〔註203〕**揚鬐前導莫敢攖。滿空霜禽飛且鳴，黃衣蝶翅方鸝庚。**晁補之詩：「可容叢灌和鸝庚。」〔註204〕**昏波忽拔虎蛟穴，**唐太宗《三藏聖教序》：「朗愛月之昏波。」**靜夜或睒驪龍睛。**《莊子》：「千金之珠，必在九重之淵，驪龍頷下。」〔註205〕**潮雞報曉鼉報更，**《異物志》：「伺潮雞，潮水上則鳴。」《埤雅》：「鼉宵鳴如桴鼓。今江淮謂鼉鳴為鼉鼓，其數應更。」**三日竟指中山城。**《明史·外國傳》：「琉球自古不通中國。元世祖遣官招諭之，不能達。洪武初，其國有三王，曰中山，曰山南，曰山北，皆以尚為姓，而中山最強。」〔註206〕《一統志》：「琉球國在福建泉州東海島中。」《寄園寄所寄》：「休寧汪太史楫出使琉球，往時僅三晝夜，遂抵其國，蓋御書『中山世土』四字賜琉球王尚貞者在船也。」**中山君長搓手迎，道旁張樂聲瑽琤。傾城士女堵牆立，**《禮》：「孔子射於矍相之圃，蓋觀者如堵牆。」〔註207〕**筍皮笠重蕉衫輕。**見卷十《賜御衣帽》。**叢筠夾岸煙梢平，佛桑花開白紫赬。**《太平廣記》：「閩中多佛桑樹，枝葉如桑，

〔註200〕 按：《陳檢討四六》卷七《林玉巖詩集序》：「鱝欲成山，龍女昇天之島。」注：《一統志》：「興化府鱝山在莆田大海中，與琉璃國相望，上有黑白，石可為基子。有田可耕。五代閩王時，都巡簡林願第六女殀而為神，賜號天妃。《廟記》云：『生時預知休咎，長能乘席渡海，乘雲遊島，眾呼為（神母，亦呼龍女。雍熙四年升化。』」

〔註201〕 《小雅·伐木》。

〔註202〕 《論勢第十六》。

〔註203〕 《佛池口大風復泊》。

〔註204〕 《次韻四叔父寄賀二叔父少監入館並見寄詩》。

〔註205〕 《列禦寇》。

〔註206〕 卷三百二十三《外國列傳四》。

〔註207〕 《禮記·射義》。

惟條上勾。花房如桐花,含長一寸餘,似重臺狀。花亦有淺黃者。」〔註208〕《余皇日疏》:「佛桑出嶺南,花類芍藥,二三月開,有深紅、深紫、淺紅數種。」**日長使館坐無事,圍棊隔院聞楸枰**。《方言》:「投博謂之枰。」溫庭筠詩:「閒對楸枰傾一壺。」〔註209〕**銀光硏紙百幅呈**,見卷八《九言》。《唐書》:「杜暹為婺州參軍,秩滿將歸,吏以紙萬張贈之,暹唯受百幅。人歎之曰:『昔有清吏受一大錢,何異也?』」〔註210〕**詩篇或與沙門賡**。《後漢·郊祀志》:「沙門,漢言息心。剃髮出家,絕情洗欲,而歸於無為也。」**愛君臨池用筆精,草書不減張伯英**,《晉書·衛恒傳》:「張芝,字伯英。臨池學書,池水盡黑。韋仲將謂之草聖。」〔註211〕**八分遠過梁昇卿**。《唐詩紀事》:「梁昇卿工書,於八分尤工。書東封朝覲碑,為時絕筆。」**宣尼新宮碑一丈**,《漢書·平帝紀》:「追諡孔子曰宣尼公。」〔註212〕**高文摹勒傍兩楹**。《禮》:「夢坐奠於兩楹之間。」〔註213〕**更聞島中田少畔,賓筵日日羅香秔,佳酥之魚翠釜烹**。《三才藻異》:「佳〔註214〕酥魚,海魚之極大者,至千斤。琉球人以其脊為酥,販鬻閩中。」**香螺勸酒黏綠錫**,見卷九《兕觥歌》。白居易詩:「黏臺〔註215〕酒似錫。」又:「如餳氣味綠黏臺。」〔註216〕**糢糊深椀山諸羹**。劉彥沖詩:「分得蹲鴟種,連根佔地腴。曉煩〔註217〕黏玉糝,深椀啖糢糊。」《南方草木狀》:「土藷即山藥,又名山諸。」**退阼風土正不惡,亦有花藥同揚荊。歸艎仍以鍼計程**,《臺灣紀略》:「舟人以針定子午,放洋各有方向。」**往還七見蟾蜍盈**。《五經通義》:「月中有玉兔、蟾蜍。」白居易詩:「明月七盈虧。」〔註218〕**君來詣闕因陳情**,李密有《陳情表》。**請假讀禮旋書棚**。《禮》:「居喪未葬,讀喪

〔註208〕卷四百九《草木四·木花·佛桑花》。

〔註209〕《觀棋》。一作段成式詩。

〔註210〕(宋)吳淑《事類賦》卷十五《什物部》。按:原出《舊唐書》卷九十八、《新唐書》卷一百二十六。

〔註211〕卷三十六。

〔註212〕卷十二。

〔註213〕《檀弓上》。

〔註214〕「佳」,(明)屠本畯《閩中海錯疏》卷中作「嘉」。此沿江浩然《曝書亭詩錄》之說。

〔註215〕「黏臺」,白居易《江州赴忠州至江陵已來舟中示舍弟五十韻》作「臺黏」。按:原詩曰:「甌汎茶如乳,臺黏酒似錫。」此沿江浩然《曝書亭詩錄》之說。

〔註216〕《薔薇正開春酒初熟因招劉十九張大夫崔二十四同飲》。

〔註217〕「煩」,《園蔬十詠》其二《芋》作「吹」。此沿江浩然《曝書亭詩錄》之說。

〔註218〕《代書詩一百韻寄微之》。

禮。既葬，讀葬禮。」〔註219〕孟郊《聯句》：「幽蠹落書棚。」〔註220〕**卻金復荷主恩賜，投牒翻來遷秩榮。憶昨送君秋氣清，才逾一暑入帝京。金門咫尺我顛蹶，君乃萬里來蓬瀛。**見卷四《觀海行》。**披圖雪浪看尚驚，眼花欲眩心怦怦，**杜甫《飲中八仙歌》：「眼花落井水底眠。」《楚辭》：「心怦怦兮諒直。」〔註221〕**耳中髣髴波濤聲。粉精墨妙誰經營，恍疑博望星槎橫。**《漢書·張騫傳》：「以校尉從大將軍擊匈奴，知水草處，軍得以不乏，乃封騫為博望侯。」〔註222〕**我歌長句揮散卓，**《文房四譜》：「宣州諸葛高造鼠鬚散卓及長心筆絕佳。」**青雲敢附千秋名。**《史記·伯夷傳》：「閭巷之人，欲砥行立名，非附青雲之士，惡能施於後世哉？」〔註223〕

題侯開國鳳阿山房圖三首字大年，嘉定人。

四先生里讀書莊，《明史·文苑傳》：「四明謝三賓合唐時升、婁堅、程嘉燧、李流芳詩刻之，曰《嘉定四先生集》。」〔註224〕**髣也經營興不忘。張筆孫詩陸經義，**謂〔註225〕張上舍雲章、孫孝廉致彌、陸徵君元輔。〔註226〕張字漢瞻，號樸村。嘉定貢生。孫字愷似，號松坪，嘉定人。以太學生使朝鮮采詩。康熙戊午舉人，戊辰進士，官侍讀學士。有《杕左堂集》。陸見卷九。陸游《筆記》：「南朝詞人謂文為筆。《沈約傳》云：『謝玄〔註227〕暉善為詩，任彥昇工於筆。』又《與湘東王手書》論文章之弊，曰：『詩既若此，筆又如之。』又曰：『謝朓、沈約之詩，任昉、陸倕之筆。』《任昉傳》又有『沈詩任筆』之語。往時諸晁謂詩為詩筆，亦非也。」〔註228〕**孰居南北孰中央。**見卷六《風懷》。

吾家亦有三畝宅，千個簹簹兩樹桐。輪與勾吳歸客健，滿頭白髮帝城中。

〔註219〕《曲禮》。
〔註220〕《城南聯句》。
〔註221〕《九辯》。
〔註222〕卷六十一。
〔註223〕卷六十一。
〔註224〕卷二百八十八《文苑列傳四·唐時升》。
〔註225〕「謂」，底本、石印本無，據《曝書亭集》補。
〔註226〕此係自注，原在詩末。
〔註227〕「玄」，底本、石印本作「元」。
〔註228〕《老學庵筆記》卷九。

　　　練江風物最牽懷，《嘉定縣志》：「練祁塘又名練川，自西南境承吳淞江之流，澄澈如練，故名。」藥布筠筒市滿街。《江南通志》：「藥斑布出嘉定縣。以布抹灰，藥染樓臺、人物、花鳥、詩詞各色，充帳幔衾幌之用。」《嘉定縣志》：「竹刻以竹與竹根雕鏤筆鬥、香筒、臂閣、酒杯、煙筒、簪釵及人物之象。」他日堂成須報我，便拖竹杖覓吳鞋。朱敦儒詞：「拖條竹杖家家酒。」〔註229〕張籍詩：「寄信覓吳鞋。」〔註230〕《嘉定縣志》：「涼鞋以黃菅草瓣而織之，四方賈客捆載而往。」杭董浦曰：「據張雲章《鳳阿山房記》〔註231〕，以為有其名，實未暇作，故有『他日堂成』之語。」

沈上舍季友南還詩以送之《嘉興府志》：「字客子。康熙丁卯副榜。幼侍父西平署，受知毛檢討奇齡。長遊太學、都下，咸以才名。推轂考授邑令歿。所著《南疑集》、《迴紅集》、《賦格》、《柘上遺詩》、《檇李詩繫》行世。」

　　　有客辭我行，席帽白羅袷。《青箱雜記》：「李巽累舉不第，為鄉人所侮，曰：『李秀才席帽甚時得離身？』巽後登第，遺鄉人詩：『當年蹤跡困泥塵，不意乘時亦化鱗。為報鄉關親戚道，如今席帽已離身。』蓋國初猶習〔註232〕唐風，士子皆曳袍重戴，出則以席帽自隨。」自言不得意，歸當荷松鍤。班固《西都賦》：「荷鍤成雲。」白居易詩：「困倚栽松鍤。」〔註233〕小園柘湖滸，見卷二《南安客舍》。流水似清雪。徐陵《孝義寺碑》：「清雪瀰瀰，深窮地根。」《湖州府志》：「雪溪在府治南，一名雪川，合苕溪、前溪、餘不溪諸水，雪然有聲，故名。」離黃舞花梢，《說文》：「離黃，倉庚也。」靜綠照簾枰。李商隱詩：「影隨簾枰轉。」〔註234〕青蒼風筠竿，紫茜露藥甲。都籃茶具列，《茶經》：「都籃以悉設諸器而名之。以竹篾內作三角方眼，外以雙篾闊者經之，以單篾纖者縛之，遞壓雙經，作方眼，使玲瓏，高一尺五寸，底闊一尺，高二寸，長二尺四寸，闊二尺。」〔註235〕《雲溪友議》：「陸羽

〔註229〕《鷓鴣天》其二。
〔註230〕《和左司元郎中秋居十首》其八。
〔註231〕張雲章《樸村文集》卷十一（《清代詩文集彙編》第175冊第83頁）：
　　　　吾友侯子大年倦遊京師，嘗欲葺屋數楹，歸向燕休，讀書其中，名以風阿山房。然實未暇作也。而山房之名已傳於四方矣。甲子冬出都門，諸君子贈詩滿囊，無不以山房為言者。
〔註232〕「習」，《青箱雜記》卷二作「襲」。
〔註233〕《渭村退居寄禮部崔侍郎翰林錢舍人詩一百韻》。
〔註234〕《燈》。
〔註235〕卷中《都籃》。

造茶具二十四事。」月波酒槽壓。見卷八《棹歌》。〔註236〕恒許二仲尋，寧嫌三徑狹。見卷二《彝公過》。年豐鰕蜆賤，市遠漁樵洽。櫂歌夜尚聞，香稻曉仍畬。暇便操土風，《左傳》：「樂操土風，不忘舊也。」〔註237〕先民有遺劄，上舍輯檇李詩。〔註238〕按：南疑先有《檇李詩乘》之選，與郭襄圖皋旭同輯平湖一邑詩，已刊就，後成《檇李詩繫》一書，搜羅繁富，誠有功於桑梓者也。《詩》：「先民有作。」〔註239〕樂郊續私語，《嘉興府志》：「姚桐壽，桐廬𡷗溪人。值世亂，因寓居嘉興。嘗著《樂郊私語》一卷，海鹽宋元間故實得略存者，賴有斯編也。」雅製洵不乏。憶昨擔簦來，見卷六《酬潘耒》。燕臺雪飛恰。見卷七《送葉上舍》。高詠篋中詩，見前《贈別孟楷》。得句奇且法。韓愈《進學解》：「《易》奇而法，《詩》正而葩。」燈火擁上元，酒人齊賞狎。《史記·刺客傳》：「荊軻雖遊於酒人乎，然其為人，沉深好書。」〔註240〕《南史·柳惲傳》：「惲雅被子良賞狎。」〔註241〕陽春詎寡和，見卷三《東書堂》。按：南疑有《帝京踏燈詞》六首。四方名士之在客者，如安丘曹貞吉、錢塘趙吉士、龔翔麟、凌紹雯、大梁周在浚、雲間王久齡、高騫、梅里李符、周篁、浦越喬、蕭山毛奇齡、晉江黃虞稷、侯官張遠、當湖沈皥日、張彪、王溓、邵延齡、遼海劉廷璣、宣城阮爾洵、彭澤令九山柯宏祚、東海陳壽、姚江邵鐸、海昌朱羅翁曧、朱一琛皆有和詩，匯成一集。轟飲忩深呷。見卷十《贈徐丈》。蘇軾詩：「把琖對花容一呷。」〔註242〕雅材一百五，見卷九《題吳徵君》。珠槃借爾歃。《春秋》：「公及邾儀父盟於蔑。」〔註243〕《疏》：「盟者，殺牲載書，大國制其言，小國屍其事，珠槃玉敦，以奉流血而同歃。」〔註244〕駢詞妙徐庾，《南史·徐陵傳》：「陵字孝穆。自陳創業，文檄軍書及受禪詔策皆陵所製，為一代文宗。」〔註245〕《北史·庾信傳》：「信字子山，南陽新野人。父肩吾，為梁太子中庶子，掌管記室。東海徐摛為左衛率，摛子陵及信並為抄撰學士，父子在東宮，既有盛才，文並綺麗，

〔註236〕國圖藏本眉批：《櫂歌》注「月波」乃原注，此不得竟云「見卷八《棹歌》」，則並前攘為己注矣。《天下名酒記》：「月波，秀州酒名。」
〔註237〕成公九年。
〔註238〕此係自注。
〔註239〕《商頌·那》。
〔註240〕卷八十六。
〔註241〕卷三十八。
〔註242〕《九日黃樓作》。
〔註243〕隱公元年。
〔註244〕《正義》引「《釋例》曰」。
〔註245〕卷六十二。按：又見《陳書》卷二十六《徐陵傳》。

故世號為『徐庾體』焉。」〔註246〕**經義析鄒夾。**《漢書‧藝文志》：「末世口說流行，有公羊、穀梁、鄒、夾之傳。四家之中，公、谷立於學官，鄒氏無師，夾氏未有書。」〔註247〕**謂當摶扶搖，**見卷三《雜詩》。**青雲在俄霎。**揚雄《解嘲》：「當塗者升青雲。」**豈意威鳳姿，先鳴讓鵯鶋。**《左傳》：「齊莊公指殖綽、郭最，曰：『是寡人之雄也。』州綽曰：『君以為雄，誰敢不雄？然臣不敏，平陰之役，先二子鳴。』」〔註248〕《爾雅翼》：「鵯鶋即祝鳩也。江東謂之烏臼。俗謂之駕犁，農人以為候。」歐陽修《鵯鶋詩〔註249〕》注：「鵯鶋，催明鳥，京師謂之夏雞。」**新霜危葉墮，遠渚羈鴻嗁。別筵逾九日，寒水**〔註250〕**響五牐。**《通漕類編》：「自大通橋起至通州石壩四十里，地勢高下四丈，中間設慶豐等五閘以蓄水。」**竹節鞭乍持，茱房鬢猶插。**《風土記》：「茱萸九月九日熟，味辛，色赤。折其房以插頭，可辟除惡氣。」**倦遊憐歸人，有若劍離匣。**鮑昭詩：「雙劍將離別，先在匣中鳴。」〔註251〕**改歲誓言旋，**《詩》：「曰為改歲。」〔註252〕又：「言旋言歸。」〔註253〕**比隣數鵞鴨。**杜甫詩：「比隣鵞鴨宜常數。」〔註254〕

和韻題惠周惕紅豆書莊圖〔註255〕原名恕，字硯溪，號元龍，長洲人。康熙辛未進士。由翰林改授密雲知縣。

離離紅豆映空亭，嫋嫋牽牛上短屏。《群芳譜》：「牽牛生苗作藤蔓，繞籬牆，高者二三丈。葉青花碧。」**最愛舍南風幔卷，高城不隔遠山青。**

粥魚茶板近松門，夕照雙浮墻影存。一入畫圖看便好，《蘇州府志》：「紅豆書屋，惠吉士所居，在城東南冷香溪之北。先是東禪寺有紅豆樹，相傳白鴿禪師所種，吉士移一枝植階前，因自號紅豆主人。僧睿目存為繪《紅豆新居圖》，吉士自

〔註246〕卷八十三《文苑列傳》。按：又見《周書》卷四十一《庾信傳》。
〔註247〕卷三十。
〔註248〕襄公二十一年。
〔註249〕「詩」，歐陽修題作「詞」。此沿江浩然《曝書亭詩錄》之說。
〔註250〕「水」，《曝書亭集》同，石印本作「冰」。
〔註251〕《贈故人馬子喬詩六首》其六。
〔註252〕《豳風‧七月》。
〔註253〕《小雅‧黃鳥》。
〔註254〕按：杜甫集無此句。杜甫《舍弟占歸草堂檢校聊示此詩》：「鵝鴨宜長數。」《將赴成都草堂途中有作先寄嚴鄭公五首》其二：「不教鵝鴨惱比鄰。」恐牽混而致誤。此沿江浩然《曝書亭詩錄》之說。
〔註255〕《曝書亭集》詩題另有「五首」二字。

題五絕句，屬和者二百家。」**城居僻似沈尤村。**《姑蘇志》：「徐候山在陽山西北十里，一名卑猶，其下有沈尤村。」〔註256〕

全家擬泛酒城東，《吳地記》：「魚城之西有故城，長老雲築以醴酒。今俗人呼之為苦酒城。皮日休有《酒城詩》。」**已分生涯釣叟同。他日招邀蓻田北，一帆風飽似張弓。**

群雅之材一百五，見卷九《題吳徵君》詩。**說詩匡鼎未應過。**見卷七《送龔孝廉》。**老夫也擬刪箋注，點墨研朱奈嬾何。**

按：硯溪著《詩說》三卷，田綸霞、汪苕文皆有序。先生採入《經義考》。〔註257〕

吳船歸及早梅春，淨洗東華裋褐塵。蘇軾詩：「不計東華塵土北窗風。」〔註258〕《漢書·貢禹傳》：「裋褐不完。」〔註259〕《方言》：「關西謂襜褕短者曰裋褐。」**我亦潞沙旋放溜，**《許奉使行程錄》：「潞河東半里許，有潞沙。曹操征烏丸，袁尚等鑿渠，自滹沱由派水入潞沙，即此地也。」〔註260〕**來尋北郭十詩人。**先生《徐賁傳》：「徐賁，字幼文。自常州徙吳，家望齊門外。與高啟、王彝、王行、宋克閭巷相接，日流連於文酒，故以北郭名其詩集。時張羽、楊基亦來吳，四方士聞之，多卜鄰於是，號『北郭十友』。十友者，長洲宋克，字仲溫；崑山陳則，字文度；永嘉余堯臣，字唐卿；無錫呂敏，字志學；其一則釋道衍也。」〔註261〕

嘉禾篇頌張先生名鵬

康熙二十三年冬，天子將登日觀峰。見前《送少詹》。**十行詔下軫三農，薄徭放稅寬租庸。**《唐書·食貨志》：「唐之始時，授人以口分、世業田，而取之以租、庸、調之法。凡授田者，丁歲輸粟二斛，〔註262〕謂之租。丁隨鄉所出，歲輸絹二匹，綾、絁二丈，布加五之一，綿三兩，麻三觔，非蠶鄉輸銀十四兩，謂之調。用

〔註256〕石印本無此注。

〔註257〕國圖藏本眉批：無謂。

〔註258〕《薄薄酒二首》其二。

〔註259〕卷七十二。

〔註260〕《欽定古今圖書集成·方輿彙編·職方典卷十三》、《欽定日下舊聞考》卷一百八。

〔註261〕《曝書亭集》卷六十三。

〔註262〕《新唐書》卷五十一此處有「稻三斛」。此沿江浩然《曝書亭詩錄》之說。

人之力，歲二十日，閏加二日，不役者日為絹三尺，謂之庸。」《文獻通考》：「有田則有租，有身則有庸，有戶則有調。」〔註263〕**南徐夫子小隊從**，《一統志》：「鎮江府，三國吳為京口鎮。劉宋以南徐州治京口。」杜甫詩：「元戎小隊出郊坰。」〔註264〕**天廄賜馬繡纏鬃**。杜甫詩：「入門天廄皆云屯。」〔註265〕韓翊詩：「青絲結尾繡纏鬃。」〔註266〕**先時水旱頻告凶，北達河沛東瀦灄**。《周禮》：「河東曰兗州，其川河沛，其浸盧維。」《注》：「『盧維』當為『雷瀦』，字之訛也。《禹貢》曰：『雷夏既澤，灄沮會同。』」《書》：「瀦淄其道。」〔註267〕《一統志》：「灄水自青州流入萊州東北入海。」《爾雅》：「水自河出為灄。」**晨炊不舉夜不舂，夫子下車憂忡忡**。《後漢・張衡傳》：「出為河間相。下車治威嚴，整法度。」〔註268〕《楚辭》：「極勞心兮忡忡。」〔註269〕**請發倉粟救鞠訩**，《詩》：「昊天不傭，降此鞠訩。」〔註270〕**鄉師為粥吏佐饔**。《周禮》：「鄉師之職，各掌其所治鄉之數〔註271〕，而聽其治。」**饑者得食皆歡悰，有如雁哕魚噞喁**。見卷九《春暮》。**土鼓賽社聲鼕鼕**，《禮》：「土鼓蕢桴。」〔註272〕《漢書・郊祀志》：「冬賽禱祠。」《注》：「賽謂報其所祈也。」〔註273〕陸游《春曉》詩：「鼕鼕畫鼓祭蠶神。」〔註274〕**服田力穡不敢慵**。《書》：「若農服田力穡，乃亦有秋。」〔註275〕**麰麥既登種稑穜**，《周禮》：「司稼掌巡邦野之稼，而辨穜稑之種。」**泠風時至甘雨濃**。《呂氏春秋注》：「泠風，和風，所以成穀也。」〔註276〕**生我嘉穀黑白彤**，《詩》：「生我百穀。」〔註277〕**一莖乃見抽三稍**。《集韻》：「稍，禾稍〔註278〕。」**露苗珠綴花

〔註263〕《新唐書》卷五十三《食貨志》、《文獻通考》卷三《田賦考三》：「有田則有租，有家則有調，有身則有庸。」

〔註264〕《嚴中丞枉駕見過》。

〔註265〕《沙苑行》。

〔註266〕《少年行》。

〔註267〕《禹貢》。

〔註268〕卷八十九。

〔註269〕《雲中君》。按：《詩經・召南・草蟲》：「未見君子，憂心忡忡。」

〔註270〕《小雅・節南山》。

〔註271〕「數」，《周禮》作「教」。此沿江浩然《曝書亭詩錄》之說。

〔註272〕《禮記・禮運》。

〔註273〕卷二十五上。

〔註274〕《春晚即事四首》其一。

〔註275〕《盤庚上》。

〔註276〕《士容論第六・任地》高誘《注》。

〔註277〕《小雅・信南山》。

〔註278〕「稍」，石印本作「梢」。

惺忪，楊萬里詩：「花如中酒不惺忪。」〔註279〕照以澄月涼溶溶。許渾詩：「波靜月溶溶。」〔註280〕下有溝水鳴琤淙，黃庭堅詩：「邐來頗琤淙。」〔註281〕耕夫饁婦齊動容。繈負稚子行蹣跚，見卷六《風懷》。百年野老訝未逢。載筐及筥包以帟，《詩》：「載筐及筥。」〔註282〕來告節使獻九重。般般者獸宛宛龍，司馬相如《封禪文》：「般般之獸，樂我君囿。」又：「宛宛黃龍，興德而升。」連理之木蟠枝松。《孝經援神契》：「德至草木，則生連理。」《晉書・元帝紀》：「一角之獸、連理之木以為休徵者，蓋有百數。」〔註283〕玉芝紫脫青芙蓉，《十洲記》：「鍾山在北海，生玉芝及神草四十餘種。」《禮斗威儀》：「人君乘土而王，其政太平，而遠方神獻其朱英紫脫。」未若茲禾和氣鐘。靈苗驛驛芒茸茸，《詩》：「驛驛其達。」〔註284〕《注》：「驛驛，苗生貌。」八月其穫崇如墉。《詩》：「八月其穫。」〔註285〕又：「其崇如墉。」〔註286〕輸之天庾惟正供，《晉書・天文志》：「天倉南四星曰天庾，積廚粟之所也。」〔註287〕《書》：「以庶邦惟正之供。」〔註288〕我聞樂事舒心胷。大賢美政孰比蹤，不貪為寶民吏宗。《左傳》：「子罕曰：『我以不貪為寶。』」〔註289〕主聖臣良時乃雍，《書》：「黎民於變時雍。」〔註290〕五風十雨殊乾封。京房《易候》：「太平之時，五日一風，十日一雨。」《史記・武帝紀》：「夏，旱。公孫卿曰：『黃帝時封則天旱，乾封三年。』上乃下詔曰：『天旱，意乾封乎？其令天下尊祠靈星焉。』」《注》：「天旱欲使封土乾燥也。」〔註291〕

簡宋觀察犖

今年燕臺數雨雪，雪晴九陌吹回風。《三輔舊事》：「長安城中八衢九陌。」

〔註279〕《風花》。
〔註280〕《冬日宣城開元寺贈元孚上人》。
〔註281〕《送彥孚主簿》。
〔註282〕《召南・采蘋》：「維筐及筥。」
〔註283〕卷六。
〔註284〕《周頌・載芟》。
〔註285〕《豳風・七月》。
〔註286〕《周頌・良耜》。
〔註287〕卷十一。
〔註288〕《無逸》。
〔註289〕襄公十五年。
〔註290〕《堯典》。
〔註291〕卷十二。《注》為《集解》引「蘇林曰」。

杜甫詩：「急雪舞回風。」〔註292〕**欲鳴不鳴鶡**〔註293〕**旦鳥**，《禮》：「仲冬之月，鶡旦不鳴。」〔註294〕**得過且過寒號蟲**。《輟耕錄》：「五臺山有鳥，名寒號蟲，四足有肉，翅不能飛。其糞即五靈脂。當盛暑時，文采絢爛，乃自鳴曰：『鳳凰不如我。』比至深冬嚴寒之際，毛羽脫落，索然如鷇雛。遂自鳴曰：『得過且過。』」〔註295〕**茸裘已敝庫尚典**，《左傳》：「狐裘蒙茸。」〔註296〕《言鯖》：「今人作庫質錢取利，唐以前惟僧寺為之，謂之長生庫。」〔註297〕**濁酒苦貴樽長**《西陂類稿》作「常」。〔註298〕**空。故人念我倘分贈，薊門白炭盤山菘**〔註299〕。「薊門」，見卷三《大閱圖》。「盤山」，見卷十《送宋僉士》。《畿輔物產志》：「炭有烏、白二種，白者堅而耐然。」〔註300〕「白菜一名菘。性凌冬晚彫，四時常見，有松之操，故曰菘。俗呼曰白菜。」

次韻奉畣　宋　犖

故人羈棲在輦下，杜門委巷嗟霜風。曰歸正須賦緩緩，小飲且為呼蟲蟲。書來大雪歲聿暮，劍舞永夜愁難空。他年燒筍竹垞去，飽餐那羨吳江菘。〔註301〕

題陳履端詞橐

尺書頻寄慰衰遲，裴屑風流又一時。珠玉連篇歌乍闋，麼弦別譜小山詞。《唐詩紀事》：「劉夢得曰：『詩僧多出江右。如麼弦孤韻，瞥入人耳，非大音之樂。』」〔註302〕《詞苑叢談》：「晏叔原為元獻公殊之暮子，自號小山，有樂府，

〔註292〕《對雪》。

〔註293〕「鶡」，江浩然《曝書亭詩錄》同，《曝書亭集》作「鶡」。

〔註294〕《月令》。

〔註295〕卷十五《寒號蟲》。

〔註296〕按：非出《左傳》，出《史記・晉世家》。

〔註297〕按：《清史稿》卷一百四十七《藝文志三》：「《言鯖》二卷。呂種玉撰。」則《言鯖》為清人著述。又，《老學庵筆記》卷六：「今僧寺輒作庫質錢取利，謂之長生庫，至為鄙惡。」

　　　　另，此注見江浩然《曝書亭詩錄》，稱「鈕世楷注：「呂種玉《言鯖》」云云。

〔註298〕見《西陂類稿》卷七。

〔註299〕「菘」，四庫本《曝書亭集》作「松」。

〔註300〕此注見江浩然《曝書亭詩錄》，此處有一「又」字。

〔註301〕見《西陂類稿》卷七。另有朱載震《和前韻寄家竹垞先生》：「潮河京東四十里，往來策蹇沖寒風。

　　　　置身頻慚類刻鵠，過日訝許甘彫蟲。千觴落手興不淺，數帙滿案囊寧空。春盤待我走相聚，黃芽脆並江南菘。」（《四庫提要著錄叢書》集部第130冊，北京出版社2010年版，第109頁）

〔註302〕卷七十二。按：原出《劉賓客文集》卷十九《澈上人文集紀》，「江右」作「江左」。

與《珠玉集》並行於世。」

題洪生對酒圖《騰笑集》二首。其二云：「逢著騷人笑獨醒，玉山堅坐眼長青。吾衰也擬糟邱老，他日相邀注酒經。」

酒庫京坊六度開，近無月奉市官醅。荊高舊侶多零落，賴爾南鄰日往來。

再題高學士江村圖二首

荒茅結屋短牆垣，不似金坡學士園。只合年年借儂住，漁竿漁網插溪門。

勾吳嚴四畫難得，比似菰村境復殊。按：江村第一圖，菰村高層雲寫。此第二圖也，藕漁嚴繩孫寫。想像江鄉宜有此，蛤蜊菰葉賀家湖。溫飛卿詩：「蛤蜊菰菜夢橫塘。」〔註303〕王十朋詩：「至今廟食賀家湖。」〔註304〕

按：結二句，《苑西集》作「他日平泉對真景，憑誰更寫第三圖。」

為畢大生《騰笑集》作「豫瞻」。**題扇**字雨稼，松江人。太學生。

今年十月尚暄和，雨後流泉響玉河。見卷六《瓊華島》。竹扇未應收畫篋，絮衣猶可著香羅。籬根細菊冬逾媚，砌下吟蟲夜轉多。那得滄洲載新酒，《名勝志》：「滄州在河間府城東百五十里。」亭前捉臥甕人過。見卷九《春暮》。

雨過劉學正兼隱齋觀石鼓文拓本

今秋最多雨，陸嘉淑。昧谷藏烏蟾。彝尊。《書》：「宅西曰昧谷。」〔註305〕陸龜蒙詩：「烏蟾俱沈光。」〔註306〕枉書丙丁帖，魏坤。《歲華紀麗》：「俗說久雨不晴，禁丙丁，乃得晴。」王同祖詞：「丙丁帖子畫教成，妝臺求晚晴。」〔註307〕果符甲子占。劉中柱。夙興愁霞楨，朱載震。餘溜消突黔。查慎行。《淮南子》：「孔子無黔突，墨子無暖席。」〔註308〕折簡四門至，嘉淑。《通志》：「《後魏書》：

〔註303〕《秘書省有賀監知章草題詩筆力遒健風尚高遠拂塵尋玩因有此作》。
〔註304〕《馬太守廟》。
〔註305〕《堯典》。
〔註306〕《奉酬襲美苦雨四聲重寄三十二句》。
〔註307〕《阮郎歸》。
〔註308〕《脩務訓》。

『劉芳表云：太和二十年，立四門博士，於四門置學。按《禮記》云：天子設四學。鄭玄〔註309〕注：同西郊之虞庠也。今以其遼遠，故置於四門，請移於太學同處。從之。』北齊二十人，隋五人，唐三人。」〔註310〕**卜晝得所忺**。彝尊。見卷五《送趙三》。《方言》：「青齊呼意所好為忺。」**各各沖塗泥**，坤。**紛紛污韝襜**。中柱。**入門老莎滑**，載震。**繞屋細菊黏**。慎行。**焜黃已摲摲**，嘉淑。**晚翠方婆婆**。彝尊。**濕徑乍一取**，坤。**油雲俄重淹**。中柱。**側耳聽淅瀝**，載震。**深坐防濡霑**。慎行。**際此霾霧並**，嘉淑。**猶未霰雪兼**。彝尊。韓琦《喜雪》：「驟急霰聲兼。」**臘釀清五加**，坤。見卷九《贈鄭簠》。**獸火紅半枚**。中柱。《玉篇》：「枚，蓺屬。」陸游詩：「紙閣磚爐火一枚。」〔註311〕**安肅菜翦甲**，載震。《畿輔通志》：「白菜有黃芽白，莖葉黃嫩如芽，味清脆。冬取之，甘芳可比冬筍。出安肅縣者尤佳。」**直沽蟹撐箝**。慎行。見卷五《雲中客舍》。《埤雅》：「蟹首二鉗如鉞。」**海物羅瑣碎**，嘉淑。**山果咀酸甜**。彝尊。張衡《南都賦》：「酸甜滋味，百種千名。」**捉臥甕人醉**，坤。**覘不速客添**。中柱。《廣韻》：「覘覘，希望也。」**中筵樂方畢**，載震。**主人發經匳**。慎行。陸游詩：「經匳魚蠹蝕真文。」〔註312〕**獵碣自陳倉**，嘉淑。竇蒙《述書賦》注：「岐州雍城南有周宣王獵碣十枚，並作鼓形，上有篆文。今見打本，吏部侍郎蘇勖敘記。」〔註313〕張懷瓘《書斷》：「籀文者，周太史籀之所作也，與古文大篆小異。《七略》曰：『史籀者，周時史官教學童書也，與孔氏壁中古文異體。甄豐定六書，二曰奇字是也。』其跡有石鼓文傳焉。蓋諷宣王畋獵之所作。今在陳倉。」〔註314〕《輿地廣記》：「鳳翔府寶雞縣有陳倉故城，在縣東二十里。」**甲乙分排籤**。彝尊。鄭樵《石鼓考序》：「石鼓十篇，大抵為畋狩而作。甲言畋，乙丙丁戊巳庚辛壬癸言狩。乙、癸言除道，皆言為畋狩而除道。戊言策命諸臣，己言宮社，而皆有事於畋狩也。辛言畋狩而歸也。十篇而次成十目者，後人之次也。」〔註315〕《唐書·經籍志》：「甲乙丙丁四部書各為一庫。經書紅牙籤，史書綠牙籤，子書碧牙籤，集書白牙籤，以別之。」〔註316〕韓愈詩：「觸指如排籤。」〔註317〕**其辭儷雅**

〔註309〕「玄」，底本、石印本作「元」。
〔註310〕《通志》卷五十四。按：早見《通典》卷二十七《職官九》。
〔註311〕《紙閣午睡二首》其一。
〔註312〕《和范待制秋興三首》其二。
〔註313〕《欽定日下舊聞考》卷六十九。
〔註314〕卷上《籀文》。
〔註315〕《欽定日下舊聞考》卷七十。
〔註316〕《舊唐書》卷四十七。
〔註317〕《苦寒》。

頌，坤。《書斷》：「石鼓文開合古文，暢其盛銳，但折直勁迅，有如鏤鍼。而端委旁逸，又婉潤焉。若取於詩人，則雅頌之作也。」〔註318〕**其法妙鉤鈲**。中柱。《鐵網珊瑚》：「岐陽石鼓，周史籀所作。昔人以為宣王時物。鈲利鉤殺，為大篆之祖。」〔註319〕**選徒悉左右**，載震。《詩》：「選徒囂囂。」〔註320〕又：「悉率左右。」〔註321〕**體物窮游潛**。慎行。**秀弓既云調**，嘉淑。《石鼓文》：「秀弓時射。」注：「秀與繡同，戎弓也。」《詩》：「弓矢既調。」〔註322〕**麋豕罔不殰**，彝尊。《石鼓文》：「秀弓時射，麋豕孔庶。」**君子爰逌樂**。坤。《石鼓文》：「君子逌樂。」注：「《漢書·地里〔註323〕志》：『酆水逌同。』《五行志》：『彝倫逌敘。』即古『攸』字。」**籩豆充炰燖**。中柱。**詩疑吉甫作**，載震。《鍾鼎款識》：「摩娑徒倚之餘，雖字體不知伊誰之筆，作誦者必當時之吉甫也。」〔註324〕**書命臣籀僉**。慎行。**車攻與吉日**，嘉淑。《鍾鼎款識》：「其曰『我馬既同』，《車攻》之祖東也。其曰『佳魚魴鱮』，《吉日》之宴語也。」〔註325〕**比擬意交厭**。彝尊。《鐵網珊瑚》：「舜江趙先生撝謙躬為音注，參互考訂，用《車攻》、《吉日》詩比類而同之，至謂周雅偶刪削，蓋昔人所未發之旨。」〔註326〕**奈何馬鄭徒**，坤。《金史·馬定國傳》言「石鼓自唐以來無定論，以字畫考之，云是宇文周所造，作辨萬餘言，出入傳紀，引據甚明」。〔註327〕《姚氏殘語》：「溫彥威使三京，得偽劉詞臣馬定國文云：『石鼓非周宣王時事，乃後周文帝獵於岐陽所作也。』史：大統十一年，獵於白水，遂西狩岐陽。」鄭樵《石鼓考序》：「此十篇皆是秦篆者，小篆也，簡近而易曉。其間有可疑者，若以『也』為『殹』、以『丞』為『丕』之類是也。及〔註328〕考之銘器，『殹』見於秦權，『丕』見於秦權。正如作越

〔註318〕國圖藏本眉批：《集古錄》：「石鼓文其字古而有法，其言與雅頌同文。」《書斷》所云，乃言其字體，非謂其文詞也。

〔註319〕《欽定日下舊聞考》卷六十九。

〔註320〕《小雅·車攻》。

〔註321〕《小雅·吉日》。

〔註322〕《小雅·車攻》。

〔註323〕「里」，石印本作「理」。

〔註324〕《欽定日下舊聞考》卷六十九。

〔註325〕《欽定日下舊聞考》卷六十九。

〔註326〕《欽定日下舊聞考》卷六十九。

〔註327〕《金史》卷一百二十五《文藝列傳上》。按：《金史》之史源原出《中州集》甲第一《馬御史定國》。

另，國圖藏本眉批：定國字（開林按：原誤作「定」）子卿，茌平人。仕至翰林學士。

〔註328〕「及」，石印本作「乃」。

語者豈不知其人生於越、作秦篆者豈不知其人生於秦乎？」**紛綸起詖諆**。中柱。
年殊成宣狩，載震。《雍錄》：「《左傳》昭四年，椒舉言於楚子曰：『成有岐陽之蒐。』
杜預曰：『成王歸自奄，大蒐於岐山之陽。』杜預之為若言也，雖不曰蒐岐之有遺鼓，
而謂成蒐之在岐陽者，即石鼓所奠之地也。然則鼓記田漁，其殆成王之田之漁也與？
宣王固嘗出鎬而東獵矣，其地自屬東都，故曰『四牡龐龐，駕言徂東』。『徂東』云
者，以方言之，則自鎬出洛也。岐在豐西三百餘里，安得更云『徂東』也？則鼓辭
不為《車攻》之辭，亦已明矣。鼓辭既不為《車攻》之辭，則何據而云宣王之鼓也？」
〔註329〕**譜異姬嬴錢**。慎行。《通志略》：「三代而上，惟勒鼎彝，秦人始大其制，
而用石鼓。」〔註330〕《丹鉛錄》：「鞏豐云：『岐本周地，平王東遷，以賜秦襄公矣。
自此岐地屬秦。秦人好田獵，是詩之作，其在獻公之前、襄公之後乎？地，秦地也。
字，秦字也。其為秦物可知。』此說有理，予竊信之，書以俟知者。」〔註331〕**缺
畫費呷嘎**，嘉淑。韓愈《石鼓歌》：「年深豈免有缺畫。」又詩：「竍亢〔註332〕久
呷嘎。」**密義煩顧瞻**。彝尊。韓愈《石鼓歌》：「辭嚴義密讀難曉。」**修藤蔓毿
毵**，坤。**勁草萌勾尖**。中柱。《後漢·王霸傳》：「疾風知勁草。」〔註333〕韓愈
詩：「萌芽夭勾尖。」〔註334〕**簪花女姚冶**，載震。見卷八《棹歌》。《荀子》：「美
麗姚冶。」〔註335〕**帶甲士凝嚴**。慎行。**作龍之而鱗**，嘉淑。見卷九《贈鄭簠》。
掀獲於思髥。彝尊。《爾雅注》：「玃，貜玃也，似獼猴而大，色蒼黑，能攫搏人，
故云玃。」《左傳》：「於思於思，棄甲復來。」〔註336〕《注》：「於思，多鬚貌。」
杜甫詩：「猱玃鬚髥古。」〔註337〕**往在岐陽時**，坤。**曠野孰窺覘**。中柱。《倦

〔註329〕《欽定日下舊聞考》卷七十。
〔註330〕《欽定日下舊聞考》卷七十、《欽定古今圖書集成·方輿彙編·職方典卷四十
　　　　三》。按：原出《通志》卷七十三《金石略第一·金石序》。
〔註331〕《欽定日下舊聞考》卷七十。檢《丹鉛續錄》卷十一《石鼓文》：「鞏豐云：『岐
　　　　本周地，平王東徙，以賜秦襄公。自此岐地屬秦。秦人好田獵，是石鼓詩之
　　　　作，其在獻公之前、襄公之後乎？其字類小篆。地，秦地。聲，秦聲。字，
　　　　秦字。其為秦詩何疑？』」與此不同。此則實出楊慎《升菴集》卷六十二《石
　　　　鼓文》。
〔註332〕「亢」，韓愈《赴江陵途中寄贈王二十補闕李十一拾遺李二十六員外翰林三學
　　　　士》作「立」。石印本正作「立」。
〔註333〕卷二十。
〔註334〕《苦寒》。
〔註335〕《非相》。
〔註336〕宣公二年。
〔註337〕《瞿塘兩崖》。

遊雜錄》：「古之石刻存於今者，惟石鼓也。本露處於野。司馬池待制知鳳翔日，輦置於府學之門廡下，外以木櫺護之。」〔註338〕**受辛相夜杵**，載震。見卷二《南安客舍》。《禮》：「鄰有喪，舂不相。」〔註339〕《史記·商君傳》：「舂者不相杵。」〔註340〕梅堯臣《石鼓文詩》：「近人偶見安碓床，雲〔註341〕鼓作臼剜中央。」揭傒斯《石鼓》詩：「野老偷為臼。」**敲火磨霜鎌**。慎行。韓愈《石鼓歌》：「牧童敲火牛礪角，誰肯〔註342〕著手為摩挲。」《說文》：「鎌，鍥也。」**宣和忽移致**，嘉淑。《九朝編年備要》：「宣和元年九月，燕蔡京保和新殿，京作記以進。略曰：『稽古閣有宣王石鼓。』」〔註343〕**皇慶乃覆苫**。彝尊。潘迪《石鼓文音訓》：「右石鼓文十，宋大觀中徙開封。靖康末，金人取之以歸於燕。聖朝皇慶癸丑，始至〔註344〕大成至聖文宣王廟門之左右。」韓愈詩：「不能汝覆苫。」〔註345〕**切磋留太學**，坤。韓愈《石鼓歌》：「聖恩若許留太學，諸生講解得切磋。」**愛惜蓋深簷**。中柱。韓愈《石鼓歌》：「大廈深簷與蓋覆。」**銅金縱剜剔**，載震。《書畫史》：「岐陽石鼓，宋東都時嘗鑄金，填其文，移置宣和殿。金人入汴，剔取其金而棄去之。故自靖康土宇分裂之後，搨本絕不易得。」**節角仍安恬**。慎行。韓愈《石鼓歌》：「剜苔剔蘚露節角，安置妥帖平不頗。」又詩：「五藏難安恬。」〔註346〕**詛楚文久泐**，嘉淑。《集古錄》：「秦祀巫咸神文，今流俗謂之詛楚文。其言首述秦穆公與楚成王事，遂及楚王熊相之罪。」〔註347〕又有祀朝那湫文，其文同。《周禮》：「石有時以泐。」〔註348〕**亡秦碑或熸**。彝尊。《史記·秦紀》：「始皇二十八年，東行郡縣，上鄒嶧

〔註338〕《欽定古今圖書集成·方輿彙編·坤輿典卷二十》、《職方典卷四十三》、《欽定日下舊聞考》卷六十九。

〔註339〕《曲禮上》。

〔註340〕卷六十八。

〔註341〕「雲」，梅堯臣《雷逸老以仿石鼓文見遺因呈祭酒吳公》作「亡」。此沿江浩然《曝書亭詩錄》之說。

〔註342〕「肯」，韓詩作「復」。此沿江浩然《曝書亭詩錄》之說。

〔註343〕國圖藏本眉批：按：大觀中徙石鼓於辟雍，復移置宣和殿。及改元宣和，始易殿名為保和。則此句宣和是殿名，非年號也。注引《九朝編年備要》云云，似誤認石鼓之在保和為宣和元年事，而以詩句之宣和為年號矣。當以下文所引書畫史一則作此句注。

宣和元年，改宣和殿為保和殿，見《宏簡錄》。

〔註344〕「至」，江浩然《曝書亭詩錄》作「置」。

〔註345〕《苦寒》。

〔註346〕《苦寒》。

〔註347〕卷一。

〔註348〕《考工記》。

山。刻石頌秦德。」〔註349〕封演《聞見記》:「嶧山始皇刻石,其文李斯小篆。後魏太武登山,使人排倒之。然而歷代摹搨以為楷,則邑人疲於奔命,聚薪其下,因野火焚之,由是殘缺不堪摹寫。然求者不已。有縣宰取舊文勒於石碑之上,凡成數片,置之縣廨,須則搨取。今人間有嶧山碑,皆新刻之碑也。」借茲典刑存,坤。《鍾鼎款識》:「岐陽十鼓,周宣王太史籀所書。歲月深遠,剝泐殆盡。前人嘗以其可辨者刻之於石,以甲乙第其次,雖不成文,然典刑尚在。」一字直一縑。中柱。見卷九《題董尚書》。述書誦古賦,載震。《法書要錄》:「竇泉《述書賦》:『篆則周史籀,當代稱之。遺芳刻石,永播清規。』改席褰疏簾。慎行。車轄投亦得,嘉淑。接羅倒奚嫌。彝尊。吏暇笑兼隱,坤。《汝南先賢傳》:「鄭欽吏隱於蟻陂之陽。」〔註350〕杜甫詩:「肯信吾兼吏隱名。」〔註351〕官冷懦趨炎。中柱。《宋史‧李垂傳》:「焉能趨炎附熱,看人眉睫,以冀推輓乎?」〔註352〕有酒傾玉缾,載震。無酒指青簾。慎行。《廣韻》:「青簾,酒家望子。」六街鼓鼕鼕。嘉淑。薛逢詩:「六街塵起鼓鼕鼕。」〔註353〕兩頭月纖纖,彝尊。見卷二《七月八日》。欲行復被肘。坤。《後漢‧孔融傳》:「欲命駕,數數被肘。」〔註354〕燭至還提槧。中柱。《玉篇》:「槧削版牘。」謂客毋庸歸,載震。《漢書‧王式傳》:「客歌《驪駒》,主人歌《客毋庸歸》。」〔註355〕險韻尚可拈。慎行。

〔註349〕 按:非出《秦本紀第五》,出《秦始皇本紀第六》。此沿江浩然《曝書亭詩錄》之說。

〔註350〕 《韻府羣玉》卷十。按:《藝文類聚》卷九:「《汝南先賢傳》曰:『鄭敬去吏,隱居於蟻陂之陽。』」《太平御覽》卷七十二、《說郛》卷五十八上、《天中記》卷四十等均作「鄭敬」。

〔註351〕 《院中晚晴懷西郭茅舍》。另,杜甫《東津送韋諷攝閬州錄事》:「憐君吏隱兼。」

〔註352〕 卷二百九十九。

〔註353〕 《六街塵》。

〔註354〕 《御定康熙字典》卷二十四「肘」。按:《後漢書》卷一百《孔融傳》無此語。《補注杜詩》卷九《遭田父泥飲美嚴中丞》「欲起時被肘」,洙曰:「言屢為掣肘。蘇曰:『孔文舉就里人飲,夜深而歸,家人責其遲,曰:欲命駕,數數被肘。』工部一世偉人,造語深得要妙。胸中無國子監者,不可讀其詩。」然則此注實為偽蘇注。
又,《戰國策‧秦策四》:「智伯出行水,韓康子御,魏桓子驂乘⋯⋯魏桓子肘韓康子,康子履魏桓子,躪其踵,肘、足接於車上,而智氏分矣!」

〔註355〕 卷八十八《儒林傳》。

旃蒙赤奮若乙丑

秋涇行示吳秀才周瑾

　　秋涇水，上有落帆短亭子。見卷八《櫂歌》。渡頭橫跨百尺橋，蟹舍漁村合成市。吳郎門對涇水流，花南有堂北有樓。吾來襆被過信宿，三日五日常淹留。泔魚倒臘甕，量酒傾新簋。君詩老蒼賦溫麗，《西京雜記》：「枚皋文章捷疾，長卿製作淹遲，皆一時之勝。長卿首尾溫麗，枚皋時有累句，故知疾行無善跡矣。」有才如此翻不第。蘆簾紙閣歷歲年，白居易詩：「來春更葺東廂屋，紙閣蘆簾著孟光。」〔註356〕稚子蓬頭婦椎髻。《後漢·列女傳》：「而我兒曹蓬髮歷齒，未知禮。」〔註357〕《梁鴻傳》：「乃更為椎髻，著布〔註358〕，操作而前。」庾信《小園賦》：「蓬頭王霸之子，椎髻梁鴻之妻。」婦為吾妹子吾甥，薄田涇上甿可耕。埽除肯作一室計，《後漢·陳蕃傳》：「蕃嘗閉處一室，而庭宇蕪穢。父友薛勤謂曰：『孺子何不灑埽以待賓客？』蕃曰：『大丈夫處世，當埽除天下，安事一室乎！』」〔註359〕汗漫寧為千里行。見卷一《游仙》。相憐童稺情親早，杜甫詩：「童稺情親四十年。」〔註360〕旅食京華吾潦倒。昨者有客來武陽，《一統志》：「四川眉州，漢武陽、南安二縣地。」傳說容顏君不老。人生六十猶未衰，樽前只合開懷抱。何況騷人屆初度，燈火上元時最好。歌長歌，書草書，知君發函伸紙還軒渠。吳質《答東阿王書》：「信到，奉所惠貺。發函伸紙，是何文采之巨麗，而慰諭之綢繆乎！」《後漢·薊子訓傳》：「軒渠笑悅，欲往就之。」〔註361〕吾今妻子返里閭，先生《馮孺人行述》：「是月，予被劾謫官。三月，移寓宣武門外，孺人尋病。病癒，以秋八月浮舟潞河。」〔註362〕明年歸乘轂觫車。邱丹詩：「歸乘轂觫車。」〔註363〕君還秋涇定何日，相期近結比鄰居。

〔註356〕《香爐峰下新卜山居草堂初成偶題東壁》。
〔註357〕卷一百十四《王霸妻》。
〔註358〕此處《後漢書》卷一百十三《逸民列傳·梁鴻》有「衣」。此沿江浩然《曝書亭詩錄》之說。
〔註359〕卷九十六。
〔註360〕《送路六侍御入朝》。
〔註361〕卷一百十二下《方術列傳下》。
〔註362〕《曝書亭集》卷八十。
〔註363〕《奉酬重送歸山》。

送王贊善棪視浙江學政二十韻字藻儒，號顓菴，太倉人。文肅公曾孫。康熙庚戌進士。官至大學士。

京國沙隄舊，見卷八《懷鄉口號》。**婁江甲第臨。**《江南通志》：「太倉州，《禹貢》三江之婁江在其地。」「甲第」，見卷六《壽徐侍讀》。**世家唐宰相，**《新唐書》有《宰相世系表》。**經術漢儒林。**《漢書》有《儒林傳》。**早射匡時策，**《漢書注》：「射策者，為問難〔註364〕疑義，書之於策，量其大小，署為甲乙之科，不使彰顯，隨其所得而釋之，以知優劣。」**先鳴正始音。**《晉書·衛玠傳》：「大將軍王敦鎮豫章，長史謝鯤先雅重玠，相見欣然，言說彌日。敦謂鯤曰：『昔王輔嗣吐金聲於中朝，此子復玉振於江東，微言之緒，絕而復續。不意永嘉之末，復聞正始之音。』」〔註365〕《筆譚》：「正始體，嵇、阮諸公之詩。正始，魏年號。」**才華王轢謝，**〔註366〕《北史·溫子昇傳》：「濟陰王暉業嘗云：『江左聞〔註367〕人，宋有顏延之、謝靈運，梁有沈約、任昉，我子昇足以陵顏轢謝，含任吐沈。』」〔註368〕**詩筆沈兼任。**《南史·沈約傳》：「謝玄暉善為詩，任彥昇工於筆，約兼而有之。」〔註369〕**偶出辭溫樹，**見卷十。劉禹錫詩：「詔下初辭溫室樹。」〔註370〕**重來舐薛禽。**《南部新書》：「秘省內落星石，薛稷畫鶴，賀知章草書，郎餘令畫鳳，相傳號曰四絕。」林寬詩：「黏塵賀草沒，剝粉薛禽迷。」〔註371〕**瑤山開四照，**《山海經》：「有瑤碧之山。」又：「招搖之山有木焉，其華四照。」**丹地拔千尋。**《漢官儀》：「省中皆以丹塗地，謂之丹墀。」張正見詩：「執戟趨丹地。」〔註372〕孫綽《遊天台山賦》：「建木滅景於千尋。」**朶殿新簽管，**《宋史·儀衛志》：「殿之東西曰朶殿。」梁簡文帝詩：「簽管白牙纏。」**儲端每獻箴。**《唐書·百官志》：「右春坊舍人掌侍從獻納。」〔註373〕《晉書·溫嶠傳》：「太子與為布衣之交，數陳規諷，又獻《侍臣箴》，甚有弘〔註374〕益。」〔註375〕

〔註364〕「問難」，《漢書》卷七十八《蕭望之列傳》顏師古《注》作「難問」。此沿江浩然《曝書亭詩錄》之說。

〔註365〕卷三十六。

〔註366〕國圖藏本眉批：「王」字似無著。

〔註367〕「聞」，《魏書》、《北史》均作「文」。此沿江浩然《曝書亭詩錄》之說。

〔註368〕卷八十三《文苑列傳》。按：早見《魏書》卷八十五《文苑列傳·溫子昇》。

〔註369〕卷五十七。

〔註370〕《奉送浙西李僕射相公赴鎮》。

〔註371〕《和周繇校書先輩省中寓直》。

〔註372〕《豔歌》。

〔註373〕《新唐書》卷四十九上。

〔註374〕「弘」，底本作「宏」。

〔註375〕卷六十七。

詢謀公望最，《書》：「詢謀僉同。」〔註 376〕《晉書・虞騄傳》：「王導謂騄曰：『孔愉有公才而無公望，丁潭有公望而無公才。兼之者，其在卿乎！』」〔註 377〕眷顧主恩深。持節巡江介，見卷二《午日》。觀風采會吟。《禮》：「命太師陳詩，以觀民風。」〔註 378〕謝靈運《會吟》詩：「列筵皆靜寂，咸共聆會吟。」〔註 379〕色絲能辨石，見前《雨過劉學正》。爨火定收琴。《後漢・蔡邕傳》：「吳人有燒桐以爨者，邕聞火烈之聲，知其良木，因請而裁為琴，果有美音，而其尾猶焦，故時人名曰焦尾琴〔註 380〕。」〔註 381〕洞壑包三九，道書洞天福地在浙江共二十有七。〔註 382〕圖書足古今。湖光仙櫂疊，嵐翠戟門侵。陳造詩：「簾〔註 383〕外浮嵐暖翠堆。」《周禮》掌舍棘門《注》：「以戟為門。」紫筍茶教瀹，見卷八《櫂歌》。《玉篇》：「瀹，煮也。」烏巾酒待斟。見卷四《題峴山》。詞場輸藻鏡，交誼重苔岑。十載逢青眼，相於愜素心。別筵愁袞袞，杜甫詩：「相逢難袞袞，告別莫匆匆。」〔註 384〕嘶騎去駸駸。苑雪花猶積，官橋柳未陰。懷歸貪倚著，投分忘升沉。送送情何極，勞勞思不禁。還期承蓋處，庾信《趙國公集序》：「大雅扶輪，小山承蓋。」鄉曲共題襟。

社日二首□□□□〔註 385〕：「立春後第五戊日為春社。」

幾日社公雨，《禮記注》：「今人謂社神為社公。」〔註 386〕《提要錄》：「社公社母不食舊水，故社日有雨，謂之社公雨。」芹泥香滿汀。生憎飛燕至，駱賓王詩：「生憎燕子千般語。」〔註 387〕《埤雅》：「燕往來迎社。」不放海東青。海東青

〔註 376〕《大禹謨》。

〔註 377〕卷七十六。

〔註 378〕《禮記・王制》。

〔註 379〕《會吟行》。

〔註 380〕石印本下有「焉」字。

〔註 381〕卷九十下。

〔註 382〕此係自注。

〔註 383〕「簾」，《到房交代招飲四首》其二作「簷」。此沿江浩然《曝書亭詩錄》之說。

〔註 384〕《酬孟雲卿》。

〔註 385〕按：底本、石印本原空。江浩然《曝書亭詩錄》作「《潛確類書》」。（明）陳仁錫《潛確居類書》一百二十卷，清乾隆四十二年被列入禁燬書目。今見《四庫禁燬書叢刊》子部 13～15 冊。

〔註 386〕按：非《注》，乃《禮記・郊特牲》「社祭土而主陰氣」孔穎達《疏》引許慎之說。

〔註 387〕《代女道士王靈妃贈道士李榮》。

畏燕子，見歐陽原功詞。〔註 388〕歐陽玄〔註 389〕《漁家傲》：「鷹房奏獵催車駕。卻道海青逢燕怕。纔過社，柳林飛放相將罷。」《楊升庵集》：「海東青，鷹之鷙猛者也。燕子之弱能剪之。」〔註 390〕

藥甲何曾碧，花枝亦未紅。治聾有方法，只恨酒錢空。見卷十《贈沈上舍》。「酒錢」，見卷十八《君平遺鏡歌》。

柳巷杏花歌同嚴中允繩孫錢編修中諧作錢字宮聲，吳縣人。戊戌進士。舉鴻博，授編修。

頻年住帝里，一山一水何曾經。有若蝸負殼，馬臻詩：「生事恰如蝸負殼，入頭容易轉身難。」〔註 391〕又若鳥翦翎。韓愈詩：「剪翎送籠中。」〔註 392〕疾風揚沙卷花去，眼看春事如流星。蘇軾詩：「歲月如流星。」〔註 393〕邇來罷官居，肆意尋郊坰。朝從潞河還，犯卯酒未醒。晨過宋使君犖，留飲漫堂。〔註 394〕雙橋東偏柳巷北，《潞沙筆綴》：「雙橋在柳巷之西，通州大興界也。」小寒食後微雨零。杜甫《小寒食舟中作》，注：「小寒食謂寒食前一日。」偕行者二子，各各駐輿丁。范成大詩：「輿丁扶〔註 395〕我如騰狙。」杏梢含苞猶未白，柳條踠地今漸青。晴絲冉冉香細細，杜甫詩：「地晴絲冉冉。」〔註 396〕卑枝娜娜高婷婷〔註 397〕。村童灌畦愛看客，轆轤井架雙銅餅。見卷三《古意》。卷一《古興》。種花此地已難得，那不更縛香茅亭。《本草》：「香茅生湖南及江淮間，葉有三脊。」江鄉爾時春愈《西陂類稿》作「益」。好，西神山下泉泠泠。陸羽《遊慧山寺記》：「慧山，古華山〔註 398〕也。山上有方池，池中生千葉蓮花，服之羽化。《老子枕中記》所謂『吳西神山』是也。」閶門遊人連臂出，《吳越□□》：

〔註 388〕此係自注。
〔註 389〕「玄」，底本、石印本作「元」。
〔註 390〕《升菴集》卷八十一《燕子打海青》。
〔註 391〕不詳。
〔註 392〕《調張籍》。
〔註 393〕《與王郎昆仲及兒子邁繞城觀荷花登峴山亭晚入飛英寺分韻得「月明星稀」四字》其三。
〔註 394〕此係自注。
〔註 395〕「扶」，《小扶掑》作「挾」。此沿江浩然《曝書亭詩錄》之說。
〔註 396〕《絕句六首》其五。
〔註 397〕「婷婷」，四庫本《曝書亭集》作「亭亭」。
〔註 398〕「華山」，底本殘，據《全唐文》卷四百三十三《遊慧山寺記》補。

「□闔門□□□□門，通闔闔風也。」〔註399〕《江南通志》：「蘇州府八門，西北曰閶門。」**筍車十里填支硎。**《平江紀事》：「支硎山在吳縣西南二十五里，晉沙門支道林卓錫於此山。山名平石，平石為硎，又以支公處此，故名支硎。」只《西陂類稿》作「即」。**如南湖亦不惡，桑鳩穀犬聲可聽。**《爾雅》鴶鵴《疏》：「梁、宋之間謂布穀為鴶鵴，一名擊穀，一名桑鳩。」梅堯臣詩：「水田鳴〔註400〕穀犬。」注：「蜀中名蝦䗫為穀犬。」**紫荷花草雜坐臥，**《嘉興府志》：「孩兒草，俗名荷花、紫草，田家蒔以壅田。暮春花開，彌望成錦色。」杜甫詩：「往來雜坐臥。」〔註401〕**燕來竹筍生玲瓏。**見卷八《櫂歌》。蘇軾詩：「走鞭瘦玲瓏。」〔註402〕**人生還家貧亦足，何苦晨夕勞其形。**《莊子》：「無勞我〔註403〕形。」**吾儕田廬況不遠，峭帆柔櫓凌迴汀。**都籃兼攜茶酒具，見前《沈上舍南還》。**悶拓小眼紅窗櫺。**白居易詩：「小眼紅窗襯麴塵。」〔註404〕**吳歈越吟相繼和，**左思《吳都賦》：「吳歈越吟。」**五日十日恣留停。念此令人反惆悵，夕陽四顧愁冥冥。**《詩》：「維塵冥冥。」〔註405〕

寄胡少參介祉字循齋，山陰人。

　　使君麗句過西崑，《滄浪詩話》：「西崑體即李商隱體，然兼溫庭筠及本朝楊、劉諸公而名之也。」**賦格詩圖許細論。**《宋史·藝文志》：「和凝《賦格》一卷。」〔註406〕「詩圖」，見前《送周參軍》。先生《胡參議轉漕雜詩序》：「山陰胡君以今年春轉運入潞，寄示途中雜詩一卷，屬予序焉。」〔註407〕**轉粟年年先社燕，**《史記·平準書》：「募民能輸及轉粟於邊者拜爵，爵至大庶長。」〔註408〕**抽帆處處市河豚。吟看上客題襟滿，書想高齋挿架存。孤負連船載滄酒，故人未得下津門。**

〔註399〕底本有殘缺。按：石印本、江浩然《曝書亭詩錄》作「《吳越春秋》：『立闔門者以象天門，通閶闔風也。』」見《吳越春秋》卷二。

〔註400〕「鳴」，《貽妄怒》作「名」。此沿江浩然《曝書亭詩錄》之說。

〔註401〕《飛仙閣》。

〔註402〕《和子由記園中草木十一首》其七。

〔註403〕「我」，《莊子·在宥》作「女」。此沿江浩然《曝書亭詩錄》之說。

〔註404〕《重題小舫贈周從事兼戲微之》。

〔註405〕《小雅·無將大車》。

〔註406〕卷二百九。

〔註407〕《曝書亭集》卷三十八。

〔註408〕卷三十。

送陳舍人大章歸黃岡字仲夔，黃岡人。康熙戊辰進士。官翰林。徐乾學《陳太史稿序》：「故事：中書例得與春秋闈試。丁卯之役，仲夔戛然登上選。次年成進士。館選日，上稔知其姓名，以問閣臣，閣臣具以實對。上霽顏久之，特授史職。一時翕然，稱為館閣盛事。」《一統志》：「黃岡屬黃州府。」

君姿玉山並，《晉書‧嵇康傳》：「康丰姿俊逸，醒若孤松獨立，醉若玉山將頹。」〔註409〕君詩白雪高。見卷三《題祁六》。豈意采風人，《詩注》：「風者，民俗歌謠之詩也。諸侯採之，以貢於天子。」力不及楚騷。策馬去京國，卻佩腰間刀。深雍虎文韝，見卷一《阿那環》。《漢官儀》：「虎賁中郎將衣紗縠單衣，虎文錦袴。」短後茶色袍。《莊子》：「魏太子謂莊周曰：『吾王所見，惟劍士，短後之服，王乃說之。』」梅堯臣詩：「來衣茶色袍。」〔註410〕但愁別須臾，何用心鬱陶。素業在黃岡，潮田滿江皋。皮日休詩：「潮田五萬步。」〔註411〕《楚辭》：「朝馳余馬兮江皋。」〔註412〕烏犍三百尾，見前《東浦學耕圖》。種秫持作醪。《晉書‧陶潛傳》：「為彭澤令。在縣，公田悉令種秫穀，曰：『令我嘗〔註413〕醉於酒，足矣。』」〔註414〕暇搜耆舊文，筆禿猩猩毛。見前《送少詹》。少年能著書，此事亦足豪。何時涉夏澳，《方輿勝覽》：「夏澳在黃州城西南二里許。夏子喬為守，鑿水入陂以藏舟。」共爾浮金觥。〔註415〕《禮》：「毋憮，毋敖，毋偝立，毋踰言，若是者浮。」〔註416〕《小爾雅》：「浮，罰也，謂罰爵也。」李德裕詩：「誰復勸金觥。」〔註417〕

〔註409〕《陳檢討四六》卷三《陸懸圃文集序》注。按：房玄齡本《晉書》卷四十九無此語。

又，《世說新語‧容止第十四》：「嵇康身長七尺八寸，風姿特秀。見者歎曰：『蕭蕭肅肅，爽朗清舉。』或云：『肅肅如松下風，高而徐引。』山公曰：『嵇叔夜之為人也，岩岩若孤松之獨立；其醉也，傀俄若玉山之將崩。』」

〔註410〕《送良玉上人還崑山》。

〔註411〕《二遊詩》其一。

〔註412〕《九歌‧湘夫人》。

〔註413〕「嘗」，《晉書》卷九十四《隱逸傳》作「常」。

〔註414〕按：早見《宋書》卷九十三《隱逸列傳‧陶潛》：「執事者聞之，以為彭澤令。公田悉令吏種秫稻，妻子固請種粳，乃使二頃五十畝種秫，五十畝種粳。」

〔註415〕國圖藏本眉批：此處「浮」字只作滿字解，謂滿飲也。若泥定罰字，似說不去。

〔註416〕《禮記‧投壺》。

〔註417〕《述夢詩四十韻》。

贈耿都尉二首名聚忠，字正公，和碩額駙太子太保。《漢書‧百官公卿表》：「駙馬都尉掌駙馬。」〔註418〕

承恩驂乘入明光，《三秦記》：「未央宮漸臺西有桂宮，中有明光殿。」賜第仍居履道坊。見卷十《二月初二》。《靖南王墓表》：「王則紹封奕世，其次尚主，為近臣，或專閫於外。迨王孫精忠逆命，天子猶加恩於王暨王諸孫如故。」〔註419〕日昃尚趨三殿直，《易》：「日昃之離。」〔註420〕杜甫詩：「詔從三殿去。」注：「麟德殿也。一殿而有三面，故曰三殿。」《宋史‧李昉傳》：「開寶二年，拜中書舍人。未幾，直學士院。五年，預宴大明殿，上見昉坐盧多遜下，因問宰相，對曰：『多遜學士，昉直殿爾。』」〔註421〕月正恒捧萬年觴。《荊楚歲時記》：「按《四民月令》云：『過臘一日謂之小歲，拜賀君親，進椒酒。』成公子安《椒花銘》曰：『肇惟歲首，月正元日。厥味惟珍，蠲除百疾。』是知小歲則用之，漢朝元正則行之。」《後漢‧班超傳》：「超上疏曰：『目見西域平定，陛下舉萬年之觴，薦勳祖廟，布大喜於天下。』」〔註422〕長楸〔註423〕走馬先歸垺，曹植《名都篇》：「鬥雞東郊道，走馬長楸間。」庾信《馬射賦》：「並試長楸之垺，俱下蘭池之宮。」小苑飛花近拂牆。庾信《春賦》：「停車小苑，連騎長楊。」自有囊中餐玉訣，《後魏書》：「李預每羨餐玉法，乃採訪藍田，躬往掘得若環碧雜器形者大小百餘，至而觀之，皆光潤可玩，預乃椎七十枚為屑，日服食之。」〔註424〕杜甫詩：「未試囊中餐玉法。」〔註425〕無煩菊水餉南陽。《荊州風土記》：「南陽酈縣北水旁芳菊，水極甘馨。飲此水，上壽百二十，中壽百餘，七十者猶以為夭。」

萸房竹葉勸深杯，月底簫聲次第催。才子不妨如意舞，見卷五《高博士》。酒徒攊倒接羅回。開簾最愛亭前瀑，改席宜登樹杪臺。杜甫詩：「改席臺能迴。」〔註426〕笑問琴山一青鶴，謂周郎中襄緒也。〔註427〕《拾遺記》：「幽州之墟，羽山之北，有善鳴之禽，人面鳥喙，八翼一足，毛色如雉，行不踐地，

〔註418〕卷十九上。

〔註419〕《曝書亭集》卷七十三。

〔註420〕《離》九三。

〔註421〕卷二百六十五。

〔註422〕卷七十七。

〔註423〕「楸」，《曝書亭集》同，石印本作「椒」。

〔註424〕《太平御覽》卷八百四《珍寶部三‧玉上》。

〔註425〕《去矣行》。

〔註426〕《臺上》。

〔註427〕此係自注，《曝書亭集》原在詩末。

名曰青鶴〔註428〕。《世語》曰:『青鶴鳴,時太平。』」**可能天際忽飛來。**

納臘侍衛性德輓詩六首性德即納蘭成德,字容若,長白人。太傅明珠子。康熙癸丑進士。改侍衛。

驟聽黃雞唱,白居易詩:「誰道使君不解歌,聽唱黃雞與白日。黃雞催曉丑時鳴,白日催年酉時〔註429〕沒。」**驚隨白馬來。百年嗟輟瑟,**任昉《哭范僕射》:「寧知安歌日,非君撤瑟晨。」**五日尚銜杯。**先生《祭納蘭侍衛文》:「夜合惺忪,花散篋帙。聯吟比調,曾未旬日。詩朋尚在,忽焉輟瑟。」〔註430〕**泉下知安往,人間信可哀。**見卷十七《沖祐宮》。**退朝憐相國,封篋忍重開。**《晉書·王導傳》:「導有子悅,為母斂箱篋中物。悅亡後,封篋不忍復開。」〔註431〕

通籍題氈筆,《白孔六帖》:「進士榜頭黏黃紙四張,以氈筆淡書『禮部貢院』四字。」〔註432〕《祭納蘭侍衛文》:「往歲癸丑,我客潞河。君年最少,登進士科。」**承恩改鶡冠。**《續漢書》:「虎賁騎皆鶡冠。」〔註433〕**射鳥天一笑,**杜甫詩:「每蒙天一笑。」〔註434〕**走馬路千盤。**蘇軾詩:「蜀道〔註435〕走千盤。」**禁直昏鍾入,**韓偓詩:「不敢通宵離禁直,晚乘殘醉入銀臺。」〔註436〕**廊餐午箭殘。**《五代會要》:「唐室升平日,常參官每朝退賜食,謂之廊餐。」**傷心倚閽望,東第少歸鞍。**《史記·司馬相如傳》:「位為通侯,居列東第。」《注》:「列甲第在帝城東,故曰東第。」〔註437〕

出塞同都護,《漢書·鄭吉傳》:「吉雖〔註438〕破車師,降日逐,威震西域,遂並護車師以西北道,故號都護。」《後漢·和帝紀·論》:「偏師出塞,則漠北地空;都護西指,則通譯四萬。」〔註439〕**論功過貳師。**《漢書·李廣利傳》:「廣利為貳師

〔註428〕按:《拾遺記》作「青鸐」。下同。
〔註429〕「時」,《醉歌》作「前」。
〔註430〕《曝書亭集》卷八十。
〔註431〕卷六十五。
〔註432〕卷四十三。
〔註433〕《文選》卷三《東京賦》李善《注》引,稱「司馬彪《續漢書》曰」。
〔註434〕《能畫》。
〔註435〕「道」,蘇軾《送范景仁遊洛中》作「走」。
〔註436〕《錫宴日作》。
〔註437〕卷一百一十七。《注》乃《索隱》。
〔註438〕「雖」,《漢書》卷七十作「既」。
〔註439〕卷四。

將軍。」〔註440〕《祭納蘭侍衛文》:「出師絕漠,不憚虎口。」〔註441〕**華堂屬纊日**,《禮》:「疾病,男女改服,屬纊以俟絕氣。」〔註442〕**絕域受降時**。《漢書》:「元封六年,令因杅將軍築受降城。」〔註443〕**淒惻傳天語,艱難定月氏**〔註444〕。《水經注》:「月氏國其俗與安息同。冒頓單于破月氏國,遂分遠過大宛、西居大夏為大月氏,其餘小眾不能去者,共保南山中,號小月氏。」〔註445〕**斂魂猶未散**,江淹《恨賦》:「蔓草縈骨,拱木斂魂。」**消息九京知**。

　　屈指論交地,星終十二年。《左傳》:「晉侯曰:『十二年矣,是謂一終,一星終也。』」〔註446〕《祭納蘭侍衛文》:「自我交君,今逾一紀。」**斯人不可作,知己更誰憐。翠漸深門柳,紅仍膩渚蓮。舊遊存益少,淒斷小亭前**。按:容若所居有淥水亭。

　　主客披圖得,《唐詩紀事》:「張為,唐末江南人。作《詩人主客圖》,凡八十四人,每人各採其集警句。」**雲煙過眼譜**。見卷二《南安客舍》。**吟花成絕筆**,《左傳注》:「仲尼絕筆於獲麟。」**聽雨罷深譚**〔註447〕。**畫裏韶顏在,樽前綺語耽**。張輯著《東澤綺語》。**憑將腸斷句,流轉到江南**。見《龔尚書軺詩》。

　　按:容若善詞曲,有以所著《側帽詞》寄朝鮮者,朝鮮人題曰:「誰料曉風殘月後,而今重見柳屯田。」

　　別悔從前易,途傷此日窮。迴腸歌哭外,搔首寂寥中。跡埽孤生竹,枝催半死桐。竝見卷五《吹臺》。**自今觀物化,不詆釋門空**。

〔註440〕《漢書》卷六十一。按:早見卷四十九《外戚世家》、卷一百二十三《大宛列傳》。
〔註441〕《曝書亭集》卷八十。
〔註442〕《禮記‧喪大記》。
〔註443〕卷五十五《公孫敖傳》、卷九十四上《匈奴傳上》。按:早見《史記》卷一百一十《匈奴列傳》、卷一百一十一《衛將軍驃騎列傳》。
〔註444〕「氏」,底本、石印本作「氐」,據《史記》改。下同。
〔註445〕卷二。按:《史記》卷一百二十三《大宛列傳》:「大月氏在大宛西可二三千里,居媯水北。其南則大夏,西則安息,北則康居。行國也,隨畜移徙,與匈奴同俗。控弦者可一二十萬。故時彊,輕匈奴,及冒頓立,攻破月氏,至匈奴老上單于,殺月氏王,以其頭為飲器。始月氏居敦煌、祁連閒,及為匈奴所敗,乃遠去,過宛,西擊大夏而臣之,遂都媯水北,為王庭。其餘小眾不能去者,保南山羌,號小月氏。」
〔註446〕襄公九年。
〔註447〕「譚」,四庫本《曝書亭集》作「潭」。

送姚先生巡撫全蜀二首

漢庭折檻舊知名，見卷一《逢姜給事》。節使疇諮副相行。曲謝午辭珠鏡殿，單車春涖錦官城。見卷九《平蜀詩》。《錦繡萬花谷》：「成都府城亦呼為錦官城，以江山明麗、錯雜如錦也。」山川想像王師入，父老扶攜益部迎。見卷七《雪霽》。井絡坤維資重鎮，見卷九《平蜀詩》。遙將籌策贊升平。

清時文軌萬方同，將作經營五柞宮。見卷十。《三輔黃圖》：「五柞宮，漢離宮也。中有五柞樹，因以為名。」雅雨黎風吟木客，《方輿勝覽》：「《梁益記》：『大小漏天，在雅州西北，沈晦多雨，故謂黎風雅雨。』」〔註448〕胡三省《通鑒注》：「黎州，漢沉黎縣。雅州，漢嚴道縣。境相接也。」《漫叟詩話》：「東坡作《虔州八境詩》，曰：『山中木客解吟詩。』《十道四蕃志》記虔州上洛山有木客鬼，與人交甚信，未嘗言能作詩也。後得《續法帖》，記木客詩云：『酒盡君莫沽，壺傾我當發。城市多囂塵，還山弄明月。』方知得句之因。徐鉉謂鄱陽山中有木客，自言秦時造宮採木者，豈鉉未嘗見《十道四蕃志》也？」〔註449〕芋〔註450〕田芸鼓輟巴童。王維詩：「漢女輸橦布，巴人訟芋田。」〔註451〕鮑照《舞鶴賦》：「燕姬色沮，巴童心恥。」亟須元老經綸及，不使迤邐杼軸空。天眷自來西顧切，《詩》：「乃眷西顧。」〔註452〕昌言早為達宸聰。

高處士兆方處士中德陳上舍治將歸過集古藤書屋同陸處士嘉淑魏上舍坤分韻賦長歌送別得要字

高字雲客，號同齋，侯官人。方字田伯，號依岩，桐城人。檢討以智長子。有《遂上居集》。陳字山農，華亭人。《東舍詩評》：「曲阜孔東塘尚任《燕臺雜興詩》：『太傅吟詩舊草堂，新開蔣逕自鋤荒。藤花不是梧桐樹，卻得年年棲鳳凰。』自箋：『宜興蔣京少寓古藤書屋，予與阮亭先生數過譚。其地為金太傅舊第。龔芝麓、朱竹垞、黃俞邰、周青士諸公先後寓此，皆名流也。』」

我攜家具海波寺，《五城坊巷衖衕集》：「宣北坊在新城廣寧門裏，宣武門迤東，響閘迤西，至都城西南角、便門西北角，七牌四十五鋪，有海波寺。」〔註453〕九月未稿青藤苗。夕陽倒景射檉柳，見卷十《二檉》。此時孤坐不自聊。故人遠

〔註448〕卷五十五。
〔註449〕（宋）阮閱《詩話總龜》卷九十、（宋）胡仔《漁隱叢話》卷五十八。
〔註450〕「芋」，四庫本《曝書亭集》作「竽」。
〔註451〕《送梓州李使君》。
〔註452〕《大雅‧皇矣》。
〔註453〕《欽定日下舊聞考》卷五十九。

別齊過我，謂言分手當來朝。或還東江陸瑁宅，《嘉禾志》：「陸瑁養魚池。唐彥猷《華亭十詠》，注：『按舊圖在縣西，今名瑁湖，即陸瑁所居。相傳有宅基存焉。而《大中祥符圖經》，瑁湖在縣西北三十五里，周回九里，吳尚書陸瑁養魚池，因以為名。』今府之西南隅有湖，廣袤三里，即瑁湖也。中有堂基，今為放生魚池。」〔註454〕或渡南浦江淹橋。《建寧府志》：「南浦橋在浦城縣治南隅。」龍眠一叟幡然回，《江南通志》：「龍眠山在安慶府桐城縣西北五里。」斧柯無恙中山樵。見卷十五《遊爛柯山》。金臺酒伴難悉數，隨意牽拂相招要。林衣滿地席帽脫，陸賈文：「木樹葉曰林衣。」畫不絕筆書能超。吳船恰到麴車響，甕頭乍坼輕塵搖。匏樽屢空雁壺覆，鄭玉詩：「供廚惟有舊匏樽。」〔註455〕杜甫詩：「感此勸一觴，願君覆雁壺。」〔註456〕豈必柴汝官哥窯。《文海披沙記》：「陶器柴窯最古，今人得其碎片，亦與金璧同價。蓋色既鮮碧，而質復瑩薄，可以粧飾玩具，而成器者不可復見矣。世傳柴世宗時燒造，所司請其色，御批云：『雨過青天雲破處，這般顏色做將來。』惜今人無見之耳。柴窯之外，又有定、汝、官、哥四種，今惟哥窯有傳者。」《宛委餘編》：「舜為陶器，迄於秦、漢。今河南土中有羽觴無色澤者，即此器也。陸龜蒙詩所謂『九秋風露越窯開，奪得千峰翠色來』，最為諸窯之冠。至吳越有國，日愈精，臣庶不得用，謂之秘色，即所謂柴窯也。或云製器者姓，或云柴世宗時始進御雲。宋以定州白磁器有芒不堪，遂命汝州造青窯器，唐、鄧、耀州悉有之，而汝為冠。處州之龍泉、建安烏泥品最下。政和間，京師自寘窯燒造，曰官窯。文色亞於汝、鈞州，稍具諸色，光彩太露，器極大。中興渡江，有邵成章提舉號邵局，於修內司造青器，名曰內窯，模範極精，油色瑩徹，為世所珍。又宋時處州張〔註457〕生兄弟皆作窯，而兄所作者視弟色稍白而斷紋多，號白坂碎，故曰哥窯。」南中風物試細論，歸值稻米蒸長腰。見卷十《醍醐飯》。披綿黃雀切玉鱠，差勝北地肥羊燒。我今已解腰下組，包何詩：「今日莫論腰下組。」〔註458〕羸馬且免晨趨朝。夜如何其判促膝，杜甫詩：「夜如何其初促膝。」〔註459〕秋窗須盡燭一條。人生合併苦不易，後會久速誰能料。明年吾亦掉頭去，石田茅屋姿

〔註454〕《至元嘉禾志》卷十四。
〔註455〕《次韻述懷》。
〔註456〕《御定佩文韻府》卷七之五、《御定駢字類編》卷二百五。按：此非杜甫詩。李白《春日陪楊江寧及諸官宴北湖感古作》：「感此勸一觴，願君覆瓢壺。」
〔註457〕「張」，王世貞《弇州四部稿》卷一百七十《說部·宛委餘編十五》作「章」。此沿江浩然《曝書亭詩錄》之說。
〔註458〕《寄楊侍御》。
〔註459〕《相逢歌贈嚴二別駕》。

逍遙。杜甫詩：「先生早賦歸去來，石田茅屋荒蒼苔。」〔註460〕**倘能訪我長水曲，相留浮白還炊彫。**《漢書·敘傳》：「皆引滿舉白。」《注》：「謂引取滿觴而飲，飲訖，舉觴告白盡不也。一說，白者，罰爵之名也。飲有不盡者，則以此爵罰之。」〔註461〕《西京雜記》：「菰之有米者，長安謂之彫胡。」宋玉《諷賦》：「主人之女為臣炊彫胡之飯。」

重九後一日雨中集長椿寺

《帝京景物略》：「萬曆中，歸空和尚自伏牛入京，能一再七不食，日飲水數升，眾遂號之曰水齋。孝定皇太后聞而創寺居焉，賜額曰明祚長椿寺。有滲金多寶佛墖，高一丈五尺。」

九日倏已過，姜宸英。**濕雲漫四郊。森森長雨垂，**彝尊。謝眺詩：「森森散雨足。」〔註462〕杜甫詩：「闌風長雨秋紛紛。」〔註463〕**颯颯虛簷捎。病葉戀冷枝，**梁佩蘭。**驚鳥盤空巢。晨興踐夙約，**陸嘉淑。**攬袂皆貧交。勝引雙樹林，**魏坤。**宛若深山坳。藤縚三秋蛇，**張雲章。曹鄴詩：「入竹藤似蛇。」〔註464〕**槐舞千歲蛟。**楊維楨詩：「知是洞庭千歲蛟。」〔註465〕**赭柿迸露實，**朱載震。**金英坼霜苞。**孫楚《菊花賦》：「飛金英以浮甘酒。」**紅的的吳萸，**陳曾蕘。《淮南子注》：「的的，明也。」〔註466〕《本草拾遺》：「茱萸，南北總有，以吳地者為好，所以有吳之名。」**碧叢叢秦芁**〔註467〕。李賀詩：「碧叢叢，高插天。」〔註468〕《本草綱目》：「秦艽出秦中，故曰秦艽。」〔註469〕**瓦溝竄鼬鼪，**湯右曾。《爾雅·釋鳥》：「鼬鼠，夷由。」《註》：「狀如小狐，似鼯。」《釋獸注》：「江東呼鼬鼠為鼪，能啖鼠，俗呼鼠狼。」杜甫詩：「蒼鼠竄古瓦。」〔註470〕**戶網除**《敬業堂集》作「牽」。**蟏蛸。**《楚辭》：「網戶朱綴。」注：「網戶，刻為連文，遞相綴屬，其形如網。後世遂有直織絲網，張之簷窗以護鳥雀者。」〔註471〕元稹詩：「蟏蛸低戶

〔註460〕《醉時歌》。
〔註461〕卷一百上。
〔註462〕按：非謝眺詩。出張協《雜詩十首》其四。
〔註463〕《秋雨歎三首》其二。
〔註464〕《從天平節度使遊平流園》。按：李白《太華觀》：「老藤纏樹似騰蛇。」
〔註465〕《小游仙》其十一。
〔註466〕《說林訓》。
〔註467〕「芁」，《曝書亭集》作「艽」。
〔註468〕《巫山高》。
〔註469〕卷十三《草之二》。
〔註470〕《玉華宮》。
〔註471〕此注出（宋）程大昌《雍錄》卷十《罘罳》。

網。」〔註472〕**蘚深贔屭伏**，查慎行。**篆古蒲牢哮**。《懷麓堂集》：「龍生九子不成龍，各有所好。囚牛平生好音樂，今胡琴上刻獸是其遺像。睚眦平生好殺，今刀柄上龍吞口是其遺像。嘲風平生好險，今殿角走獸是其遺像。蒲牢平生好鳴，今鍾上獸紐是其遺像。狻猊平生好坐，今佛座獅子是其遺像。霸下平生好負重，今碑坐獸是其遺像。狴犴平生好訟，今獄門上獅子頭是其遺像。贔屭平生好文，今碑兩旁文龍是其遺像。螭吻平生好吞，今殿脊獸頭是其遺像。」〔註473〕**粥魚畫浩浩**，俞兆曾。**牆雞午嘐嘐**。元稹詩：「雞亂響嘐嘐。」〔註474〕**光景欻明晦**，宸英。**眺覽窮橧橑**。《禮》：「冬則居營窟，夏則居橧橑。」《注》：「橧橑者，橧聚薪柴以為巢居也。」〔註475〕《說文》：「橑，澤中守望草樓也。」**新酎綠滿罃**，彝尊。《左傳》：「見於嘗酎。」〔註476〕《注》：「酒之新熟，重者為酎。」**晚菘黃充庖。豈意青豆房**，佩蘭。**俄頃羅嘉肴。鳴薑臇紫蟹**，嘉淑。**題餻餘彩貓**。《聞見後錄》：「劉夢得作九日詩，欲用餻字，以《五經》中無之，輒不復為。宋子京以為不然，故子京《食餻有詠》云：『飆館輕霜拂曙袍，糗餈花飲鬥分曹。劉郎不敢題餻字，虛負詩中一世豪。』糗餌粉餈，餻類也，出《周禮》。」陸游詩：「彩貓餻上菊花黃。」〔註477〕**子鵞新韭配**，坤。《南史·庾悅傳》：「劉毅至東堂，悅廚饌甚盛，不以及毅。毅相問曰：『今年未得子鵝，豈能以殘炙見惠？』」〔註478〕**鮮鯽枯荷包**。杜甫詩：「鮮鯽銀絲鱠〔註479〕。」李頎詩：「青荷包紫鱗。」〔註480〕**已見雉膏登**，雲章。《易》：「雉膏不食。」〔註481〕**況有兔首皰**。見卷十《三十日》。**分曹玉鉤射**，載震。李商隱詩：「隔座送鉤春酒暖，分曹射覆蠟〔註482〕燈紅。」**角力骰盤拋**。《通志》：「雜戲：《角力記》一卷。」〔註483〕白居易詩：「紅袖拂骰盤。」〔註484〕**急觴易沈**

〔註472〕《秋相望》。
〔註473〕卷七十二《記龍生九子》。
〔註474〕《江邊四十韻》。
〔註475〕《禮記·禮運》。按：《禮記》及《注》均作「橧巢」。
〔註476〕襄公二十二年。
〔註477〕《壬子九日登山小酌》。
〔註478〕《南史》卷三十五。按：早見《宋書》卷五十二《庾悅傳》。
〔註479〕「鱠」，《陪鄭廣文遊何將軍山林十首》其二作「膾」。此沿江浩然《曝書亭詩錄》之說。
〔註480〕《漁父歌》。
〔註481〕《鼎》九三。
〔註482〕「蠟」，李商隱《無題》作「燭」。此沿江浩然《曝書亭詩錄》之說。
〔註483〕卷六十九《藝文略第七·藝術類第九》。
〔註484〕《與諸客空腹飲》。

頓，曾藙。**緩帯便爬抓。一飲動一石**，右曾。見卷三《梅市》。**載號或載呶**。見卷三《八月》。**同聲倡**〔註 485〕**者和**，慎行。**含意漆在膠**。《後漢·雷義傳》:「膠漆自謂堅，不如雷與陳。」〔註 486〕**五言乍妥帖**，兆曾。陸機《文賦》:「或妥帖而易施。」**十手爭傳鈔**。陸游詩:「十手傳鈔畏不供。」〔註 487〕**雖乏韶濩音**，宸英。元結《欸乃曲》:「停橈靜聽曲中意，好似雲山韶濩音。」**肯使下里殽**。見卷三《題祁六》。**合并洵匪易**，彝尊。**顧我中心恔。歸帆艤艕舤**〔註 488〕，佩蘭。**別騎籠鞦鞘**。韓偓詩:「小鐙狹鞦鞘。」〔註 489〕**邐迤陟荒岡**，嘉淑。**邪許搴長筊**。《淮南子》:「今夫舉大木者，前呼邪許，後亦應之，舉重勸力之歌也，豈無鄭、衛激楚之音哉?」〔註 490〕《漢書·溝洫志》:「文帝歌曰:『搴長筊兮湛美玉。』」〔註 491〕《注》:「竹葦絙謂之筊。搴，拔也。」**免泣卞和璞**，坤。《韓詩外傳》:「楚人卞和得玉璞於荊山，獻之武王。使人相之，曰:『石也。』王怒，刖其左足。及文王即位，又獻之。玉人又曰:『石也。』刖其右足。至成王時，和抱其璞，哭於荊山下。王乃使玉人理之，得寶焉，名和氏璧。」〔註 492〕**且誅宋玉茅**。庾信《哀江南賦》:「誅茅宋玉之宅。」**草縛不借履**，雲章。《方言》:「絲作謂之履，麻作謂之不借。」《注》曰:「輕賤易得，不必假借於人。」《釋名》:「履，禮也。飾足以為禮。亦曰履，拘也，所以拘於足也。齊人謂草履曰屝、不借。」**泉酌呺然匏**。《莊子》:「惠子謂莊子曰:『魏王貽我大瓠之種，我樹之成而實五石。以盛水漿，其堅不能自舉也。剖之以為瓢，則瓠落無所容。非不呺然大也，吾為其無用而掊之。』」**檳榔蕉椰荔**，載震。《嶺南雜記》:「檳榔出海南，而徧於兩粵。一苞數十子，無花而實，棘針重累其

〔註 485〕「倡」，四庫本《曝書亭集》、查慎行《敬業堂詩集》卷六作「唱」。

〔註 486〕卷一百十一。

〔註 487〕《晚眺》。

〔註 488〕「舤」，底本誤作「舺」，據《曝書亭集》改。

〔註 489〕《從獵三首》其二。

〔註 490〕《道應訓》。

〔註 491〕卷二十九。

〔註 492〕按:《韓詩外傳》未見此事。此沿江浩然《曝書亭詩錄》之說。原出《韓非子·和氏第十三》:

楚人和氏得玉璞楚山中，奉而獻之厲王，厲王使玉人相之，玉人曰:「石也。」王以和為誑，而刖其左足。及厲王薨，武王即位，和又奉其璞而獻之武王，武王使玉人相之，又曰:「石也。」王又以和為誑，而刖其右足。武王薨，文王即位，和乃抱其璞而哭於楚山之下，三日三夜，泣盡而繼之以血。王聞之，使人問其故，曰:「天下之刖者多矣，子奚哭之悲也?」和曰:「吾非悲刖也，悲夫寶玉而題之以石，貞士而名之以誑，此吾所以悲也。」王乃使玉人理其璞而得寶焉，遂命曰「和氏之璧」。

下，皆黎女採摘，入市賣之，謂之山子。食時，一枚切為四片，以蔞葉石灰並嚼之。人客相見，以此先茶。」又：「蕉子最多蕉心，抽一莖，叢生一二十，英如肥皂而三稜，剖之，肉如爛瓜，名為棒槌蕉。自夏徂冬，賣此最久。有玫瑰蕉，作玫瑰花香。又有狗才蕉二種，小而甘，品貴於棒槌。其不實者有紅蕉，中抽一花如蓮蕊葉，葉遞開，紅赤奪目，久而不謝，名百日紅。」又：「椰子形如芋頭，如人首，外包棕皮，內有堅殼，解之得漿，味如荸薺之汁。附殼白肉如截肪，甘脆可啖。」《南方草木狀》：「荔枝樹高五六丈餘，如桂樹，綠葉蓬蓬，冬夏榮茂。青華朱實，實大如雞子，核黃黑似熟蓮，實白如肪，甘而多汁，似安石榴。有甜酢者，至日將中，翕然俱赤，則可食也。」**都蔗菱菰茭**。《通雅》：「甘蔗亦曰都蔗。」蘇軾詩：「篙竿繫舸菰茭隔。」〔註493〕**雞頭袓竹萌**，曾蓁。皮日休詩：「雞頭竹上開危徑。」〔註494〕元稹詩：「袓竹叢新筍，孫枝壓舊梧。」〔註495〕《爾雅》：「筍，竹萌。」**翠羽官梅梢**。見卷一《閒情》。**熟知江鄉樂**，右曾。**莫厭潮田磽**。**招隱丘中琴**，慎行。見卷三《揚歷岩》。**勵志賁上爻**。張華有《勵志詩》。《易》：「上九：白賁。」〔註496〕**豈必馬足塵**，兆曾。**逐逐營斗筲**。宸英。

送梁孝廉佩蘭還南海

合昏花開暑雨微，《本草》：「合歡至暮即合，故云合昏。」《藝苑卮言》：「夜合似梧桐，枝弱葉繁，互相交結。一曰合昏，一曰青棠，即合歡也。」**故人留君解驂騑**。謂納臘侍衛性德也。〔註497〕蔡邕《協和婚賦》：「車服照路，驂騑如舞。」**合昏花謝故人死**，見前《納臘侍衛輓詩》。**燕市酒徒看漸稀。秋林卷籜百卉腓**，《詩》：「秋日淒淒，百卉具腓。」〔註498〕**蘺根細菊圓如璣。北風蕭蕭南雁飛，蟄蟲窮鳥相因依**。《禮》：「季秋之月，蟄蟲咸俯在內，皆墐其戶。」〔註499〕「窮鳥」，見卷六《食半翅》。阮籍詩：「寒鳥相因依。」〔註500〕**此時欲別不忍別，馬行踟躕循郊圻**。《楚辭》：「僕夫悲余馬懷兮，蜷跼顧而不行。」〔註501〕**把杯勸君**

〔註493〕《西山戲題武昌王居士並引》。
〔註494〕《題支山南峰僧》。
〔註495〕《酬樂天東南行詩一百韻》。
〔註496〕《賁》。
〔註497〕此係自注。
〔註498〕《小雅‧四月》。
〔註499〕《禮記‧月令》。
〔註500〕《詠懷》其十。
〔註501〕《離騷》。

君莫揮，執手語君君莫違。男兒貧賤亦常事，故鄉得歸姑且歸。吾今捐
佩也當去，《楚辭》：「捐余玦兮江干，遺餘珮兮澧浦。」〔註502〕顏延之《祭屈原文》：
「訪懷沙之淵，得捐佩之浦。」免使同學翻攢譏。孔稚珪《北山移文》：「列壑爭
譏，攢峰竦誚。」遠遊汗漫計亦得，見卷一《游仙》。他年訪爾白板扉。王維
詩：「雞鳴白板扉。」〔註503〕舊交陳恭尹屈大均〔註504〕況無恙，相與散策探
林霏，盡脫苛禮消塵機。龍瀧下上濯我足，見卷十《送杜少宰》。石樓小大
振我衣。《一統志》：「惠州府羅浮山有大小二石樓，登之可望滄海。」乳蕉子黃荔
子緋，《南方草木狀》：「甘蕉一種子大如雞卵，有類牛乳，名牛乳蕉。」韓愈《柳州
羅池廟碑》：「荔子丹兮蕉黃。」馬甲柱脆紅螺肥。《一統志》：「廣州府產紅螺、白
蜆、龜腳、馬甲、蠔、蠤等，名品甚多。」榕陰一畝竹十圍，見卷十《送杜少宰》。
南園可以恣酬和，見卷二《篷軒》。詩卷無人論是非。

古藤書屋再餞梁孝廉

露撫《敬業堂集》作「葉」。倦未飄，雲鴻遠相引。彝尊。星埃感蓬勃，
物候變淒緊。湯右曾。憻憻八達衢，《敬業堂集》作「逵」。《爾雅》：「憻憻，勞
也。」又：「一達謂之道路，二達謂之岐旁，三達謂之劇旁，四達謂之衢，五達謂之康，
六達謂之莊，七達謂之劇驂，八達謂之崇期，九達謂之逵。」有客駕《敬業堂集》作
「發」。修軫。查慎行。僕夫在郊坰，見卷九《贈鄭簠》。稌黍被隰畛。梁佩蘭。
《詩》：「豐年多黍多稌。」〔註505〕又：「徂隰徂畛。」〔註506〕柅車浮淪瀾，《易》：
「繫于金柅。」〔註507〕《注》：「柅所以止車。」舍櫂度嶘嶙。彝尊。潘岳《西征
賦》：「裁陂陀以嶘嶙。」雷殷風息颶，《詩》：「殷其雷。」〔註508〕「颶風」，見卷
二《阻風》。海大魚見鱉。右曾。《集韻》：「鱉，海魚名。」峽猨有時歸，見卷三
《峽山飛來寺》。南雪終不霅。〔註509〕慎行。見卷二《寄遠》。《玉篇》：「霅，雷起

〔註502〕《九歌·湘君》：「捐余玦兮江中，遺餘佩兮醴浦。」
〔註503〕《田家》。
〔註504〕「陳恭尹屈大均」，底本作「陳□」，石印本作「陳屈」，四庫本《曝書亭集》
作「雖少」，據康熙本《曝書亭集》改。
〔註505〕《周頌·豐年》。
〔註506〕《周頌·載芟》。
〔註507〕《姤》初六。
〔註508〕《國風·召南》。
〔註509〕國圖藏本眉批：「不霅」即杜詩「南雪不到地」也。霅字作墜解，本《左傳》。
　　　　此引《玉篇》便費解。

出雨也。」九十《敬業堂集》作「八九」。月之交，《左傳》：「童謠云：『丙之辰，龍尾伏辰，均服振振，取虢之旂。鶉之奔奔，天策焞焞。火中成軍，虢公其奔。』其九月十月之交乎？」〔註510〕六千里而近。佩蘭。《禮》：「千里而近。」〔註511〕懷居興雖洽，判袂情詎忍。彝尊。謝靈運詩：「中流袂就判，欲去情不忍。」〔註512〕置酒青藤陰，入門走蛇蚓。右曾。颼颼涼颸動，灪灪纖月隱。慎行。山杯深窪匏，野蔌脆嚼菌。佩蘭。迎寒笳卷葉，顧宸《杜詩注》：「北方卷蘆葉而吹之，謂笳簫，似觱篥而無孔。」戒夜鼓鳴簨。彝尊。《釋名》：「懸鼓者，橫曰簨，從曰虡。」譚鋒摧《敬業堂集》作「騁」。趫雄，蘇軾詩：「賓主譚鋒敵兩都。」〔註513〕《六帖》：「苑君璋以趫雄自奮。」〔註514〕詩械破詰《敬業堂集》作「窒」。窘。右曾。蘇軾詩：「先生不譏訶，又復寄詩械。」〔註515〕東方朔《柏梁詩》：「迫窘詰屈幾窮哉！」毫毛秋兔《敬業堂集》作「穎」。脫，《武王筆銘》：「毫毛茂茂，陷水可脫，陷文不活。」黃公度詩：「贈君以宣城秋兔之穎。」〔註516〕墨光古香吮。慎行。鮮于樞詩：「吮墨含毫且暫〔註517〕娛。」陸游詩：「圖書發古香。」〔註518〕臨當黯然別，且復莞爾哂。佩蘭。炎瘴舊《敬業堂集》作「固」。所便，見卷十《送孫編修》。眠食勗惟謹。彝尊。行逢《敬業堂集》作「看」。早梅墊，到及蟄蟲蠢。右曾。前期久莫《敬業堂集》作「勿」。忘，鄉夢今始《敬業堂集》作「酒」。準。慎行。穆如清風篇，見卷九《奉酬相國》。袖《敬業堂集》作「持」。以示□〔註519〕尹。佩蘭。〔註520〕

寄周參軍在瀋

初聞歇馬臺駘廟，見卷五《臺駘廟》。近說看花狐突山。見前《送周參軍》。

〔註510〕僖公五年。
〔註511〕《王制》。
〔註512〕《登臨海嶠初發疆中作與從弟惠連可見羊何共和之詩》其一。
〔註513〕《刁景純席上和謝生二首》其二。
〔註514〕卷五十五。
〔註515〕《孫莘老寄墨四首》其四。
〔註516〕《送弟士季赴永春》。
〔註517〕「且暫」，鮮于樞《題董北苑山水》作「時自」。此沿江浩然《曝書亭詩錄》之說。
〔註518〕《小室》。
〔註519〕「□」，石印本、康熙本《曝書亭集》作「均」，四庫本《曝書亭集》作「恭」。
〔註520〕按：康熙本《曝書亭集》此處有自注：「謂屈大均、陳恭尹也。」
　　　　另，國圖藏本眉批：尹。

愛客易傾冬醞美，著書難得畫簾閒。加餐道遠彌相憶，倦旅秋深尚未還。風峪石經無恙否，見前《送周參軍》。何時徙置剔苔斑。

喜周質至先生《周君墓表》：「予滯京師，君念予不置。會太僕卿色公聞君名，具書幣，屬有司延君敦促就道。既至，留二年，率在予寓居。」〔註521〕

耆舊西吳大雅材，汪珂玉《西吳韻苑序》：「吾禾為三吳之一，曰西吳。」「大雅材」，見卷九。白頭纔一到金臺。見卷七《送葉上舍》。最愁馬上乘船似，杜甫詩：「知章騎馬似乘船。」〔註522〕不道天邊犯雪來。蘇軾詩：「海上天邊犯雪來。」〔註523〕酒盞四年方得共，燭花昨夜記曾開。郊扉晚計何時遂，杜甫詩：「郊扉成〔註524〕晚計。」十里夋山日往回。見卷八《棹歌》。

按：籜谷入都時，身魁梧，不善騎，每跌必成一詩，當時都中傳誦。《七十幾跌詩》為絕調。〔註525〕

曹先生溶輓詩六十四韻《嘉興縣志》：「由大行遷御史。國朝衡文冀北，開一代文運。嗣以閹寺，進登內臺。方力持風紀，改少司農。即外轉，領藩東粵。又轉大同陽和副臬。適裁員，令下，脫然言歸，遂絕意進補。後被薦，南征經營閩海者二年。會修《明史》，舉博學鴻儒，以病辭。再舉，堅辭不行。即家輯著《天崇兩朝紀略》，郵送史館。晚而學道，以微疾卒。所著詩古文詞甚富，磊砢自名其家。」

狗祿經時別，加餐萬里教。報書人未返，凶問客來譙。〔註526〕《晉書·陸雲傳》：「凶問卒至，痛心摧剝。」〔註527〕竟輟椅桐瑟，見前《納臘侍衛輓詩》。《詩》：「椅桐梓漆，爰伐琴瑟。」〔註528〕虛藏稷黍苞。《管子》：「其稼亡三之一者，命曰小凶。小凶三年而大凶，大凶則眾有大遺苞矣。」〔註529〕《注》：「時既大凶，無復蓄積，但苞裹升斗以相遺也。」腸回真似結，語咽不禁侑。

〔註521〕《曝書亭集》卷七十二《布衣周君墓表》。

〔註522〕《飲中八仙歌》。

〔註523〕「天邊」，蘇軾《元祐癸酉八月二十七日於建隆章淨館書贈王覿》作「東風」。

〔註524〕「成」，《春日江村五首》其四作「存」。

〔註525〕按：楊謙《梅里志》卷十八《詩話》：「太僕鄉色公聞籜谷先生名，具書幣，屬有司延請，敦促就道。入都時，身魁梧，不善騎，每跌必成一詩，當時都中傳誦。《七十幾跌詩》為絕調。〔《藝苑叢譚》。〕」（《續修四庫全書》第716冊，第892頁）

〔註526〕國圖藏本眉批：《集韻》：「譙，代人說也。」

〔註527〕按：出陸雲《陸士龍集》卷九《弔陳永長書》。

〔註528〕《鄘風·定之方中》。

〔註529〕《八觀第十三》。

李白詩：「欲語再三咽。」〔註530〕《說文》：「唈，痛聲。」首段冒起。**投分懷衿契**，《世說》：「顧孟著常〔註531〕以酒勸周伯仁，伯仁不受。顧因移勸柱而語柱曰：『詎可便作梗〔註532〕梁自遇？』周得之欣然，遂為衿契。」**忘年比漆膠。縱橫才不世**，李商隱詩：「可憐才調最縱橫。」〔註533〕杜甫詩：「直詞才不世。」〔註534〕**經緯學能包**。《左傳》：「經緯天地曰文。」〔註535〕**壯日膺乾顧，亨衢協泰交。**《易》：「何天之衢，亨。」〔註536〕杜甫詩：「亨衢照紫泥。」〔註537〕《易》：「天地交泰。」〔註538〕**皇華在原隰**，《詩》：「皇皇者華，于彼原隰。」〔註539〕**驄馬避鞭鞘**。見卷六《壽何侍御》。韓偓詩：「鞭鞘風冷柳煙輕。」〔註540〕**卿月青霄上**，《書》：「卿士惟月。」〔註541〕**臺星紫極梢**。《周禮疏》：「《武陵太守星傳》云：『三臺一名天柱，上臺司命為太尉，中臺司中為司徒，下臺〔註542〕司祿為司空。』」《天皇會通》：「三臺，國之高位，皆大臣之象也。解者不一。要之，主臣位，上公侯，中卿伯，下子大夫歟？」《晉書·天文志》：「北極五星在紫宮中。」〔註543〕陸機詩：「奕世臺衡，扶帝紫極。」〔註544〕已上敘其由。御史歷仕至司農。〔註545〕**主恩中外重，物議愛憎殽。嶺外資分轄**，高適詩：「嶺外資雄鎮。」〔註546〕**雲中藉建鐃**。見卷四《送曹侍郎》。《說文》：「鐃，小鉦也。軍法：卒長執鐃。」**軍興還轉餉**，見卷六《壽何侍郎》。《漢書·高帝紀》：「老弱罷轉餉。」〔註547〕**戰勝屢登轈**。《左傳》：「楚子登巢車以望晉師。」〔註548〕《釋文》：「巢，《說文》

〔註530〕《古風》其二十。
〔註531〕「常」，《世說新語·方正》作「嘗」。此沿江浩然《曝書亭詩錄》之說。
〔註532〕「梗」，《世說新語·方正》作「棟」。此沿江浩然《曝書亭詩錄》之說。
〔註533〕《讀任彥升碑》。
〔註534〕《奉和嚴中丞西城晚眺十韻》。
〔註535〕昭公二十八年。
〔註536〕《大畜》上九。
〔註537〕《奉贈太常張卿二十韻》。
〔註538〕《泰·大象》。
〔註539〕《小雅·皇皇者華》。
〔註540〕《重遊曲江》。
〔註541〕《洪範》。
〔註542〕「臺」，石印本誤作「合」。
〔註543〕卷十一《天文志上》。
〔註544〕《贈弟士龍》其一。
〔註545〕國圖藏本眉批：是編止注釋古今諸書，忽於此詩注明段落，宜並去之。
〔註546〕《送柴司戶充劉卿判官之嶺外》。
〔註547〕卷一上《高帝紀上》。
〔註548〕成公十六年。

作轕。」王彝詩:「有力超乘捷登轕。」**未覩勳書策**,《後漢・光武紀》:「班勞策
勳。」〔註549〕《注》:「其有功者,以策書紀其勳也。」**翻令祝代庖**。《莊子》:
「庖人雖不治庖,尸祝不越樽俎而代之矣。」〔註550〕**清時臥安石**,見卷二《偕
謝晉》。**奇計老居鄛**。《史記・項羽紀》:「居鄛人范增,年七十,素居家,好奇計。」
〔註551〕已上敘其出為廣東右布政,左遷大同兵備道,罷歸。**種樹鄰初地**,按:倦
圃在金銘寺西。**為園傍樂郊**。《府圖記》:「澎湖南有宋樂郊亭。」**金陀坊最曲**,
見卷四《夜過曹侍郎》。**錦帶水難淯**。見卷八《櫂歌》。**曲解偷聲譜**,吳叔〔註552〕
原詞:「月夜與花朝,減字偷聲按玉簫。」〔註553〕**扉從問字敲**。《漢書・揚雄傳・
贊》:「劉芬〔註554〕嘗從雄學作奇字。」韓愈詩:「端來問奇字。」〔註555〕**說詩窮
五際**,《漢書・翼奉傳》:「《易》有陰陽,《詩》有五際,《春秋》有災異,皆列終始,
推得失,考天心,以言王道之安危。」〔註556〕《韓詩內〔註557〕傳》:「五際,卯、
酉、午、戌、亥也。陰陽終始際會之歲,於此則有變改之政。」〔註558〕《詩緯汎歷
樞》:「午亥之際為革命,卯酉之際為改正。辰在天門,出入候聽。卯,《天保》也。酉,
《祈父》也。午,《采芑》也。亥,《大明》也。然則亥為革命,一際也;亥又為天門
出入候聽〔註559〕,二際也;卯為陰陽交際,三際也;午為陽謝陰興,四際也;酉為
陰盛陽微,五際也。」〔註560〕**布易得三爻**。《虞翻別傳》:「翻初立《易注》,奏上
曰:『臣郡吏陳桃夢臣與道士相遇,放髮披鹿裘,布《易》六爻,燒其三以飲臣,臣乞
盡吞之。道士言易道在天,三爻足矣。豈臣受命,應當知經?』」〔註561〕**東馬文無
敵**,見前《題汪贊善》。**南狐史共鈔**。《左傳》:「南史氏聞太史盡死,執簡以往。」
〔註562〕又:「孔子曰:『董狐,古之良史也,書法不隱。』」〔註563〕按:曹公著《五

〔註549〕卷一下《光武帝紀第一下》,作「策勳」。
〔註550〕《逍遙遊》。
〔註551〕卷七。
〔註552〕「叔」,石印本作「敘」。
〔註553〕按:非吳叔原詞,出晏叔原(幾道)《南鄉子》(綠水帶春潮)。
〔註554〕「芬」,卷八十七下《揚雄傳下》作「棻」。此沿江浩然《曝書亭詩錄》之說。
〔註555〕《題張十八所居》。
〔註556〕卷七十五。
〔註557〕「內」,石印本作「外」。
〔註558〕顏師古《注》引「孟康曰:『《詩內傳》曰』」云云。
〔註559〕「候聽」,石印本無。
〔註560〕王應麟《詩考・韓詩》。
〔註561〕《三國志》卷五十七《虞翻傳》裴松之《注》。
〔註562〕襄公二十五年。
〔註563〕宣公二年。

十輔臣傳》。**近遊師束皙**，束皙有《近遊賦》。《晉書·束皙傳》：「束皙，字廣微，陽平元城人。性沈退，不慕榮利，作《玄居釋》以擬《客難》，張華見而奇之。」〔註564〕**高論折尸佼**。《漢·藝文志》：「《尸子》二十篇。」注：「名佼，魯人。秦相〔註565〕商鞅師之。」〔註566〕已上敍其歸田著述之事。**昔歲投荒徼**，《史記·司馬相如傳》：「南至牂柯為徼。」《注》：「徼，塞也。」〔註567〕杜甫詩：「荒徼尚彎弓。」〔註568〕**芳筵恣叫呶**。**晴窗蟲蠟翦**，《正字通》：「水蠟樹葉微似榆及〔註569〕甜櫧樹，皆可放蟲產蠟。人以和油澆燭，較勝柏油也。」李商隱詩：「何當共剪西窗燭。」〔註570〕**晚飯鷓鴣炰**。《嶺南雜記》：「鷓鴣形似雌雞而小，雌雄相對啼，飛不甚高，嶺南之佳味也。」飲罷題連軸，譚深坐轉胞。嵇康《與山巨源絕交書》：「每常小便忍而不起，令胞中略轉乃起耳。」皮日休詩：「欲銷毀後骨，空轉坐來胞。」〔註571〕**硯憐鸜鵒潤**，見卷六《風懷》。**筆肯蚰蜒拋**。**小市船撐蜃**，並見前《送少詹》。**輕衣杼織鮫**。《述異記》：「鮫人即泉仙也，又名泉客。南海出鮫綃紗，泉仙潛織，一名龍紗，其價百餘金。以為服，入水不濡。」杜甫詩：「鮫人織杼悲。」〔註572〕**荔支團火繖**，見前《重九》。楊萬里《荔支歌》：「三危露珠凍寒泚，火繖燒林下〔註573〕成水。」**蘭茁掛風髾**。韓愈《殿中少監馬君墓誌》：「蘭茁其芽。」《農圃六書》：「風蘭幹短勁，花黃白，不用沙土，取竹籃貯之，懸於有露處。或盛以敝髾，用頭髮襯之。」**蝶翅仙裳曳**，見卷四《贈沈華》。**柑香佛手抓**。**潮來雞喔喔**，見卷四《山陰雨霽》。劉禹錫詩：「州中喔喔晨雞鳴。」〔註574〕**日出鳥咬咬**。禰衡《鸚鵡賦》：「咬咬好音。」**震瓦長鳴颮**，見卷二《阻風》。**奔雷易激颫**。班固《答賓戲》：「七雄虩闞，分裂諸夏。游說之徒，風颫雷激，並起而救之。」《玉篇》：「颫，暴風也。」**離愁珠海闊**，見卷九《佛手柑》。**歸計石田磽**。見前《高處士》。已上自敍訪曹公於粵東時事。**魚最憐鸎脰**，見卷二《鸎脰湖》。**泉常激虎跑**。《名勝志》：「大慈山去清波門西南十里。唐元和間建定慧寺於此。寺有虎跑泉。金華宋濂敍云：『唐元和十四

〔註564〕卷五十一。
〔註565〕「相」，石印本無。
〔註566〕卷三十。
〔註567〕卷一百一十七。《注》係《索隱》。
〔註568〕《贈蘇四徯》。
〔註569〕「及」，底本、石印本作「皮」，不通。據江浩然《曝書亭詩錄》改。
〔註570〕《夜雨寄北》。
〔註571〕《新秋言懷寄魯望三十韻》。
〔註572〕《雨四首》其四。
〔註573〕「下」，楊萬里詩作「不」。此沿江浩然《曝書亭詩錄》之說。
〔註574〕按：劉禹錫《平蔡州三首》其二：「汝南晨雞喔喔鳴。」

—559—

年，性空大師棲禪其中。尋以無水，將他之，忽神人跪告：自師駐錫，我等徼惠，奈何棄去！南嶽有童子泉，當遣二里〔註575〕移來。』翌日，乃見二虎跑山出泉，甘冽異常。』」**避兵居共井**，見卷三《還家即事》。**獲稻澤分楪**。見前《集長椿寺》。**舫為蓴絲泊**，《齊民要術》：「四月蓴生莖而未葉，名雉尾蓴，芽甚肥美。五月六月葉舒長足，名曰蓴絲。」〔註576〕**廚看芡實鉋**。《爾雅翼》：「芡若雞雁之頭。實內有米，圓白如珠。」《玉篇》：「鉋，平木器。」元積詩：「修椽楚〔註577〕匠刨。」**閒尋百法寺**，《西湖遊覽志》：「百法寺，宋建炎初，僧寶寧建。有大佛半身，依山鑿石為之。」〔註578〕《一統志》：「百法寺在杭州府吳山下。」**悶解五湖筊**。**楓岸拈紅葉，茶槍試綠筍**。《茶錄》：「茶芽如鷹爪、雀舌為上，一旗一槍次之。」〔註579〕陸龜蒙詩：「公衫白苧卷，田飯綠筍擎。」〔註580〕**探梅熨斗柄**，見卷六《香奩體》。**射鴨竹弓弰**。孟郊詩：「不如竹枝弓，射鴨無是非。」〔註581〕庾信詩：「明月動弓弰。」〔註582〕**纜係蘇堤遠**，《宋史·蘇軾傳》：「知杭州，取葑田積湖中，南北徑三十里，為長堤以通行者。植芙蓉、楊柳其上，望之如畫圖，杭人名為蘇公堤。」〔註583〕**墟逢卓女姣**。見卷一《風懷》、卷六《香奩體》。**過頭齊杖栗，婪尾數浮颩**。白居易詩：「歲盞後推婪〔註584〕尾酒。」《仇池筆記》：「蘇鶚云：『以酒巡匝

〔註575〕按：「里」當作「虎」。

〔註576〕卷八《羹臛法第七十六》：「四月蓴生莖而未葉，名作雉尾蓴，第一肥美。葉舒長足，名曰絲蓴。五月六月用絲。」

〔註577〕「楚」，元積《江邊四十韻》作「郢」。

〔註578〕卷十二。

〔註579〕《御定駢字類編》卷一百五十八、《御定佩文韻府》卷二十二之九。

〔註580〕《江南秋懷寄華陽山人》。

〔註581〕《送淡公》其四。

〔註582〕《擬詠懷詩二十七首》其十五。

〔註583〕卷三百三十八。

〔註584〕「婪」，《歲日家宴戲示弟任等兼呈張侍御二十八丈殷判官二十三兄》作「藍」。此沿江浩然《曝書亭詩錄》之說。

按：洪邁《容齋四筆》卷九《藍尾酒》：

白樂天《元日對酒》詩云：「三杯藍尾酒，一楪膠牙餳。」又云：「老過占他藍尾酒，病餘收得到頭身」、「歲盞後推藍尾酒，春盤先勸膠牙餳。」《荊楚歲時記》云：「膠牙者，取其堅固如膠也。」而藍尾之義，殊不可曉。《河東記》載申屠澄與路傍茅舍中老父、嫗及處女環火而坐，嫗自外挈酒壺至曰：「以君冒寒，且進一杯。」澄因挹，遜曰：「始自主人翁，即巡澄，當婪尾。」蓋以「藍」為「婪」。「當婪尾」者，謂最在後飲也。葉少蘊《石林燕語》云：「唐人言藍尾多不同，藍字多作婪，出於侯白《酒律》，謂酒巡匝，末坐者連飲三杯，為藍尾，蓋末坐遠，酒行到常遲，故連飲以慰之，以婪為貪婪之意。或

為棼尾。」侯白《酒律》謂酒巡匝，末坐者連飲三杯，為藍尾酒。」陸龜蒙詩：「終浮一大觶。」〔註585〕《廣韻》：「觶，瓠，可為飲器。」已上敘流連湖上為文酒之會。**山後津仍逮**，《水經注》：「懸巖之中多石室焉，室中都有積卷矣，而世人罕有津逮者。」〔註586〕**樽前意更怡。**《玉篇》：「怡，快也。」**池清移塞柳，花翠繞秦芄。擁被陶為穴**，見卷五《七馬坊》。**炊粱釜拆鬵。**《史記‧楚元王世家》：「高祖微時，與賓客過巨嫂食。嫂佯為羹盡，拆釜。」〔註587〕《說文》：「陳留謂飯帚曰鬵。」**白榆貪食耳**，見卷十《銀盤姑》。**黃鼠厭充肴。**《霏雪錄》：「北方黃鼠味極肥美，元朝恒為玉食之獻，置官守其處，人不得擅取也。」〔註588〕**糖躁三沽蟹**，見卷六《風懷》。卷五《雲中客舍》。**饈黏九日貓。渾河流苦急**，見卷五《上谷道中》。**磧石面多頣。**司馬相如《上林賦》：「下磧歷之坻。」《注》：「磧歷，淺水中沙石也。」皮日休詩：「石面得能頣。」〔註589〕**獵騎掀茸帽**，姜夔詞：「拂雪金鞭，欺寒茸帽，還記章臺走馬。」〔註590〕**筝人疊舞綃。**李賀詩：「筝人勸我金屈卮。」〔註591〕《集韻》：「綃，衣袿也。」**停軒聽賽鼓**，見前《嘉禾篇》。**並彎指飛髇。**李白《遊獵篇》：「弓彎滿月不虛發，雙鶬迸落連飛髇。」〔註592〕《玉篇》：「髇，箭也。」**畫壁重重拭，苔碑處處籈。**劉長卿詩：「苔碑幾字滅。」〔註593〕《說文》：「撍，拘繫也。」按：曹公時以公事留太原，偕先生櫪馬，俾訪金石刻文字。由風谷登天龍山，轉入蒙山，拓北齊碑二、五代十國碑各一，還以贈曹公。**迎寒吹觱篥**，《篇海》：「觱篥以竹為管，以蘆為首，狀類胡笳而九竅，所法者角音而已。其聲悲栗。一名悲篥，一名笳管。」〔註594〕**欲雪卷旆旄。**《漢書‧揚雄傳》：「建光耀之長旄。」

謂焮為燺，如鐵入火，貴其出色，此尤無稽。則唐人自不能曉此義。」葉之說如此。予謂不然，白公「三杯」之句，只為酒之巡數耳，安有連飲者哉？侯白滑稽之語，見於《啟顏錄》。《唐‧藝文志》：白有《啟顏錄》十卷、《雜語》五卷。不聞有《酒律》之書也。蘇鶚《演義》亦引其說。

〔註585〕《奉和襲美新秋言懷三十韻次韻》。

〔註586〕《御定佩文韻府》卷七十之四。按：原見《水經注》卷二。

〔註587〕卷五十。《史記》作「樂釜」。《索隱》：「樂音歷。謂以杓歷釜旁，使為聲。《漢書》作『礐』，音勞。」

〔註588〕《欽定古今圖書集成‧方輿彙編‧職方典卷二十一》、《博物彙編‧禽蟲典卷八十二》。

〔註589〕《新秋言懷寄魯望三十韻》。

〔註590〕《探春慢》（衰草愁煙）。

〔註591〕《浩歌》。

〔註592〕李白原題為《行行遊且獵篇》。

〔註593〕「苔碑」，劉長卿《長沙桓王墓下別李紓張南史》作「碑苔」。

〔註594〕按：（宋）陳暘《樂書卷》一百三十《八音》：「觱篥，一名悲篥，一名笳管，

《注》：「旞，旗之旒也。」〔註595〕**我去重遊薊**，見卷三《大閱圖》。**公歸亦渡洨。**《漢書·地里志》：沛郡有洨縣。《注》：「洨水所出，南入淮。」**往來頻聚散，契闊少讌譺。**《詩》：「死生契闊。」〔註596〕孫逖詩：「多暇屏歡譺。」〔註597〕已上自敘訪曹公於雲中時事。**小草無端出，**《世說》：「謝公始有東山之志，後嚴命屢臻，勢不獲已，始就桓公司馬。於時人有餉桓公藥草，中有遠志。公取以問謝：『此藥又名小草，何一物而有兩稱？』謝未即答。時郝隆在坐，應聲答曰：『此甚易解。處則為遠志，出則為小草。』謝甚有愧色。」〔註598〕**冥鴻忽見罤。**《揚子法言》：「鴻飛冥冥，弋人何篡焉。」〔註599〕《爾雅》：「罤謂之汕。」《注》：「今之撩罟。」**盡嫌中散癖，**《晉書·嵇康傳》：「康拜中散大夫。」〔註600〕**難免北山嘲。**孔稚圭《北山移文》：「南嶽獻嘲，北隴騰笑。」朱鶴齡《杜詩注》：「《文選》五臣注：『周顒先隱都北鍾山，後出為海鹽令，欲過北山，孔稚圭乃假山靈意作文移之。』按《齊書》：元徽中，顒出為剡令；建元中，為山陰令。未嘗令海鹽也。《選》注誤。」**反教猱升木，**《詩》：「毋教猱升木。」〔註601〕**那容鵲定巢。**《詩》：「維鵲有巢，維鳩居之。」〔註602〕**身猶依鳳闕，**班固《西都賦》：「設璧門之鳳闕。」**官久罷螭坳。**見卷十《夏日》。**闃寂門羅雀，**見前《贈別孟楷》。**淹留跡繫匏。**已上自敘通籍以及罷職閒居。**正思耕作耦**〔註603〕，**何意影同泡。**《金剛經》：「一切有為法，如夢幻泡影。」《注》：「如泡者，水聚成泡，泡散復為水。如影者，形生影見，形消即影滅。」**磨滅頻年劄，淒涼一束茭。**見卷一《放言》。**賦成棲舍鵩，**《漢書·賈誼傳》：「賈為長沙傅，有鵩飛入誼舍。鵩似鴞，不祥鳥也。誼自傷悼，以為壽不得長，乃作賦以自廣。」〔註604〕**夢斷入懷蛟。**《西京雜記》：「董仲舒夢蛟龍入懷，乃作《春秋繁露辭》。」

　　羌胡龜茲之樂也。以竹為管，以蘆為首，狀類胡笳而九竅，所法者角音而已。其聲悲栗。」
〔註595〕卷八十七上。
〔註596〕《邶風·擊鼓》。
〔註597〕《和左衛武倉曹衛中對雨創韻贈右衛李騎曹》。
〔註598〕《排調第二十五》。
〔註599〕《問明篇》。
〔註600〕卷四十九。
〔註601〕《小雅·角弓》。
〔註602〕《召南·鵲巢》。
〔註603〕「耦」，四庫本《曝書亭集》作「偶」。
〔註604〕《漢書》卷四十八。按：《史記》卷八十四《賈生列傳》：「賈生為長沙王太傅三年，有鴞飛入賈生舍，止於坐隅。楚人命鴞曰服。賈生既以適居長沙，長沙卑溼，自以為壽不得長，傷悼之，乃為賦以自廣。」

遺草知盈篋，《漢書·司馬相如傳》：「天子曰：『司馬相如病甚，可往從悉取其書。』使所忠往，而相如已死，家無遺書。問其妻，對曰：『長卿未死時，為一卷書，曰使來求書，奏之。』其遺劄書言封禪事，所忠奏焉，天子異之。」〔註605〕按：曹公有《靜惕堂集》四十卷，梅里李制府維鈞捐貲付梓。**懸車定覆盌**。《漢書·薛廣德傳》：「懸其安車，以傳子孫。」〔註606〕《說文》：「盌，覆車也。」**空牀吟蟋蟀**，《詩》：「十月蟋蟀入我床下。」**暗牖網蠛蛸**。薛道衡詩：「暗牖懸蛛網。」〔註607〕**簽帙無由借**，《六帖》：「兩都聚書四部，以甲乙丙丁為次，列經史子集四庫。其本有正有副，軸帶籤帙皆異色以別之。」〔註608〕《池北偶談》：「曹侍郎秋岳好收宋元人文集，嘗見其《靜惕堂書目》所載宋〔註609〕，自柳開以下，凡一百八十家；元〔註610〕自耶律楚材以下，凡一百十有五家；可謂富矣。」〔註611〕**人琴自此捐**。見卷一《哭王翃》。**茫茫千古恨，惙惙寸心恢**。《詩》：「憂心惙惙。」〔註612〕**愧後兼金賻**，《公羊傳》：「車馬曰賵，貨財曰賻。」〔註613〕《穀梁傳》：「歸死者曰賵，歸生者曰賻。」〔註614〕**惟將漬酒酸**。謝承《後漢書》：「徐稺前後為諸公所辟，雖不就，及其死，萬里赴弔。常預炙雞一隻，以綿漬酒中，暴乾以裹雞，徑到所赴冢隧外，以水漬綿，斗米飯，白茅為藉，以雞置前，酹酒畢，留謁即去，不見喪主。」《廣韻》：「酸，沽也。」**平生知己淚，亟欲反衡茅**。末段總敘哀輓之意。

送曾燦之南海字青藜，號止山，寧都人。侍郎二廉子。有《止山》、《過日》等集。

白髮遊燕舊酒人，椶鞵重踏六街塵。來辜鄧尉尋山約，見卷六《香奩體》。到及長安臥雪旬。見卷一《送袁駿》。雁底雲帆鄉樹繞，馬頭星驛嶺梅春。見卷二《南安客舍》。南園詞客多無恙，見卷二《蓬軒》。暇日爭扶大雅輪。見前《送王贊善》。

〔註605〕《漢書》卷五十七下。按：早見《史記》卷一百一十七《司馬相如列傳》。
〔註606〕卷七十一。
〔註607〕《昔昔鹽》。
〔註608〕卷八十八。
〔註609〕《池北偶談》「宋」下有「集」。
〔註610〕《池北偶談》「元」下有「集」。
〔註611〕卷十六《宋元人集目》。
〔註612〕《召南·草蟲》。
〔註613〕隱公元年。
〔註614〕隱公元年。

徐公元文小像二首《集外詩》三首。其二云：「鏡裏千頭菡萏紅，上蕃移竹傍青桐。縱饒裒屐風流竝，未許東山老謝公。」

緇塵十丈罨東華，張淮詩：「九陌風光十丈塵。」〔註615〕**快馬明駝轂觫軼車。誰似先生銷夏處，水亭風幔俯雲沙。**

一編青竹萬蟫魚，杜甫詩：「青竹幾人登。」〔註616〕《爾雅》：「蟫，白魚。」《注》：「衣魚也。亦謂之蠹魚，以能蠹衣裳書帙。一名蛃魚，一名蟫魚。」**東馬南狐總不如。**見前《曹先生輓詩》。**官燭兩條人半臂，**《東軒筆錄》：「宋子京晚年知成都府，帶《唐書》於本任刊修，每晏罷，盥漱畢，開寢門，垂簾，燃二椽燭，媵婢夾侍，和墨伸紙，遠近觀者皆知尚書修《唐書》矣。多內寵。嘗宴於錦江，微寒，命取半臂，諸婢各送一枚。子京恐有厚薄之嫌，竟不服，忍冷而歸。」〔註617〕**笑他紅杏宋尚書。**《邐菴閒覽》：「張子野郎中以樂章擅名一時，宋子京尚書奇其才，先〔註618〕往見之。一將命者謂曰：『尚書欲見雲破月來花弄影郎中。』子野屏後呼曰：『得非紅杏枝頭春意鬧尚書耶？』」

曝書亭集詩注卷十一　　　　　　　　　　　　　　　　男　蟠　按

〔註615〕（明）張淮《牡丹百詠》其二十。
〔註616〕《寄劉峽州伯華使君四十韻》。
〔註617〕卷十五。
〔註618〕石印本此處有「自」。

曝書亭集詩注卷十二

嘉興　楊謙　纂

嘉興　吳旼　參

柔兆攝提格丙寅

驄馬行送任御史玥視鹺長蘆先生《任君墓誌》：「字少玉，號〔註1〕希菴。其先家大梁。宋世有知高密縣事者，留居焉。中順治十四年鄉試。明年會試中式，聞父疾，亟歸。父沒，治喪葬盡禮。十八年服除，補殿試。知汾州石樓縣事，多惠政，擢浙江道監察御史，巡視西城、京倉、長蘆鹽法，回〔註2〕掌京畿道事。其巡視長蘆，都人士賦《驄馬行》送之，君獨賞予作。」《唐書·地理志》：「長蘆，漢參戶縣，屬渤海郡。後周改為長蘆。」

春明門東驄馬嘶，見卷十《送宋僉事》。卷六《壽何侍御》。**奚官新鑿碧玉蹄**。蘇軾詩：「老髯奚官騎且顧，前身作馬通馬語。」〔註3〕《周禮·校人》：「班馬攻特。」《注》：「牡馬蹄齧，不可乘用，故曰夏乘馬而攻鑿其蹄也。」杜甫詩：「驄馬新鑿蹄。」〔註4〕**紫茸鞦韉錦障泥**，見卷十一《重九送張遠》。**使者衣繡行長隄**。《漢書》：「武帝遣直指使者暴勝衣繡衣，持斧，分部逐捕群盜。」〔註5〕**寒花露草煙萋萋，千樹萬樹楊柳低。津門此去三百里**，見卷四《雲中客舍》。**來朝定指西沽西**，見《雲中客舍》。**長蘆鹽筴通青齊**。《通鑒》：「管仲為齊桓公治鹽筴，

〔註1〕「號」，《曝書亭集》卷七十五《掌京畿道監察御史任君墓誌銘》作「別字」。
〔註2〕「回」，石印本無。
〔註3〕《韓幹馬十四匹》。
〔註4〕《送長孫九侍御赴武威判官》。
〔註5〕卷六《武帝紀》。

遂致富國。」**君今乘驄按左海**，見卷十《題李檢討》。**章綬不殊還會稽**，《漢書·
朱買臣傳》：「上拜買臣會稽太守。上謂買臣曰：『富貴不歸故鄉，如衣繡夜行，今子何
如？』買臣衣故衣，懷其印綬，步歸郡邸。直上計時，會稽吏方相與群飲，不視買臣。
買臣入室中，守邸與共食，食且飽，少見其綬，守邸怪之，前引其綬，視其印，會稽
太守章也。守邸驚出。」〔註6〕**我歌驄馬行，君騎驄馬去。明年策馬來春明，
應記今朝送行處。**

送顧進士永年南歸字九恒，錢塘人。康熙乙丑進士。

　　曲江遊讌罷，《唐書》：「唐進士開宴會於曲江亭，既撤饌，則移樂泛舟。」
〔註7〕又：「貞元中，羅玠及第，開宴曲江池。後遂為故事。」〔註8〕**轉眼一年春。
此日書驢券**，《顏氏家訓》：「鄴下諺云：『博士買驢，書券三紙，未有驢字。』」
〔註9〕**仍同下第人。**

贈魏世儌《騰笑集·魏世儌自贛入燕歸遊三楚詩以贈之》其二云：「花前未倒白醽缸，
欲逐新鴻汎楚江。九面衡湘帆轉處，醉吟小舫拓拓紅窗。」

　　每憶金精天外峰，《一統志》：「金精山在贛州府寧都縣西北十五里。道家以為
三十五福地。」**易堂書卷閱春冬**。魏禧《翠微峰記》：「翠微峰距寧都城西十里，金
精十二峰之一也。於山之中幹，闢平地作屋。其後諸子講《易》，蓋所謂易堂者也。」
竹林舊侶嗟零落，《晉書·嵇康傳》：「所與神交者，惟陳留阮籍、河內山濤。豫其
流者，河內向秀、沛國劉伶、籍兄子咸、琅邪王戎。遂為竹林之遊，世所謂『竹林七
賢』也。」〔註10〕先生《看竹圖記》：「叔子過予，言金精之峰十有二，其一曰翠微，
易堂在其上。梧桐桃李橘柚皆植，獨竹不生。種之自叔子始，近乃連岡，下上無非竹
者。」〔註11〕**喜見青雲阮仲容**。顏延之《五君詠》：「仲容青雲器。」〔註12〕《居

〔註6〕《卷六十四上》。
〔註7〕按：《兩唐書》未見此語。（五代）王定保《唐摭言》卷三：「曲江亭子，安史
　　　未亂前，諸司皆列於岸滸。幸蜀之後，皆燼於兵火矣。所存者，唯尚書省亭子
　　　而已。進士開宴，常寄其間。既撤饌，則移樂泛舟。率為常例。」
〔註8〕《陳檢討四六》卷二十《祭徐母顧太夫人文》注。
〔註9〕《勉學篇第八》。
〔註10〕部類書類
　　　《御定佩文韻府》卷十八之一、卷二十六之二。房玄齡《晉書》卷四十九《嵇
　　　康傳》無此語。
〔註11〕《曝書亭集》卷六十六。
〔註12〕其四《阮始平》。

易錄》：「寧都魏冰叔禧、和公禮皆以文章名。禮之子世侰字昭士，文章有諸父風。」
〔註13〕

送周二之海陽海陽縣，潮州府附郭。

簷花對酒五蟾蜍，此去郵籤萬里余。湖水東西仙令宅，帆檣來往海
人墟。炎洲雨過香蕉子，夜枕潮回徙鱷魚。見卷十二《送少詹》。後會竹林
期莫定，相思天末意何如。杜甫詩：「涼風起天末，君子意如何。」〔註14〕

送劉郎中守思南《西峰字說》：「偽夏玉珍置思南道元帥府，始有思南之名。永樂
十一年，以思州、思南二宣尉構〔註15〕亂，詔俱廢之，因置今府。」《集外詩》，其二
云：「中壘文章賓客詩，行春題遍竹王祠。郡樓四面看山色，也勝西華挂笏時。」

劉郎別我玉河灣，見卷六《瓊華島》。笑綰銅符領百蠻。見卷六《孫少宰
蟄室》。千騎上頭殊不惡，峒花狨鳥滿溪山。

紫藤花下作先生《騰笑集序》：「復僦宅宣武門外，遣其妻歸，獨處一室。庭有藤二
本、檉柳一株，旁帖湖石三五，可以坐客賦詩〔註16〕。」

首夏花信終，《東皋雜錄》：「江南自初春至初夏有二十四番風，始於梅花，終
於楝花，謂之花信風。」〔註17〕月閏又開朔。彝尊。濕雲來遠岑，密雨溜斜
桷。周篔。雖違登覽興，且喜氛垢濯。彝尊。軸簾納餘清，段成式《崑崙奴
傳》：「軸簾召〔註18〕生入室。」叩戶尟重較。篔。《廣韻》：「尟，俗尠字。《說文》：
『尠，少也。從是少。』注：是亦正也。正者少則尠也。今人借用鮮字。經傳並從鮮。」
《詩》：「寬兮綽兮，猗重較兮。」〔註19〕甌香碾新團，《方言》：「自關而西，盆之
小者謂之甌。」《茶經》：「碾以橘木為之，次以梨桑桐柘為之。內圓而外方。內圓，備
於運行也。外方，制其傾危也。」《建州郡志》：「咸平中，丁晉公為福建漕，監造御茶，

〔註13〕卷二。
〔註14〕《天末憶李白》。另，（明）胡應麟《送王文學還武昌時以陳從訓書至》：「相逢
　　　　不成醉，天末意何如。」
〔註15〕「構」，石印本作「拘」。
〔註16〕石印本下有「焉」。
〔註17〕按：（宋）陳元靚《歲時廣記》卷一《花信風》：「《東皋雜錄》：『江南自初春至
　　　　初夏五日一番風候，謂之花信風。梅花風最先，楝花風最後，凡二十四番，以
　　　　為寒絕也。』」
〔註18〕「召」，石印本作「招」。
〔註19〕《衛風·淇奧》。

進龍鳳團。慶曆間，蔡公端明為漕，始改造小龍團茶，仁廟尤所珍惜。」**滴古濡散卓**。彝尊。見卷八《櫂歌》。卷十一《乘風破浪》。**虛齋憺無事，晚霽意蕭邈**。質。《雲笈七籤》：「有蕭邈之才，有絕眾之望。」〔註20〕**高蘿何年植，老榦惜崩剝**。彝尊。**杪春發新條，青翠才一搦**。質。**有如荔含苞，又若鳥破殼**。彝尊。**籠陰忽蓋瓦，落格漸成幄**。質。**五髻瓔珞垂**，《杜陽雜編》：「宣宗大中初，蠻國人入貢危髻金冠，瓔珞被體，謂之菩薩蠻。」〔註21〕**群玉玲瓏琢**。彝尊。**榮悴迭後先，土膏異豐确**。質。《國語》：「陽氣俱蒸，土膏其動。」左思《吳都賦》：「庸可共世而論鉅細，同年而議豐确乎？」**幽賞人未齊，暖遊蜂已覺**。彝尊。杜甫詩：「蜂聲亦暖遊。」〔註22〕**將尋條鈴護**，鄭畋詩：「條鈴〔註23〕無響閉珠宮。」《天寶遺事》：「寧王至春時，於後園中紉紅絲為繩，密綴金鈴，繫於花梢〔註24〕之上。每有鳥鵲翔集，則令園吏掣鈴以驚之，因名護花鈴。」**毋使雀豹啄**。質。**寫生畫史為，配饌食經學**。彝尊。**故鄉南湖南，風景別燕涿**。質。《漢書·地里志》：「邯鄲北通燕涿。」**濃陰壓兩岸，虺蔓塓船角**。彝尊。劉子翬詩：「雨餘船角亂堆簀。」〔註25〕**鷗鳧雜坐臥，鰕蜆恣撈捉**。質。皮日休詩：「但聞鰕蜆氣。」〔註26〕王維詩：「草屬撈鰕富春渚。」〔註27〕**何為久滯淫，來往昧鳩鷃**。彝尊。見《風懷》。**酒罷花亦殘，擁衾歸夢數**。質。

送張嵋宰淄川字月坡，無錫人。有《蕭雲閣草》。《名勝志》：「淄川縣在濟南府城東三百里。」

般陽城下記曾過，負郭分流左阜河。《名勝志》：「縣曰淄川，隋開皇中名，本漢般陽縣也。應劭曰：『縣在般水之陽，故取名焉。』般水亦名左阜水，源出縣東南之龍山。」**相送履鳧仙令去**，見卷五《贈王沙縣》。**恣聽驂篠短童歌**。見卷七《周郡丞》。**簾衣晝靜花應滿**，見卷十《送宋僉事》。**書帶春來草最多**。《名勝

〔註20〕《雲笈七籤》卷八十六第十。按：早見陶弘景《真誥》卷十六。

〔註21〕卷下。

〔註22〕《晦日尋崔戢李封》。

〔註23〕「條鈴」，鄭畋《夜景又作》作「鈴條」。按：鈴條即鈴索。此沿江浩然《曝書亭詩錄》之說。

〔註24〕「梢」，底本作「稍」，據（五代）王仁裕《開元天寶遺事》卷一《花上金鈴》改。

〔註25〕《清江行》。

〔註26〕《奉和魯望漁具十五詠》其十五《笒箵》。

〔註27〕《贈吳官》。

志》：「梓童山在縣東十里，上有鬼谷祠，其下有鄭玄祠。元張孚記《齊略》云：『鄭公玄刊注詩書，教授生徒，日棲遲於此山，因名髺山。上有古井不竭，獨生細草，葉形似韭，俗謂之鄭公書帶草。』暇坐西堂官燭夜，吟情可憶舊羊何。見卷四《夜過曹侍郎》。

往事沉吟十九年，潞沙津鼓解連船。見卷十一《題惠周惕》。河豚荻筍丁沽市，海燕芹泥趵突泉。《名勝志》：「岱陰諸水奔流，自縣西南六十里之黃山下匯而為池，伏流至城西而出，為趵突泉。」岐路東西頻遠隔，故人意氣劇相憐。青藤絡格繁花紫，涼月紛紛話別筵。

遲湯上舍右曾不至

檉葉綠如纖，藤花紫滿簷。望君君不至，惆悵下廳簾。

題王給事又旦過嶺詩集 〔註28〕 先生《郃陽王君墓誌》：「諱又旦，字幼華，別字黃湄。順治十四年，以《易》舉於鄉。明年會試，中式。又明年殿試，賜進士出身。當授推官，未除，改知安陸潛江縣事。旋以治行徵詣闕下，除給事中。典廣東鄉試。嶺南物產繁富，珠香象犀滿城市，遊者踵接於道。君以奉使闈事畢，入羅浮山。既出嶺，復登匡廬。比還朝，詩卷外無長物也。」〔註29〕

郃陽王郎婣群雅，見卷九《題吳徵君》。掖垣退食吟最工。關西作者僂指數，《荀子》：「雖有聖人之知，未能僂指也。」〔註30〕 比於二李檢討因篤、明府念慈。〔註31〕 誰趫雄。《新城縣志》：「李念慈，陝西涇陽人。戊戌進士。詩畫皆擅時名。」《續本事詩》：「李念慈，字屺瞻。」昨年使車踰嶺表，笙歌鹿鳴聽午終。《〈儀禮·鄉飲酒禮〉注》：「《笙歌》三篇，堂下吹笙以播詩，所謂笙入三終也。」《燕義》：「工歌《鹿鳴》、《四牡》、《皇皇者華》。」《詩序》：「《鹿鳴》，宴群臣嘉賓也。」韓愈《送楊少尹序》：「舉於其鄉，歌《鹿鳴》而來也。」滿城象犀總不顧，殷堯藩《寄嶺南張明甫詩》：「犀象滿城邑。」〔註32〕 迎潮直渡東官東。見卷二。循州洞

〔註28〕 按：此詩提及屈大均，四庫本《曝書亭集》未錄。

〔註29〕 《曝書亭集》卷七十五《儒林郎戶科給事中合陽王君墓誌銘》。

〔註30〕 《儒效》。

〔註31〕 此係自注。「慈」，康熙本《曝書亭集》作「茲」。按：李念茲，字屺瞻，陝西涇陽人。

〔註32〕 《方輿勝覽》卷三十六：「唐殷堯藩《寄嶺南張明甫詩》云：『瘴雨出虹蝀，蠻煙渡江急。嘗聞島夷俗，犀象滿城邑。』」按：（唐）陳陶《番禺道中作》：「博羅程遠近，海塞愁先入。瘴雨出虹蝀，蠻江渡山急。常聞島夷俗，犀象滿城邑。（下略）」

天福地兩，羅浮近與泉源通。《一統志》：「惠州府，隋置循州。」《洞天福地記》：「洞天，羅浮，洞名朱明耀真之天，在惠州博羅縣。福地，泉水，源在龍川界。」**晴峰四百三十二**，《羅浮指掌圖記》：「羅浮山高三千六百丈，地袤五百里，峰巒四百三十二，溪澗川源不可勝數。」一一**捧出青蓮蓬**。**砂床泥融坐啞虎**，《皇華紀聞》：「砂床，問之粵人，無知者。閱《河上楛談》，乃知出辰州麻陽萬山中，其坑深不可測。砂有床，取砂人攜燭入，且行且鑿，有行數日不獲一床者。床在石中，色如白玉，砂如箭，出床上。床有寬尺許者。」《一統志》：「啞虎洞在朱明洞側。有黃野人者，舊為葛洪之隸，得洪遺丹，服之成仙，而啞虎為之守門。」**竹葉篆古書秋蟲**。見卷六《風懷》。**千年鹿跑草淺淺**，溫庭筠詩：「草淺淺，春如剪。」〔註33〕**五色雀舞花濛濛**。見卷十《送杜少宰》。常建詩：「翳泉花濛濛。」〔註34〕**盤遊飯罷石樓去**，蘇軾《書陸道士詩後》：「江南人好作盤遊飯，鮓脯膾炙無不有，然皆埋之飯中。故里諺云：『掘得窖子。』羅浮穎老取凡飲食雜烹之，名穀董羹。詩人陸道士遂出一聯句云：『投醪穀董羹鍋裏，掘窖盤遊飯碗中。』東坡大喜，乃為錄之，以付江秀才。」〔註35〕「石樓」，見卷十一《送梁孝廉》。**群仙或請銘新宮**。蘇軾《遊羅浮山》：「群仙正草新宮銘。」注：「有夢書新宮銘者，雲紫陽真人山玄卿撰。」〔註36〕**偕行況有屈**〔註37〕**道士，大均。**〔註38〕**留題肯使莓牆空。此鄉寶玉人所羨**，岑參《送張子尉南海》：「此鄉多寶玉，慎勿厭清貧。」**珠圓貝紫珊瑚紅**。《嶺表錄異》：「珠池水極深，莫測也。珠如豌豆大，常珠也。如彈丸者亦時有。徑寸照室之珠，但有其說，不可遇也。」又：「紫貝郎即玡螺也。儋振夷黎海畔，採以為貨。」《南越志》：「土產大貝即紫貝也。」《述異記》：「鬱林郡有珊瑚市，海客市珊瑚處也。」**王郎歸裝乏長物**，見卷四《永嘉初日》。**僅束詩卷藏毷筒**。蘇軾詩：「毷筒淨無染。」〔註39〕**解船下瀧指湖口**，見卷十《送杜少宰》。《送查上舍》。**餘興復入匡山中**。見卷二《舟中望廬山》。**僧房五百恣登歷**，黃庭堅詩：「五百僧房綴蜜脾。」〔註40〕**短笻輕**

〔註33〕《春野行》。

〔註34〕《仙谷遇毛女意知是秦宮人》。

〔註35〕見《漁隱叢話前集》卷三十九，稱「東坡雲」。又見蘇軾《仇池筆記》卷下《盤遊飯骨董羹》，無「東坡大喜」云云。

〔註36〕蘇軾《遊羅浮山一首示兒子過》。

〔註37〕「屈」，底本作「□」，據石印本、康熙本《曝書亭集》補。

〔註38〕「大均」係自注，底本、石印本無，據康熙本《曝書亭集》補。

〔註39〕《寄周安孺茶》。

〔註40〕按：非黃庭堅詩，出（宋）晁補之《題廬山》。另，（明）王褘《題九江秀色圖》：「五百僧房密脾綴。」

屐隨樵童。三條石樑貫員闕，見《舟中望廬山》。一匹瀑布拖長虹。王禕《開
先寺觀瀑布記》：「廬山南北瀑布以十數，獨開先寺最勝。」〔註41〕庾信詩：「長虹雙
瀑布，員〔註42〕闕兩芙蓉。」王郎得句轉清越，《禮》：「叩之，其聲清越以長。」
〔註43〕墨花漬壁磨鉛銅。梅堯臣詩：「尚漬墨花碧。」〔註44〕攜來都亭曾幾日，
傳抄奚啻十數公。要知能事久服習，矢人之矢弓人弓。《考工記》：「矢人為
矢，弓人為弓。」邇來詩格乖正始，見卷十一《送王贊善》。學宋體制嗤唐風。
江西宗派各流別，《漁隱叢話》：「呂居仁《江西宗派圖》推豫章黃山谷為詩祖，列
陳師道、潘大臨、謝逸、洪芻、饒節、僧祖可、徐俯、洪朋、林敏修、洪炎、汪革、
李錞、韓駒、李彭、晁沖之、江端本、楊符、謝薖、夏倪、林敏功、潘大觀、何顒、
王直方、僧善權二十五人以為法嗣，謂源流皆出自豫章也。」〔註45〕《晉書·摯虞傳》：
「撰古文章，類聚區分為三十卷，名曰《流別集》。」〔註46〕吾先無取黃涪翁。《芥
隱筆記》：「《益都耆舊傳》：『廣陵有老翁釣於涪水，自號涪翁。』《後漢書·郭玉傳》
亦然。山谷謫涪州，因此為號。」〔註47〕比聞王郎意亦爾，先生《王君墓誌》：「其
詩兼綜唐宋人之長，獨不取黃庭堅。」助我張目振凡聾。曹植《與吳季重書》：「想
足下助我張目也。」〔註48〕孟郊詩：「藏書掛屋脊，不借與凡聾。」〔註49〕覽茲過
嶺集百過，豈有瑕垢堪芟薙。唐元澹文：「採眾說之精，而刊正芟薙。」〔註50〕
往時屈〔註51〕道士遊越，山行水汎酬和同。自從判袂廣武北，見卷四《將

〔註41〕王禕《王忠文集》卷八。
〔註42〕「員」，《陪駕幸終南山和宇文內史詩》作「圓」。
〔註43〕《禮記·聘義》。
〔註44〕《杜挺之贈端溪圓硯》。
〔註45〕沈嘉轍《南宋雜事詩》卷一「當時深悔和魚鬚，簽列江西詩派圖」注。按：原
　　　出《漁隱叢話》前集卷四十八：「苕溪漁隱曰：『呂居仁近時以詩得名，自言傳
　　　衣江西。嘗作《宗派圖》，自豫章以降，列陳師道、潘大臨、謝逸、洪芻、饒
　　　節、僧祖可、徐俯、洪朋、林敏修、洪炎、汪革、李錞、韓駒、李彭、晁沖之、
　　　江端本、楊符、謝薖、夏倪、林敏功、潘大觀、何顒、王直方、僧善權、高荷，
　　　合二十五人，以為法嗣，謂其源流皆出豫章也。』」其中，《南宋雜事詩》作「夏
　　　倪」，《漁隱叢話》作「夏倪」。
〔註46〕卷五十一。
〔註47〕（宋）龔頤正《芥隱筆記·涪翁》。
〔註48〕《曹子建集》卷九、《文選》卷四十二。
〔註49〕孟郊《勸善吟》作「藏書挂屋脊，不惜與凡聾」。此沿江浩然《曝書亭詩錄》
　　　之說。
〔註50〕《新唐書》卷二百
　　　列傳第一百二十五《儒學列傳下·元行沖》。
〔註51〕「屈」，底本作「□」，據石印本、康熙本《曝書亭集》補。

之永嘉》。十載夢寐懸江楓。沖虛觀前斗壇在，《一統志》：「沖虛觀在羅浮山朱明洞前，宋建有朝斗壇。」可有鄧嶽留葛洪。《晉書·葛洪傳》：「洪以年老，欲鍊丹以祈遐壽，聞交阯出丹，求為句漏令。帝從之。遂將子姪俱行。至廣州，刺史鄧嶽留不聽去，洪乃止羅浮山鍊丹。」投詩王郎並寄屈〔註52〕，惜無萬里南飛鴻。

題賈院判鉉**畫荷二首**鉉字玉萬，號可齋，臨汾人。工竹石及折枝花，喜用瘦筆乾墨。出守黃州，嘗畫竹題識，命工人鐫諸石，置赤壁。

亭亭紅豔立清波，殺粉調鉛不在多。馮硯祥詩：「調鉛殺粉繼前人。」〔註53〕卻笑崔徐思憔悴，鷺鷥汀畔寫枯荷。《宣和畫譜》：崔白有《秋荷雙鷺圖》。又：徐熙有《敗荷秋鷺圖》。

黃塵六月倦鳴鞭，苦憶中吳鴨觜船。夢入篷窗聽夜雨，半江風葉枕函邊。

竹爐聯句並序

錫山聽松庵僧人性海製竹火爐，王舍人見卷二《贈別王山人》。過而愛之，為作山水橫幅，並題以詩。歲久爐壞，盛太常名顒。因而更製，流傳都下，群公多為吟詠。圖既失，詩猶散見於西涯、李東陽字西涯。篁墩程敏政字篁墩。諸老集中。梁汾典籍顧貞觀，字華封，號梁汾，無錫人。康熙丙午順天舉人。官國史院典籍。仿其遺式製爐，恒歎息舊圖不可復得。及來京師，忽見之容若侍衛所，容若遂以贈焉。納蘭成德《題竹爐新詠卷詩序》：「惠山聽松菴竹茶爐歲久損壞，甲子秋，梁汾倣舊制復為之，置積書岩中，諸名士作詩以記其事。是冬，余適得一卷，題曰《竹爐新詠》，則明時王舍人孟端、李相國西涯所為，竹爐詩畫並在，實聽松故物也。喜以歸梁汾，即名其岩居曰新詠堂。」未幾，容若逝矣。丙寅之秋，梁汾攜爐及卷過予海波寺寓，適西溟、青士、愷似三子亦至。坐青藤下，燒爐試武夷茶，相與聯句，成四十韻。明年，梁汾將歸，用書於冊，以示好事之君子。《居易錄》：「門人潛江朱載震悔人為顧舍人貞觀梁汾以竹爐卷索詩，王舍人孟端物也。爐在惠山聽松庵，吳文定及見之，與盛侍郎冰壑賦詩相倡和，程篁墩、謝文正、倪文毅皆和，錢鶴灘跋，共為一卷。文正、篁墩

〔註52〕「屈」，底本作「□」，據康熙本《曝書亭集》補。
〔註53〕不詳。

書甚佳，但詩限於韻，亦成、弘〔註54〕前風氣然也。《匏庵記事》云：『己亥之春，予過無錫，遊惠山，入聽松庵，觀竹爐，酌第二泉煮茶，嘗賦詩記其事。今刑部侍郎盛公，無錫人也，謂爐出於故王舍人孟端，製古而雅，乃倣而為之，且自銘其上。其姪虞，字舜臣，性尤好古，來省其伯父，不遠數千里，攜以與俱。予獲觀焉，因取前詩次韻賞之。』詩不具錄。前有孟端畫山水，題云『九龍山人王紱為真性海上人製』。上人者，聽松庵主僧也。卷首有李西崖篆書『竹爐新詠』四大字。」〔註55〕

西神峰連延，見卷十一《柳巷杏花》。龍角汍泉歊。孫致彌。《詩》：「有洌汍〔註56〕泉。」桑苧次水經，《唐書・陸羽傳》：「羽字鴻漸，自稱桑苧翁。」〔註57〕第較中泠遜。姜宸英。《中朝故事》：「李德裕居廟廊日〔註58〕，有親知奉使於京口。李曰：『還日，金山下楊子江中泠水取一壺來。』」《煎茶水記》：「故刑部侍郎劉公伯芻教水之與茶宜者凡七等，楊子江南泠水第一。」《採茶記》：「廬山康王穀水簾水第一，無錫惠山寺石井第二。」〔註59〕山僧寡營役，谷飲遂夙願。彝尊〔註60〕。《宋書・雷次宗傳》：「山居谷飲，人理久絕。」〔註61〕跏趺長松根，《婆娑論》：「結跏趺坐，是相圓滿。」風來耳垂髯。周篔。《說文》：「髯，髮長也。」都籃選茶具，見卷十一《送沈上舍》。一一細莎頓。顧貞觀。張祜〔註62〕《慧山》詩：「重街夾細莎。」〔註63〕舍彼陶冶工，截竹等辮𦆲。致彌。《爾雅》：「革中絕謂之辮，革中辮謂之𦆲。」《注》：「皮去毛曰革，中斷之曰辮，復中分其辮曰𦆲。」附以紅泥團，其修僅扶寸。宸英。《公羊傳》：「扶寸而合。」《注》：「側手曰扶，按指曰寸。」坎上離於中，下乃利用巽。彝尊。《茶經》：「風爐以銅鐵鑄之，如古鼎形，厚三分，

〔註54〕「弘」，底本、石印本作「宏」。

〔註55〕卷九。

〔註56〕「汍」，《小雅・大東》作「汍」。

〔註57〕《新唐書》卷一百九十六《隱逸列傳》。

〔註58〕「日」，石印本無。

〔註59〕國圖藏本眉批：張又新《煎茶記》：「南泠水第一，惠山石泉第二。」此隔去惠山句而別引《採記》，非是。《中朝故事》一條似贅，可刪。 又按：羽《茶經》其論水云：「山水上，江水次，井水下。」其說止於此，未嘗品第天下之水味也。至張又新《煎茶水記》始云：「劉伯芻謂水之宜茶者有七等」云云。又載羽為李秀卿論水次第有二十種，與羽《茶經》皆不合。歐陽公曾疑之，謂又新妄附益云耳。是則南泠第一，惠泉第二乃伯芻之論，非葉苧翁說也。詩似再攷。

〔註60〕《曝書亭集》作「朱彝尊」。

〔註61〕卷九十三《隱逸列傳》。

〔註62〕「祜」，底本、石印本誤作「祐」。

〔註63〕此係自注。《曝書亭集》此注在「顧貞觀」前。

緣闊九分，令六分虛中，致其朽〔註64〕墍。凡三足，古文書二十一字，一足云『坎上巽下離於中』，一足云『體均五行去百疾』，一足云『聖唐滅〔註65〕明年鑄。』置墆㙷於其內，設三格，其一格畫一卦曰離，其一格畫一卦曰巽，其一格畫一卦曰坎。巽主風，離主火，坎主水。風能興火，火能熟水，故備其三卦焉。」**微飄颼颼入，活火焰焰煤。**贊。見卷六《風懷》。**初聆檜雨喧，漸見魚眼瞵。**貞觀。《茶經》：「凡候湯有三沸。如魚眼微有聲，為一沸。四向如湧泉連珠，為二沸。騰波浪，為三沸，則湯老。」〔註66〕蘇軾《試院煎茶》：「蟹眼已過魚眼生，颼颼欲作松風鳴。」**紫筍舒萌尖**，見卷八《棹歌》。**乍點湯色嫩。**致彌。蔡襄《茶錄》：「點茶，茶少湯多則云腳散，湯少茶多則粥面聚。」《鶴林玉露》：「瀹茶之法，湯欲嫩而不欲老，蓋湯嫩則茶味甘，老則過苦矣。」〔註67〕**王郎穿竹過**，見卷一《哭王處士》。**愛接支許論。**宸英。《世說》：「支道林、許掾諸人共在會稽王齋頭，支為法師，許為都講。支通一義，四坐莫不厭心。許送一難，眾人莫不忭舞。」〔註68〕**解帶磐石間，素瓷迭相勸。**彝尊。**欣然愜所遇，伸紙隨染渲。**贊。《林泉高致》：「擦以水墨，再三而淋之，謂之渲。」《珊瑚網》：「繪事名目有染渲界描臨摹傳寫。」**濛濛岩亭瀑，歷歷水田畈。**貞觀。《韻會》：「畈，平疇也。」**短短茅覆屋，茸茸荻抽蘆。**致彌。《爾雅》：「其萌蘆。」《注》：「蘆，蘆筍也。」**橋敆乃有路，門闑或無楗。**宸英。《說文》：「楗，限門也。」**林壑雖未深，埃塸頗已遠。**彝尊。**流傳盛新詠，群雅足彝憲。**贊。《書》：「欽哉！永弼乃後於彝憲。」〔註69〕**或為篆籀隸，若盃鬲敦爐。**貞觀。《博古圖》：「商有阜父丁盃、執戈父癸盃，周有單從盃、加仲盃、龍首盃、雲雷盃、三螭盃、蛟螭盃、麟盃、螭虬盃、粟紋盃、細紋熊足盃，漢有鳳盃、螭首虬紋盃，凡一十四器。其款識或謂之彝，或謂之尊，或謂之卣，取調和五味之義則一也。」《說文》：「鬲，鼎屬，實五穀。」《爾雅》：「鼎款足謂之鬲。」《注》：「鼎曲腳也。」《疏》：「款闊也，謂鼎足相去疏闊者名鬲。」《漢書·郊祀志》：「其空足曰鬲。」《注》：「足中空不實者名曰鬲也。」〔註70〕《禮》：「有虞氏之兩敦。」〔註71〕《注》：「敦，黍

〔註64〕「朽」，《欽定古今圖書集成》、《茶經》作「圬」。
〔註65〕「滅」，《欽定古今圖書集成》下有「虜」。按：原出《茶經》卷中《風爐》，作「滅胡」。四庫本《茶經》改此句為「聖唐年號某年鑄」。
〔註66〕《欽定古今圖書集成·經濟彙編·食貨典卷二百九十》。
〔註67〕卷三。
〔註68〕《文學第四》。
〔註69〕《冏命》。
〔註70〕卷二十五上。《注》乃引「蘇林曰」。
〔註71〕《禮記·明堂位》。

稷器。」《說文》：「虡，鬲屬。」**或為真行草**，見卷九《贈鄭簠》。**若絲靖羲獻。**致彌。按：鍾繇、索靖、王羲之、獻之。**穆如清風作**，見卷九《奉酬相國》。**舉一可當萬。**宸英。《晉書・杜預傳》：「以計代戰一當萬。」〔註72〕**嗚呼百年來，精廬窟貓貓。**彝尊。《爾雅》：「貓猱似貍。」《釋文》：「猱亦作貓。」**曩時所珍物，零落委荊蔓。**篔。**吾家繡塘側，**陸羽《遊慧山記》：「山寺中有方池，一名千葉蓮花池，一名繡塘。」毛際可《花間草堂記》：「顧子梁汾搆屋三楹，南窗對惠山寺。方池石橋，意象瀟曠。有古樸二〔註73〕株橫覆池上，其中即花間草堂也。」**想茲恒繾綣。**貞觀。**形模授巧匠，高下仿遺楥。**致彌。《說文》：「楥，履法也。」《注》：「織履中模範，故曰法。俗作楦。」**所惜七尺圖，慮為塵土坌。**宸英。《儀禮》：「宰夫內拂幾。」〔註74〕《注》：「內拂幾，不敢塵坌尊者。」**開篋逢故人，輒贈得右券。**彝尊。李白詩：「胡公能輒贈。」〔註75〕《商子》：「以左右〔註76〕券與吏之問法令者，主法令之吏謹藏其右券。」**羊脂鏤蹙玉，**王逸《玉部論》：「白如脂肪。」米芾《書史》：「隋唐藏書皆金題玉蹙。金題，押頭也。玉蹙，軸心也。」**獸錦束腰縥。**篔。杜甫詩：「獸錦奪袍新。」〔註77〕《說文》：「縥，攘臂繩也。」**譬諸延平津，劍合始無恨。**貞觀。《晉書・張華傳》：「初，吳之未滅也，斗、牛之間常有紫氣。張華問豫章雷煥。煥曰：『寶劍之精，上徹於天耳。』華曰：『在何郡？』煥曰：『在豫章豐城。』華即補煥為豐城令。煥到縣，掘獄屋基，得一石函，中有雙劍，並有刻題，一曰龍泉，一曰太阿。其夕，斗、牛間氣不復見焉。煥以南昌西山北岩下土以拭劍，光芒豔發。遣使送一劍並土與華，留一自佩。或謂煥曰：『得兩送一，張公豈可欺乎？』煥曰：『本朝將亂，張公當受其禍。此劍當係徐君墓樹耳。靈異之物，終當化去，不永為人服也。』華得寶劍，愛之，常置坐側。華以南昌土不如華陰赤土，報煥書曰：『詳觀劍文，乃干將也，莫邪何復不至？雖然，天生神物，終當合耳。』因以華陰土一斤致煥。煥更以拭劍，益精明。華誅，失劍所在。煥卒，子華為州從事，持劍行經延平津，劍忽於腰間躍出墮水。使人沒水取之，但見兩龍各長數丈，沒者懼而反。須臾，〔註78〕光彩照水，波浪驚疑〔註79〕，於是失劍。華歎曰：『先君化去之言，

〔註72〕 卷三十四。
〔註73〕 「二」，石印本作「三」。
〔註74〕 《聘禮》。
〔註75〕 《贈黃山胡公求白鷳》。
〔註76〕 《商子・定分第二十六》無「右」。此沿江浩然《曝書亭詩錄》之說。
〔註77〕 《寄李十二白二十韻》。
〔註78〕 石印本此處有「乃」。
〔註79〕 「疑」，《晉書》卷三十六《張華列傳》作「沸」。

張公終合之論，此其驗乎！』」**俄驚鄰笛悲**，見卷四《山陰雨霽》。**永歎壑舟遁**。致彌。見卷七《龔尚書》。**蕭條黃公壚**，見卷四《九日》。**歌哭與俗溷**。宸英。**是物覩者希，五都絕市販**。彝尊。《漢書》：「王莽於五都立五均，更名洛陽、邯鄲、臨淄、宛、成都，五都市長皆為五均司市。」〔註 80〕**今年吳船來，載自潞沙堰**。簣。**徙置青藤陰，旅話破幽悶**。貞觀。**質比蓮芍輕**，《集古錄》：「蓮芍宮銅博山爐一槃，銘漢五鳳中造。」**形嗤石鼎鈍**。致彌。軒轅彌明《石鼎聯句》：「形模婦女笑。」《抱朴子》：「銳鋒產乎鈍石。」〔註 81〕**小勺分宮時**，蘇軾《汲江煎茶》詩：「小杓分江入夜缾。」**頭綱試甌建**。宸英。見卷六《風懷》。**忽憶秋水生**，見卷五《南亭》。**乘此風力健**。彝尊。**逝將掛席歸，耦耕師下潠**。簣。陶潛有《丙辰歲八月中於下潠田舍穫》詩。**毋令石牀空，兼使夜鶴怨**。貞觀。孔稚圭《北山移文》：「蕙帳空兮夜鶴怨，山人去兮曉猨驚。」

按：王阮亭《居易錄》云：「近日小技著名者尤多，皆吳人。瓦壺如龔春、時大彬，價至二三千錢。」〔註 82〕陳迦陵《宜壺歌》云：「宜壺作者推龔春，同時高手時大彬。」高江村《宜壺歌》云：「土人取沙作茶器，大彬名與龔春齊。」當時龔、時之名不脛而走海內矣。至查初白詩餘注云：「吳頤山婢名供春，始制宜興茶壺。以為龔春者，訛也。」〔註 83〕姜西溟聯句云：「小勺分宮時」，殆龔與宮音近而訛耶？抑別有所據耶？近海鹽友人朱笠亭琰纂《陶說》，朱文藻跋云：「他若宜興洪春所製之茶壺，例所宜廣。」疑洪春又供春之訛也。書以俟博雅者。

送吳濩入太原三首字思商

娘子關西木葉殘，劉效祖《四鎮三關志》：「故關東至井陘縣四十里，西至平定州八十里，南至泉木頭口六十里，北至娘子關〔註 84〕二十里。」**煙霜回首井陘寒**。《唐書・地里志》：井陘縣屬鎮州。《括地志》：「井陘故關在并州石艾縣，陘東十八里即井陘口。」**馬頭不改團團月，絕壁韓詩拂蘚看**。《聞見後錄》：「韓退之使鎮州，題壽陽驛云：『不見園花並巷柳，馬頭惟有月團團。』孫子陽為予言近時壽陽驛發地得二詩石。」〔註 85〕

〔註 80〕卷二十四上《食貨志第四》。
〔註 81〕《博喻》。
〔註 82〕卷二十四。
〔註 83〕《敬業堂詩集》卷四十九《餘波詞上・晏清都》（陸羽經猶記）。
〔註 84〕石印本此下有「相近」。
〔註 85〕卷十七。

并州山繞崛嶂蒼，見卷七《周郡丞》。桐葉祠前柏幾行。 號長生水難老，見卷六《太原道中》。憑君抄入篋中方。

周郎在潘。〔註86〕近在蓮花幕，點筆題詩興不孤。暇日經過煩問訊，硬黃曾搨石經無。

送毛檢討奇齡還越《西河詩話》：「予請十旬假，同官餞於沙河門外，皆有詩，獨竹垞賦長律二十四韻，中有云：『曉雨千門散，新泉五牖聞。花光晴淡泊，峰翠遠氛氳。祖席移帆影，回塘蹙水紋。語多兼往事，觴罷判斜曛。』此即事也。至『語多兼往事』起一句，遂有云『午釃柯亭竹，秋眠蕙帳蚊』，則敘予鄉遊時事。『失路棲淮浦，逃名憶汝墳』，則敘予出走時事。『易穿東郭履，難免北山文』，則敘予應召時事。『香奩詞悵悵，錦瑟淚紛紛』，則敘予亡妾時事。『為折章臺柳，翻辭秘省芸』，則敘予歸來時事。此皆貽贈之最親切者，自非竹垞，焉能知我若是？予嘗品竹垞長律，可凌駕元、白，即此可驗。」

一舸全家去，層闉別袂分。孤生倚知己，衰老感離群。曉雨千門散，新泉五牖聞。見卷十一《送沈上舍》。花光晴澹泊，峰翠遠氛氳。祖席愁帆影，見卷十一《送益都》。回塘蹙水紋。語多兼往事，觴罷判斜曛。少日偕簦笠，見卷六《酬潘耒》。遺書索典墳。《左傳》：「是能讀三墳、五典、八索、九丘。」〔註87〕扇邀王內史，見卷二《贈王山人》。舞起謝將軍。《晉書・謝尚傳》：「王導辟為掾。以其有勝會，謂曰：『聞君能作鸜鵒舞，一坐傾想，寧有此理不？』尚曰：『佳。』便著衣幘而舞，令坐者撫掌擊節，尚俯仰在中，傍若無人。大司馬桓溫欲有事中原，使尚率眾向壽春，進號安西將軍。尋進號鎮西將軍，鎮壽陽。」〔註88〕夢筆橋頭月，見卷三《贈蔡五十一》。捫蘿礙口雲。《浙江通志》：「紹興府城西南鏡湖中侯山上有探幽徑、擷芳徑、捫蘿礙、百花頂。」徵歌依趙瑟，李白詩：「徵歌出洞房。」〔註89〕韋應物詩：「趙瑟正高張。」〔註90〕漬墨灑羊裙。見卷三《送錢六》。午釃柯亭竹，見卷二《舟中望柯山》。秋眠蕙帳蚊。俄驚鄰笛弄，見卷四《山陰雨霽》。頓使酒船焚。見卷三《和曹使君》。失路棲淮浦，逃名適汝墳。《水經注》：「汝水又東南逕奇雒城西北，潢水出焉。」〔註91〕盛唐《西河傳》：「姻戚

〔註86〕此係自注。

〔註87〕昭公十二年。

〔註88〕卷七十九。

〔註89〕《宮中行樂詞》其二。

〔註90〕《樂燕行》。

〔註91〕卷二十一。

有負責於營而相搆者，營丁伺先生在途攫之，謂責券有名，當代償，擁而渡江。鄰人識先生者合多人追之，至西陵渡口，篡之還。次日搆一道死者，橫所篡處，指為營兵屍。毛生聚人殺營兵，宜重典籍。捕四出。友人蔡仲光急過曰：『怨深矣。不走，將不免。』指壁間所書王烈名，曰：『請名王彥，字士方。吾他日天涯相問訊者，王士方矣。』過吳，投顧有孝家。之靖江，住十日。匿海陵，越一月。因過淮、之潁、之泗、之商、亳，復之江南。」〔註92〕**易穿東郭履**，《史記·滑稽傳》：「東郭先生久待詔公車，衣敝，履不完。行雪中，履有上無下，足盡踐地。」〔註93〕**慚勒北山文**。見卷十一《曹先生》。**燒尾同華讌**，見卷十《鹿尾》。《制科雜錄》：「後同籍五十人集於眾春園，倣題名故事。」**傳甘並紫帉**。蘇軾詩：「歸來一盞殘燈在，猶有傳柑遺細君。」注：「侍飲樓上，則貴戚爭以黃柑遺近臣，謂之傳柑，聽攜以歸。蓋故事也。」〔註94〕《玉篇》：「帉，拭物巾也。」**四聲研沈陸**，《南史·沈約傳》：「約撰《四聲譜》，以為在昔詞人累千載而不悟，而獨得胸襟，窮其妙旨，自謂入神之作。武帝雅不好焉，嘗問周舍曰：『何謂四聲？』捨曰：『天子聖哲是也。』」〔註95〕《陸厥傳》：「約等文皆用宮商將平上去入四聲，以此制韻，有平頭、上尾、蜂腰、鶴膝，五字之中，音韻悉異，兩句之內，角徵不同，不可增減，世呼為永明體。」〔註96〕按：西河有康熙甲子史館新刊《古今通韻》十二卷。**六義續河汾**。《詩大序》：「詩有六義。一曰風，二曰賦，三曰比，四曰興，五曰雅，六曰頌。」杜淹《文中子世家》：「文中子王氏諱通，字仲淹。隋文帝時，奏《太平策》十有二，公卿不悅。文中子知謀之不用也，乃續詩書、正禮樂、修元經、贊易道。九年而六經大通，門人自遠而至，蓋千餘人。隋季，文中子之教興於河汾，雍雍如也。」按：西河有《毛詩寫官記》、《白鷺洲說詩》等書。

〔註92〕按：《西河集》卷一百一《自為墓誌銘》：
予姻戚有負責於營而相訐者，忽攫予於途，謂予當償，擁予將渡江。鄰人識予者追之，至西陵渡口，篡之還。次日，購道殣，橫所篡處，指為營兵。毛生聚人殺營兵，宜重典籍。捕四出。〔鄰眾千人爭渡江鳴冤，營將疑其事，檄寧紹分巡王君廷璧雜治，怨家復羅織私之，分巡遊客許君名三閭者中傷之，遂援重典，案籍捕捷。〕友人蔡仲光急過曰：「怨深矣。不走，將不免。」指壁間所書王烈名，曰：「請名王彥，字士方。吾他日天涯相問訊者，王士方矣。」過吳，投顧有孝家。……去之靖江。旅亭近關者有擣箏客住東廂，過門，聞箏聲，中心惻惻，不能行，遂止宿焉。……至是，客彈有誤處微指之，客大悅，邀住十日。……遂匿海陵，越一月。……過淮。……於是之齊、之楚、之鄭、衛、梁、宋間。
〔註93〕卷一百二十六。
〔註94〕《上元侍飲樓上三首呈同列》其三。
〔註95〕卷五十七。
〔註96〕卷四十八。

闌藥園官送，朝衫小婦薰。《〈漢書·元后傳〉注》：「小婦，妾也。」《漢官儀》：「其入直臺廨，給侍史一人、女侍史二人，皆選端正妖麗，執香爐香囊，燒薰護衣服。」按：西河姬人曼殊，豐臺花匠女也。陳維崧有《毛大可新納姬人序》。香匳詞悵悵，錦瑟淚紛紛。見卷六《風懷》。為折章臺柳，《全唐詩話》：「韓翃有寵姬柳氏，從闢淄青，置之都下，數歲而寄詩曰：『章臺柳，章臺柳，往日青青今在否？縱使長條似舊垂，亦應攀折他人手。』答曰：『楊柳枝，芳菲節，可恨年年贈離別。一葉隨風忽報秋，縱使君來豈堪折？』」翻辭秘省芸。見卷六《壽徐侍讀》。空林憶猨鶴，舊社返榆枌。到及湘蕘美，見《贈蔡五十一》。閒看越鳥耘。見卷二《謁大禹陵》。朋箋存筍滿，麴米注牀醅。杜甫詩：「聞道雲安麴米春，纔傾一盞即醺人。」宰相陶弘〔註97〕景，《南史·陶弘〔註98〕景傳》：「國家每有吉凶征討大事，無不前以諮詢。月中常有數信，時人謂為『山中宰相』。」〔註99〕神仙鄭巨君。《後漢·鄭弘〔註100〕傳》：「弘字巨君，會稽山陰人也。」行藏應自料，不用問靈氛。《楚辭》：「索瓊茅以筵篿兮，命靈氛為余占之。」〔註101〕

題喬侍讀名萊侍直圖

朵殿簪毫入，千門露未晞。臣心勤夙夜，天意慎幾微。慎幾微，本房御書扁也。〔註102〕細細香生幄，曈曈日滿衣。非君諳掌故，奏事直前稀。

題項秀才奎水墨小山叢桂

《嘉興府志》：「奎字子聚，秀水人。諸生。工詩，精繪事。自稱牆東居士。年七十，屬友人葉燮為生壙誌。有《晚盦堂詩學》。」《集外詩》，其二云：「渡口橫橋樹杪樓，緇塵相對益鄉愁。江南風物今如此，誰道山中不可留。」

少年席研項生同，每到秋行桂樹叢。今日天涯展圖畫，忽驚身是白頭翁。

〔註97〕「弘」，底本、石印本作「宏」。
〔註98〕「弘」，底本、石印本作「宏」。
〔註99〕卷七十六《隱逸列傳下》。
〔註100〕「弘」，底本、石印本作「宏」。下同。
〔註101〕《離騷》。
〔註102〕此係自注。

程侍郎江山臥遊圖 名正揆，字端伯，號鞠陵，又號青溪道人。孝感人。崇禎〔註103〕
辛未進士。國朝官至工部侍郎。

啟禎之際南北派，書有董米畫崔陳。 見卷九《題董尚書》。《分甘餘話》：
「崔子忠，字青蚓，又字道母，登州萊陽人。居京師，工畫山水人物。」《無聲詩史》：
「陳洪綬，字章侯，諸暨人。工人物，尤精於士女。」先生《崔子忠陳洪綬合傳》：「崇
禎〔註104〕之季，京師號『南陳北崔』。」〔註105〕**青溪先生起奪席**，見卷十六《耳
疾》。**二者並妙稱絕倫。**《蠶尾續文》：「唐、宋、元、明已來，士大夫詩畫兼者，代
不數人，青溪先生晚出而〔註106〕俱擅場，詩與畫皆登逸品。」**一水一石弗漫與，**
杜甫詩：「十日畫一水，五日畫一石。」〔註107〕又：「老去詩篇渾漫興。」〔註108〕**尺
幅價值雙烏銀。** 見卷十《是夜》。**今觀此圖著色老，筆與黃鶴山樵親。** 見卷
十五《江行》。杜甫詩：「吾甥潮也下筆親。」〔註109〕**蒼茫又類井西作，** 見卷九《題
元張子正》。**林霏晻靄泉洄淪。近來仿古求貌似，疊石細碎添苔勻。**沈灝《畫
麈》：「山石點苔，水泉索線，常法也。叔明之渴苔、仲圭之攢苔，是二氏之一種。今
之學二氏以苔，取肖鈍漢也。古多有不用苔者，恐覆山脈之巧，障皴法之妙。今人畫
不成觀，必須叢點，不免媸女添癡之誚。」**先生畫意不畫像，**歐陽修詩：「古畫畫
意不畫形。」〔註110〕**驅使二子窮其神。雲霞石淙開四面，一一鼠尾丁頭皴。**
《珊瑚網》：「古今描法一十八等，有武洞清釘頭鼠尾。」又：「皴石法有夏圭師李唐泥
裏拔釘皴。」〔註111〕《林泉高致》：「淡以銳筆橫臥惹惹〔註112〕而取之，謂之皴。」
山根木閣看最好，安得買斷居河滸。四門博士重手澤，請我跋尾歲在寅。
《爾雅》：「太歲在寅曰攝提格。」**其冬偷兒鑿我壁，** 見卷三《寇至》。**室無泉布
牀無茵。**《周禮》：「外府掌布之出入。」《注》：「布，泉也。其藏曰泉，其行曰布。」
惟存文史五千卷，盧仝《茶歌》：「三椀搜枯腸，惟有文字五千卷。」〔註113〕**手**

〔註103〕「禎」，底本、石印本作「正」。
〔註104〕「禎」，底本、石印本作「正」。
〔註105〕《曝書亭集》卷六十四。
〔註106〕「而」，底本、石印本作「兩」，據王士禎《蠶尾集》改。
〔註107〕《戲題畫山水圖歌》。
〔註108〕《江上值水如海勢聊短述》。
〔註109〕《李潮八分小篆歌》。
〔註110〕《盤車圖》。
〔註111〕（明）汪砢玉《珊瑚網》卷四十八。
〔註112〕「惹惹」，（宋）郭熙《林泉高致集・畫訣》作「重重」。此沿江浩然《曝書亭
詩錄》之說。
〔註113〕詩題原作《走筆謝孟諫議寄新茶》。

摩插架撇撤頻。此圖幾失幸不失，留置愛玩縣冬春。朝來灑墨賦長句，書報博士遲無嗔。

送陳上舍曾蕊還杭州三首陳字叔毅，杭州人。

門外驪駒莫便催，紅闌亭子上行杯。誰能北地三年住，不憶西湖一舸回。

貓頭新筍長林扉，《臨安志》：「筍之類有黃鶯筍、貓頭筍、哺雞筍。」雉尾香蓴礙釣磯。船到水仙祠下泊，見卷四《西湖竹枝》。更無塵浣藕苗衣。方干詩：「竹灣松樹藕苗衣。」〔註114〕

官閣垂楊水寺燈，城隅處處結魚罾。舊遊白髮幾人在，應笑歸遲張季鷹。見卷三《食鱸魚》。

顧編修藻以橄欖見遺賦謝二首康熙丙辰進士，崇明人。《群芳譜》：「橄欖一名青果，一名諫果。」

疊果青於棗，稜含狀最工。《南方草木狀》：「橄欖子大如棗，二月華，八九月熟，生食味酢，密藏乃甜美。」紅鹽齊落子，蘇軾《橄欖》詩：「紛紛青子落紅鹽。」《嶺表錄異》：「有野生者子繇，樹峻不可梯緣，但刻其根下方寸許，內鹽於其中，一夕，子皆自落。」〔註115〕翠竹遠開筒。愛惜教頻數，歡娛忘屢空。要知君子意，獨許歲寒同。

絕勝餘甘樹，《群芳譜》：「餘甘形類橄欖，一名菴摩勒。」來從荔子村。玉盤盛最好，青箬裏猶溫。酒後酸漿別，白樂天詩：「漿酸橄欖新。」〔註116〕茶中俊味存。陸游詩：「活火閒煎橄欖茶。」〔註117〕清香留改歲，試配煮河豚。見卷九《河豚歌》。

飲遂安毛檢討寓齋名升芳，字允大，號乳雪，遂安人。舉鴻博，授檢討。《騰笑集》二首。其二云：「釣壇南去久離群，不信衰顏酒易醺。改歲思尋富春渚，先將藥錄問桐君。」

〔註114〕《贈黃處士》。
〔註115〕卷中。
〔註116〕《送客春遊嶺南二十韻》。
〔註117〕《夏初湖村雜題八首》其三。

城隅燒尾宴曾同，見前《送毛檢討》。六載重來就菊叢。珍重故人今夕會，招尋猶念一漁翁。

題蔡修撰早朝圖名升元，字方麓，德清人。康熙壬戌狀元。官至禮部尚書。《騰笑集》二首。其二云：「花時曾見曲江遊，僂指句臚八度秋。日日含毫趨朵殿，中郎才貌最風流。」

遮莫鼕鼕畫鼓頻，見卷十一《嘉禾篇》。卷九《和田郎中》。披帷風定燭如銀。繡墊只許狸奴臥，黃庭堅《乞狸》：「聞道狸奴將數子。」辛苦妝臺攏鬢人。

周上舍篁夜過字林於，號鷗塘，嘉興梅里人。

浭酒凍春碧，萊雞蒸栗黃。《居易錄》：「近京師筵席多尚異味，予戲占云：『灤鯽黃羊滿玉盤，萊雞紫蟹等閒看。』」〔註118〕《〈魏志·鍾繇傳〉注》：「黃倅蒸栗。」〔註119〕醉眠無不可，西舍有繩牀。

鱸魚同魏坤作四首

水面矗排赤馬船，纖鱗巨口笑爭牽。吳娘不怕香裙濕，切作銀花鱠可憐。

微霜一夜泖湖東，見卷八《櫂歌》。楊柳絲黃兩岸風。不信輕舟往來疾，筠籃驗取四鰓紅。見《櫂歌》。

已脫朝衫分卜耕，劇憐鄉味算歸程。秋風彈指今年誤，輸與江東老步兵。見卷三《食鮰魚》。

翠網千絲白玉跳，蜀薑鏤切韭新苗。見卷八《寄高層雲》。背篷圓笠平生慣，皮日休《添漁具詩序》：「江漢間多雨，伺魚必俯，臺笠不必庇。由是織篷以障之，上抱下仰，字之曰背篷。」儲光羲《牧童詞》：「圓笠覆我首，長簑披我襟。」準擬抽帆第四橋。見《櫂歌》。

強圉單閼丁卯

寶晉齋研山《江南通志》：「米芾宅在鎮江府千秋橋西，軒曰致爽，齋曰寶晉。」《避

〔註118〕卷一。
〔註119〕卷十三。

暑漫鈔》：「李後主常〔註 120〕買一研山，徑長纔餘尺，前聳三十六峰，大有手指，左右則引兩陂陀，而中鑿為硯。及國破，研山流轉數十人家，為米老元章所得。後米之歸丹陽也，念將卜宅。而蘇仲恭號稱好事，甘露寺下一古基多群木，蓋晉唐〔註 121〕人所居。時米得宅而蘇得研。米號為海嶽菴是也。」〔註 122〕《癸辛雜識》：「米氏硯山，後歸宣和御府。今聞說流落台州戴氏家，不可見之。」〔註 123〕《秋宜集》：「山石出靈璧，其大不盈尺，高半之。中隔絕澗，前後五十五峰。東南有飛礎橫出，方平可二寸許，鑿以為硯，號曰硯山。在唐已有名，後歸於李後主。主亡，歸於宋〔註 124〕米芾元章，刻其下，述所由來甚詳。宋之季，歸於天台戴運使覺民，後又歸其族人。宰相賈似道求之，弗與，攜持兵亂間，寢處與俱，乃獲全。大都太乙崇福宮張真人本戴氏子，今年春貽書得之，請予賦詩。」〔註 125〕《輟耕錄》：「寶晉齋研山圖。『右此石是南唐寶石，久為吾齋研山，今被道祖易去。仲美舊有詩云：研山不易見，移得小翠峰。潤色裹書幾，隱約煙朦朧。巉岩自有古，獨立高崒嵱。安知無雲霞，造化與天通。立壁照春野，當有千丈松。崎嶇浮波瀾，偃仰蟠蛟龍。蕭蕭生風雨，儼若山林中。塵夢忽不到，觸目萬慮空。公家富奇石，不許常人同。研山出層碧，崢嶸實天工。淋漓山上泉，滴瀝助毫端。揮成驚世文，立意皆逢原。江南秋色起，風遠洞庭寬。往往入佳趣，揮灑出妙言。願公珍此石，莫與眾物肩。何必嵩少隱，可藏為地仙。今每誦此詩，必懷此石。余亦有作云：研山不復見，哦詩徒歎息。唯有玉蟾蜍，向余頻淚滴。此石一入渠手，不得再見。每同交友往觀，亦不出示。紹彭公真忍人也。余今筆想成圖，彷彿在目，從此吾齋秀氣尤不復泯矣。崇寧元年八月望米芾書。』余二十年前嘉興吳仲圭為畫圖，錢唐吳孟思書文，後攜至吳興，燬於兵，偶因清暇，默懷往事，漫記於此。」〔註 126〕《居易錄》：「米氏研山上有寶晉齋三篆字及襄陽米氏世珍印。」〔註 127〕《香祖筆記》：「南唐李主研山，後歸米元章。米與蘇仲恭學士家，易北固甘露寺海嶽菴地。宣和入御府。後又四百餘年，不知更易幾姓，而至新安許文穆國家。已而歸嘉禾朱文恪國祚。予戊辰春從文恪曾孫檢討彝尊京邸見之，真奇物也。檢討請予賦詩，既為作長句，又題一絕句云：『南唐寶石劫灰餘，長與幽人伴著書。青峭數峰無恙在，不須淚滴玉蟾蜍。』後二年，復入京師，則研山又為崑山徐司寇購去矣。今又十五年，不知尚藏徐氏否。」〔註 128〕《歸田集》：「此石流傳為秀水朱文恪公所藏，

〔註 120〕「常」，《鐵圍山叢談》作「嘗」。
〔註 121〕「晉唐」，石印本作「唐晉」。
〔註 122〕按：實出（宋）蔡絛《鐵圍山叢談》卷六。此沿江浩然《曝書亭詩錄》之說。
〔註 123〕續集卷下《水落山出筆格》。
〔註 124〕「宋」，石印本無。
〔註 125〕（元）揭傒斯《硯山詩》之序，見顧嗣立編《元詩選初集》卷三十。
〔註 126〕卷六。
〔註 127〕卷六。
〔註 128〕卷七。

長七寸八分，高低凡六峰。其右之第一峰截然突起，微類筍形，頂有竅穴，曰玉筍峰。第二峰曰方壇，下瘦上廣，方平瑩潔，故壇名焉。一小峰附其下，中一峰高四寸餘，聳峙峭拔，勢若卷旗，曰華蓋峰。稍下為月嵓，圓竇相通，似人力而實非人力也。其左之第一峰斜連陂陀，後漫前俯。第二〔註129〕峰隆崇離立，高不及三寸，有數十仞之象，亦有小竇嵌空。其第三峰則與華蓋峰相連，而岡阜樸野，曰翠巒者是也。龍池在其下，滴水少許，經旬不竭。下洞在方壇之趾，上洞據華蓋之麓。米襄陽云：『下洞三折，可通上洞。』予嘗神遊其間。頃以物探之，則格而不通。注以水，則流出下洞，知果曲折相通也。其色墨而有光，巑岏峍嵂，無斧鑿痕，望之蒼翠欲滴，疑有草樹蓊鬱。襄陽所謂『不假雕琢，渾然天成』者也。」〔註130〕

〔註129〕「二」，石印本誤作「一」。

〔註130〕按：翁方綱《復初齋文集》卷十五《寶晉齋研山考》（《近代中國史料叢刊》第43輯421冊，文海出版社1966年版，第609~618頁）：

朱竹垞集中之米家研山，非米老易甘露寺屋基之研山也。昔江南李後主買一研山，徑長尺許，前聳三十六峰，皆大如手指，中隔絕澗，合計前後凡五十五峰，東南有飛磴橫出，方平可二寸許，鑿以為研，其左右則隱引兩阜坡陀，而鑿研處在其中央。江南破，流轉數士人家，為米老元章所得。元章刻其下，述所由來甚詳。及米歸丹陽，老謀蒐裒，而蘇仲恭學士之弟者，才翁孫也，號稱好事。有甘露寺，下臨江，一古基，多臺木，蓋晉唐人所居。時米欲得宅，而蘇覬得研，於是王彥昭侍郎兄弟與登北固，共為之和會，蘇、米竟相易，米居號海嶽菴者是也。研山歸蘇氏，其後入宋禁中。此事見於《避暑漫鈔》、《鐵圍山叢談》、《秋宜集》、《岳氏法書贊語》，皆相合。觀其稱米得宅而蘇得研，是中間二寸許鑿為研無疑也。今所見竹垞家之研山，則中間初無鑿為研處，且前後僅六峰，而絕無所謂三十六峰合前後五十五峰者，且又無所謂元章刻於其下詳述其由來者，其非易海嶽菴之石明矣。惟以陶南村《輟耕錄》證之，則圖與說悉合。而《輟耕錄》所載元章自作記，初無易海嶽菴之說。其詞曰：「右此石是南唐寶石，久為吾齋研山，今被道祖易去。中美舊有詩云：研山不易見，移得小翠峰。潤色裏書幾，隱約煙朦朧。巉巖自有古，獨立高崧嵷。安知無雲霞，造化與天通。立壁照春野，當有千丈松。崎嶇淨波瀾，偃仰蟠蛟龍。蕭蕭生風雨，儼若山林中。塵夢忽不到，觸目萬慮空。公家富奇石，不許常人同。研山出層碧，崢嶸實天工。淋漓山上泉，滴瀝助毫端。揮成驚世文，立意皆逢原。江南秋色起，風遠洞庭寬。往往入佳趣，揮灑出妙言。願公珍此石，莫與眾同肩。何必嵩少隱，可藏為地仙。今每誦此詩，必懷此石。余亦有作，云：研山不復見，哦詩徒歎息。唯有玉蟾蜍，向余頻淚滴。此石一入渠手，不得再見。每同交友往觀，亦不出視。紹彭公真忍人也。余今筆想成圖，彷彿在目，從此吾齋秀氣尤不復泯矣。崇寧元年八月望米芾書。余二十年前，嘉興吳仲圭為畫圖，錢塘吳孟思書文後，攜至吳興，燬於兵。偶因清暇，默懷往事，漫記於此。」此陶南村所記，與所繪圖並驗之，則竹垞集注所引歸田集語無不符合。曰：「此石流傳，所為秀水朱文恪公所藏，長七寸八分。高低凡六峰。其右之第一峰截然突起，微類筍形，頂有竅穴，曰玉筍峰。第二峰曰方壇，下瘦上廣，方乎瑩潔，故壇名焉。一小峰附其下。中一峰高四寸餘，聳峙峭拔，勢若卷旗，曰華蓋。峰稍下

為月峀，圓竇相通，似人力，而實非人力也。其左之第一峰斜連坡陀，後漫前俯。第二峰隆崇離立，高不及三寸，有數十仭之象，亦有小竇嵌空。其第三峰則與華蓋峰相連，而岡阜樸野，日翠巒者是也。龍池在其下，滴水少許，經旬不竭。下洞在萬壇之趾，上洞據華蓋之麓。米襄陽云『下洞三折，可通上洞』。予嘗神遊其間，頃以物探之，則格而不通。注以水，則流出下洞，知果曲折相通也。其色墨而有光，巑岏岞崿，無斧鑿痕。望之蒼翠欲滴，疑有草樹薈鬱，襄陽所謂『不假雕琢，渾然天成』者也。」按：此與《輟耕錄》之文極其肖矣。予自壬辰歲門人謝蘊山出守鎮江，託其訪此石，並覓好手與海嶽庵共寫為圖，記未得遂。後晤吳門陸謹庭，知有所藏邵瓜疇畫海嶽庵圖，諾為摹本。至今年春，謹庭始以所摹寄來。適友人又以孫雪居所臨海嶽庵卷來，予倩兩峰羅君並摹為軸，而恰得見此研山，亦一異也。予乃合諸書考之，始知研石有二，皆出於南唐，歸於米老寶晉齋，而一為薛紹彭道祖所易，一為蘇仲恭之弟以庵基相易，二石判然，不可強合。是以《鐵圍山叢談》云「米老有二石」，是其明徵也。其與蘇氏相易者，歸宋內府，後又歸於天台載運使覺民。至元朝，又歸元大都太乙崇福宮張真人。今則久不見於著錄，不知其何存矣。其與薛氏相易者，至前明歸於新安許文穆，又歸秀水朱文恪。至國朝康熙戊辰，猶在朱氏。是年春，漁洋於古藤書屋觀之。至庚午秋，為作七言古詩，附以絕句寄竹垞，謂「倘有好手，仿梅花道人重作一圖，當以吾輩倡和詩附其後」。蓋此圖亦不果作。然吳仲圭為圖者，實即此石。《居易錄》亦云：「米氏研山上有寶晉齋三篆字及米氏印。」驗之此石，果合，信漁洋此語不誤也。惟《香祖筆記》一條云：「南唐李主硯山後歸米元章，米與蘇仲恭學士家易北固甘露寺海嶽庵地。宣和入御府。予從朱文恪曾孫檢討彝尊京邸見之，真奇物也。檢討請予賦詩，既為作長句，又題一絕句，云：『南唐寶石劫灰餘，長與幽人伴著書。青峭數峰無恙在，不須淚滴玉蟾蜍。』後六年，復入京師，則研山又為崑山徐司寇購去矣。今又十五年，不知尚藏徐氏否。」按：漁洋七言古詩並不言其為蘇氏易海嶽庵事，即其絕句云「青峭數峰」，用《南唐書》語，亦正切此高下六峰，而非所謂五十五峰之石明矣。所謂「淚滴蟾蜍」者，本於米詩，亦因此龍池洞竇水而云耳。故其詩又有「滴瀝助毫端，揮灑出妙言」之句，皆因研山之滴水言之，非指石中鑿研而言。是輟耕及漁洋所稱皆確是此石無疑。而何以漁洋誤牽合甘露寺易屋基之事，蓋漁洋未詳考米氏原有二石，偶見宋人說部，輒以彼石傅會此石，致令後人相傳此即甘露相易之石，深可笑也。且漁洋或偶然失考，尚不足怪，而竹垞先生精於考據，其家世相傳之奇石何至漫不加審，而其詩亦云「以之易園廬，勝絕臨江關」，則是竹垞亦不知米氏有二石。若非今日予為剖析明白，則必將有因諸書不相符合而疑為偽者。予又嘗見米老硯山詩帖云：「山硯雲時抱，盦書客不傳。北窻多異氣，正對淨名天。」後有岳倦翁贊云：「壺嶺九華，瑩是一枝。」則是彼石而非此石，是山硯亦可名為硯山，而此研山不得名為山硯，尤所當分別觀者也。昨日觀於兩峰觀音庵寓舍，坐客竟有執諸書之語而疑其贗者，予乃藉此石至蘇米齋，為之考辨如此，觀者可以釋然弗惑矣。然此石雖非甘露所易，而同為米老齋中奇物，又與海嶽庵圖摹本同在蘇米齋中相伴十日，予為覓兩峰作圖以補仲圭之蹟，又邀諸君為詩以踵王朱諸前輩之遺韻，米老有知，當亦擊節快賞於九霞空洞中耳。乾隆庚戌秋九月二十五日。〔研山橫邁七寸八分，蓋自右而左止此，過此更左則轉側也。其前方折，其背圓轉。〕

有石產京峴，近在龍目灣。周篔。《江南通志》：「峴京〔註131〕山在鎮江府治東五里。龍目湖在京峴山下。相傳梁武帝望京峴盤紆似龍，於山前開此湖，以龍目名之。」外史火正後，《國語》：「史伯曰：『夫荊，重黎之後也。黎為高辛氏火正，以淳燿惇大，天明地德，光照四海，故命之曰祝融。其後八姓，於周未有侯伯。融之興者，其在羋〔註132〕姓乎！』」黃溍筆記：「元章自署姓名，米或為羋〔註133〕，芇或為黻。又稱海嶽外史，又稱襄陽漫士。」《蘇米小品》：「米老自號鹿門居士，其印文雲火正後人芇印。」愛好怡情顏。彝尊。稜分岩穴岫，垢洗黃朱斑。篔。韓愈詩：「星瑣黃朱斑。」〔註134〕俄看千仞峰，勢拔方寸間。彝尊。亭亭華蓋倚，隱隱卻月彎。篔。岡巒各殊狀，一一相迴環。彝尊。其下陷深窪，髼鬆龍所寰。篔。有時風雨至，大小青來還。彝尊。見卷十《題王舍人》。玩物不在多，對此形神嫻。篔。以之易園廬，勝絕臨江關。彝尊。觀其賦詩意，猶自心偏慳。篔。年深異顯晦，幸未委榛菅。彝尊。君家藏四葉，冷光古益黰。篔。《玉篇》：「黰，黑也。」且以娛寂寞，豈復論銖鏝。彝尊。舉世重黃白，見卷一《嫁女詞》。孰營几上山。篔。好語玉蟾蜍，勿用清淚潸。彝尊。

米海嶽研山歌為朱竹垞翰林賦　　王士禎〔註135〕

海嶽研山不可見，人間空說研山圖。研山之圖亦遭燬，雲煙過眼徒嗟籲。宣和艮嶽已塵劫，矧乃片石輕錙銖。永嘉流落幾百載，昭陵玉匣今亦無。詎知神物有呵護，星芒夜隱三天都。太平宰相盛文物，寶此何啻千璠璵。石初藏許文穆家，後歸朱文恪。〔註136〕古藤書屋花未放，主人愛客招吾徒。眼中突兀忽見此，乍疑几席羅衡巫。壺中九華那足擬，仇池枉用誇髯蘇。三茅地肺互鉤帶，二華雲氣相縈紆。蛟龍屈蟠待雷雨，仙靈髼鬆回軿車。華蓋一峰獨秀拔，宛插玉笏翹犀株。翠巒玉筍左右列，脽尻股腳相攲扶。上洞下洞閟曲折，潛通小有涵空虛。龍池幽窈驗雨候，頗疑中有驪龍珠。峰獨者蜀屬者崞，上泉有埒下有濾。座客摩挲三歎息，

〔註131〕 此注引自江浩然《曝書亭詩錄》，作「京峴」。
〔註132〕 「羋」，《國語》作「羋」。此沿江浩然《曝書亭詩錄》之說。
〔註133〕 「羋」，疑當作「芇」。
〔註134〕 《題炭谷湫祠堂》。
〔註135〕 「禎」，底本作「正」。另，《曝書亭集》於「米海嶽」前有「附」，「王士禎」前有「濟南」。
〔註136〕 底本、石印本無此注，據《曝書亭集》補。

蒼然古色生眉鬚。海嶽之菴書畫舫，幾伴此老浮江湖。巧偷豪奪歷千劫，閱盡春秋如蟪蛄。翰林好事過顛米，日餐蛾綠忘饑劬。滄江夜夜虹貫月，莫令光怪驚菰蘆。

《蠹尾續文》：「康熙戊辰春於古藤書屋觀米氏硯山後，尚欠一詩，往來胸中者三歲矣。庚午秋臥痾休沐，始成長句一篇，附以絕句，並書上竹垞太史。倘有好手意仿梅花道人重作一圖，以吾輩倡和詩附其後，亦佳話也。」

懷汪進士煜字寓昭，仁和人。官吏科給事中。

人日梅花落，懷君過嶺時。見卷二《南安客舍》。安牀紅豆底，日日坐相思。

喬侍讀萊一峰草堂看花歌同陸嘉淑周篔姜宸英錢金甫孫致彌查慎行湯右曾陳曾懿賦先生《喬君墓表》：「嘗闢一峯草堂於宣武門斜街之南。」〔註137〕錢字越江，上海人。康熙己未進士。舉鴻博，授編修，官侍講學士。有《保素堂集》。

疾風經旬不出戶，獨客嬾過三眠蠶。今朝風定塵坱減，女牆翠湧西山嵐。修門池館綴金碧，陸游《出都》詩：「重入修門甫歲餘，又攜琴劍返江湖。」〔註138〕鑠柵未許停羸驂。李賀詩：「草梢竹柵鎖池滑。」〔註139〕楊巨源詩：「羸驂苦遲遲。」〔註140〕主人新拓百弓地，中園卉木吾舊諳。夭桃濃杏雖已落，海棠乍坼丁香含。初疑徑闢過者少，杜甫詩：「幽棲地僻經過少。」〔註141〕早有勝侶齊幽探。新松四尺掛席帽，見卷十一《送沈上舍》。炙具一束攜荆籃。晁補之詩：「瓦釜荆籃止道邊。」〔註142〕絲頭毯展午陰直，《唐書·地里志》：「宣州土貢：銀、銅器、綺、白紵、絲頭毯。」〔註143〕白居易詩：「平

〔註137〕《曝書亭集》卷七十三《翰林院侍讀喬君墓表》。
〔註138〕本書卷十六《曝書偶然作九首》之八亦引此句。按：此非陸游詩，乃出（宋）劉摯《出都二首》其二。
另：《楚辭·招魂》：「魂兮歸來！入修門些。」王逸《注》：「修門，郢城門也。宋玉設呼屈原之魂歸楚都，入郢門。欲以感激懷王，使還之也。」柳宗元《汩羅遇風》：「南來不作楚臣悲，重入脩門自有期。」
〔註139〕《南園》。
〔註140〕《奉酬賓郎中早入省苦寒見寄》。
〔註141〕《賓至》。
〔註142〕《流民》。
〔註143〕《新唐書》卷四十一《地理志五》：「宣州宣城郡，望。土貢：銀、銅器、綺、白紵、絲頭紅毯。」

展絲頭毯。」〔註144〕**棼尾杯泛冬醪甘**。見卷十一《曹先生輓詩》。《酒經》:「《語林》云:『抱甕冬醪,言冬月釀酒,令人抱甕,速成而味好。』」《釋名》:「酒以甘辛為義。」**今年春較去年晚,花信十猶餘二三**。見前《紫藤花下》。**長紅小白枝尚亞**,李賀詩:「花枝草蔓眼中開,小白長紅越女腮。」〔註145〕杜審言詩:「枝亞果新肥。」〔註146〕**雄蜂雌蝶飛相參**。李商隱詩:「花房與蜜脾,蜂雄蛺蝶雌。」〔註147〕**酒闌回憶壯年事,於此晨夕朋盍簪。燒瓷甕頭臥畢卓**,見卷九《春暮》。**蠟板曲子歌何戡**。李賀詩:「歌回蠟板鳴。」〔註148〕劉禹錫詩:「舊人惟有何戡在,更與殷勤唱渭城。」〔註149〕**滿埤明月露濯濯**,韓愈詩:「濯濯晨露香。」〔註150〕**繞屋垂柳絲毿毿**。孟浩然詩:「綠岸毿毿楊柳垂。」〔註151〕**十餘年來五易主,魚牀潦盡成枯潭**。王勃詩:「魚牀侵岸水。」〔註152〕**茅亭崩剝泥暗裂,有若燕子留空龕**。王維詩:「山中燕子龕。」〔註153〕**仙源重過豈易得,惜花老去心逾貪。韶光三月忽已盡,牡丹將吐房山南**。見卷九《春暮》。**綠囊紅襆水精域**,《謝華啟秀》:「紅襆,紫囊,牡丹也。」〔註154〕江總《大莊嚴寺碑》:「俯看驚電,影徹琉璃之道;遙拖宛虹,光遍水精之域。」**鹿女微笑貍奴酣**。《法苑珠林》:「上古有二金仙,修道東西山石。其間母鹿生鹿女,形極美,金仙養之。後佛母生於鹿女,因名鹿苑,乃佛成道初轉法輪處也。」王維詩:「鹿女踏花行。」〔註155〕梅堯臣詩:「銜花鹿女香。」〔註156〕「貍奴」,見前《早朝圖》。按:《宣和畫譜》,黃荃、徐熙、崔白皆有《牡丹戲貓圖》。**相期雙屐著謝客**,見卷二《山陰道歌》。**更借一鶴騎盧耽**。鄧德明《南康記》:「盧耽任州為治中,有神術,能飛。每夕輒凌虛歸家,曉則還州。曾元會,曉不及朝,則化為白鶴,至閣前迴翔欲下。威儀以帚擲之,得履

〔註144〕《奉和汴州令狐令公二十二韻》。
〔註145〕《南園十三首》其一。
〔註146〕《都尉山亭》。
〔註147〕《柳枝五首》其一。
〔註148〕《安樂宮》。
〔註149〕《與歌者何戡》。
〔註150〕《庭楸》。
〔註151〕《高陽池送朱二》。
〔註152〕《春日還郊》。
〔註153〕《燕子龕禪師》。
〔註154〕按:(宋)王安石《臨川文集》卷三十一《後殿牡丹未開》:「紅襆未開如婉娩,紫囊猶結想芳菲。此花似欲留人住,山鳥無端勸我歸。」
〔註155〕《遊感化寺》。
〔註156〕《依韻和昭亭山廣教院文鑒大士喜予往還》。

一隻。」諸君偕遊恐不遂，試與二老評花擔。謂周、陸二子。〔註157〕

同作　　周篔〔註158〕

九十日春不可駐，玉河穉柳青漸濃。官溝滌穢難墊足，何處得看林壑重。客言侍讀新築好，紫丁香結千枝穠。辛齋竹垞吾老友，不嫌策騎參支筇。查生慎行。叩扉湯生右曾。起，顧我一笑偕過從。是日天朗惠風細，晴絲冉冉煙茸茸。莎亭擁腫攲四柱，花氣遠接簷前峰。縛樹老藤更夭矯，如割左耳奔乖龍。縹囊欲坼尚未坼，已見小尾遊黃蜂。主人朝回趿草履，揖我得覿冰雪容。食單藉地任箕踞，脫略禮法便疎慵。騰觚凍醪臢百末，飣盤雜果儲三冬。吾家長水塘一曲，白鵝繡鴨紛遊溶。油菜花香蠶豆熟，貓頭筍迸芹泥鬆。爰基山東審山北，麴塵波暖浮方舲。撫琴久已謝宗炳，鑿穴今復輸臺佟。自從騎驢入燕市，魴鯉去沼鷳閉籠。得閒曠論厠坐末，一洗膠固從來胸。銀絲切鱠韭登俎，更留午飯餐冬春。何當清暑復來集，醉看夜合花惺忪。

棗花聯句

棗花香細細，亂結春風闌。孫致彌。既免纖手摘，寧邀上客看。周篔。燕郊得千樹，《漢書》：「安邑千樹棗。」〔註159〕此與千戶侯等。吾將老園官。彝尊。《淮南子》：「十一月官都尉，其樹棗。」〔註160〕《廣志》：「穀城紫棗長二寸。西王母棗三月熟，在眾果之先。梁國夫人棗大。白棗名曰蹙諮，小核多肌；三皇棗、駢白棗、灌棗，獲此四者，官園所種。」

王翬畫三首《居易錄》：「王翬辛未來京師，頗自貴重。其畫不為人作，獨欲得余一詩為贈。屢屬諸公通意於余，又特作長幅及冊子八幅相遺，其意濃至可感。竹垞題冊後云：『王翬老去畫尤工，小幅吳裝仿惠崇。曾上北高峰頂望，村村風景似圖中。』」〔註161〕

王郎手摹一峰畫，見卷九《題元張子正》。宛似張顛作草書。《唐書·李白傳》：「文宗時，詔以白歌詩、裴旻劍舞、張旭草書為『三絕』。旭，蘇州吳人。嗜酒，

〔註157〕此係自注。
〔註158〕《曝書亭集》作「嘉興周篔青士」。
〔註159〕卷九十一《貨殖傳》。
〔註160〕《時則訓》。
〔註161〕卷十八。

每大醉，呼叫狂走，乃下筆，或以頭濡墨而書，既醒自視，以為神，不可復得也，世呼『張顛』。」〔註162〕**鼠尾皴山鴉點樹**，見前《程侍郎》。**只今能事有誰如。**

　　　帝城日日足風霾，眯眼黃塵漲六街。對此溪山最清絕，便思沖雨踏梭鞋。

　　　按：《騰笑集》，前二首《題王翬夏山圖》。

　　　王翬老去畫尤工，橫幅吳裝仿惠崇。《圖繪寶鑒》：「建陽僧惠崇工畫鵝、雁、鷺鷥，尤工小景，善為寒汀遠渚瀟灑虛曠之象，人所難到也。」〔註163〕**曾記北高峰上望，村村風景似圖中。**

檉聯句

　　　有木生庭隅，白居易詩：「有木名水檉。」〔註164〕**入夏翠陰發。**周篔。**卑枝易妨帽，**庾信《小園賦》：「簷直倚而妨帽。」**密蔭恰承轙。**孫致彌。陸游詩：「黃雲承轙到羊家。」〔註165〕**重露一以晞，**《詩》：「白露未晞。」〔註166〕**微風久不歇。**彝尊。**皮幹皵殷赭，**《韻會》：「皵，皴也。又木皮甲錯也。」《爾雅》：「檉，河柳。」鄭樵注：「殷檉也，生水畔，其葉經冬變紅。」**花瑣補禿缺。**篔。《本草衍義》：「檉，人謂三春柳，以其一年三秀也。花肉紅色，成細穗。」韓愈《徐偃王廟碑》：「藩拔棘夷，庭木禿缺。」〔註167〕**色籠澹濘天，**〔註168〕**影漏惺忪月。**致彌。**遮門肖水松，**陸璣《詩疏》：「檉，河柳，生水旁，皮正赤如絳，一名雨師，枝葉似松。」《南方草木狀》：「水松菜如檜而細長。」**驗雨促耕垡。**〔註169〕彝尊。《爾雅翼》：「檉葉細如絲，婀娜可愛。天之將雨，檉先起氣以應之。」韓愈詩：「謝病老耕垡。」〔註170〕**莖小舞蝶翻，**《爾雅》鄭《注》：「今河旁赤莖小楊。」**脂香行蟻窟。**篔。張衡《南都賦》，《注》：「檉似栢而香。」〔註171〕今檉中有脂，

〔註162〕《新唐書》卷二百二《文藝列傳中》。
〔註163〕卷三。
〔註164〕《有木詩八首》其六。
〔註165〕按：非陸游詩，出黃庭堅《效王仲至少監詠姚花用其韻四首》其二。
〔註166〕《秦風‧蒹葭》。
〔註167〕原題作《衢州徐偃王廟碑》。
〔註168〕國圖藏本眉批：原集作「濘」。
〔註169〕國圖藏本眉批：故一名雨師。《說文》：垡，音伐，牛耕起土也。
〔註170〕《送文暢師北遊》。
〔註171〕《文選》卷四。

號樫乳。〔註172〕**其身異樅柏**，《爾雅》：「樅，松葉栢身。」**其產徧揚越**。致彌。《戰國策》：「蔡澤曰：『吳起南攻揚越。』」**豈惟敵雪霜**，《字說》：「樫非獨能知雨，亦能負霜，大寒不彫。」〔註173〕**兼可躕宛暍**。〔註174〕彝尊。《荀子》：「使民夏不宛暍。」〔註175〕《正字通》：「閩福州府閩清縣樫樹山上有樫樹，根分枝合，大數十圍，盛夏蔭者忘暑。」**疢疾崽**音宰。**子除**，《方言》：「崽，子也。江湘間凡言是子謂之崽。」《水經注》：「孌童卯女〔註176〕，弱年崽子。」**栲柈匠人劂**。賫。《毛詩陸疏廣要》：「樫，其材可卷為盤合，又曰〔註177〕樓落。郭雲可以為栲器。」《楚辭》：「握剞劂而不用。」〔註178〕《注》：「剞劂，刻鏤刀也。」**是物錫嘉名，肇詩皇矣曰**。致彌。《詩·皇矣》：「其樫其椐。」**爾雅配蟲魚**，韓愈詩：「爾雅注蟲魚。」〔註179〕**圖經繪苗髮**。彝尊。**過從每淹留，愛護勿翦伐**。賫。《詩》：「勿翦勿伐。」〔註180〕**森森埽庭蕚**〔註181〕，**淺淺露鴛骨**。致彌。徐積詩：「埋卻千鴛萬鴛骨。」〔註182〕**清談自亭午，離坐到日沒**。彝尊。**雖非郊野居，且免土蓬勃**。賫。**況有易釀沽，把琖恣百罰**。致彌。**箕踞獨樹根**，《漢書·張耳傳》：「高祖箕踞罵詈。」〔註183〕王維詩：「科頭箕踞長松下。」〔註184〕**狂哉酒檮杌**。彝尊。袁宏詩：「陸賈厭解紛，時與酒檮杌。」〔註185〕

〔註172〕（吳）陸璣《陸氏詩疏廣要》卷上之下：「《南都賦注》：『樫似柏而香。』今樫中有脂，號樫乳。」《欽定古今圖書集成·博物彙編·草木典卷三百五》引之。實則李善《注》僅有「樫似柏而香」一句。

〔註173〕國圖藏本眉批：《詩疏廣要》。
　　開林按：此語非出《字說》，出（吳）陸璣《陸氏詩疏廣要》。
　　卷上之下「其樫其椐」

〔註174〕國圖藏本眉批：暍，傷暑也。

〔註175〕《富國》。楊倞注：「宛，讀為蘊，暑氣也。《詩》曰：『蘊隆蟲蟲。』暍，傷暑也。」

〔註176〕《水經注》卷十一作「孌婉卯童」。此沿江浩然《曝書亭詩錄》之說。

〔註177〕「曰」，底本、石印本作「白」，據《陸氏詩疏廣要》卷上之下改。

〔註178〕莊忌《哀時命》。

〔註179〕《讀皇甫湜公安園池詩書其後二首》其一。

〔註180〕《召南·甘棠》。

〔註181〕「蕚」，康熙本《曝書亭集》作「蔓」，四庫本《曝書亭集》作「草」。

〔註182〕《姚黃》。

〔註183〕《漢書》卷三十二。按：早見《史記》卷一百零四《田叔列傳》。《索隱》：「崔浩曰：『屈膝坐，其形如箕。』」又，《莊子·至樂》：「莊子妻死，惠子弔之，莊子則方箕踞鼓盆而歌。」成玄英《疏》：「箕踞者，垂兩腳如簸箕形也。」

〔註184〕《與盧員外象過崔處士興宗林亭》。

〔註185〕《詠史》。

萬柳堂同沈秀才蕙纕對酒作《嘉興府志》：「沈蕙纕，字馨聞。大遇子。砥文礪行，遠近宗仰。痛母包早世，終身食不重味。祖母馮病，亟刲左股。醫者云割股肉必傷生，故世傳割股，類以肱代。今君得全，乃孝感也。所著有《三實居士集》。」

亭徹沙逾擁，橋敧路轉回。自從疏傳去，見卷十一《送益都》。懶逐葛疆來。見卷一《夏日》。檉柳春重徙，新荷暑未開。故人留旅話，仍勸竹根杯。

畢上舍大生止酒經年冬夜枉過勸之復飲賦三十韻

畢生本酒徒，係沿銅陽卓。見卷四《大牆上蒿行》。《一統志》：「銅陽故城在河南汝寧府新蔡縣界。」長筵慣分曹，專與大戶較。《三國志》：「孫皓每饗宴，以七升為限，小戶雖不入口，並澆灌取盡。」白居易詩：「戶大嫌甜酒。」〔註186〕傾壺滿舼船，鬭力出捲握。《後漢・張堪傳》：「珍寶山積，捲握之物足富十世。」《注》：「捲握，猶掌握也。」〔註187〕選格拋牙骰，《唐書・藝文志》：「李郃《骰子選格》三卷。」〔註188〕射覆探雀鷇。《漢書・東方朔傳》：「上嘗使諸數家射覆。」《注》：「放覆器之下而〔註189〕置諸物，令暗射之。」〔註190〕《史記・趙世家》：「主父探雀鷇而食之。」勇哉氣如虎，《詩》：「有力如虎。」〔註191〕可奪力士矟。《唐書・尉遲敬德傳》：「敬德善矟，每單騎入賊，群刺之不能傷，又能奪賊矟還刺之。帝令與齊王戲，少選，王三失矟。」〔註192〕初愁鼓鼟鼟，元稹詩：「夢聽鼓鼟鼟。」〔註193〕俄至雞喔喔。劉禹錫詩：「州中喔喔晨雞鳴。」〔註194〕一朝忽不飲，客勸輒驚逴。《廣韻》：「逴，遠也。一曰驚走。」人或強之坐，竦身等山嶽。甘令涴衫袖，不復顧謠諑。《楚辭》：「謠諑謂余以善淫。」〔註195〕自從斷酒來，

〔註186〕此兩則見《御定康熙字典》卷十一「戶」，「三國志」作「吳志」。按：前者見《太平御覽》卷四百五十三《人事部九十四・諫諍三》，稱「吳志曰」。後者見《久不見韓侍郎戲題四韻以寄之》。

〔註187〕卷六十一。

〔註188〕《新唐書》卷五十九。

〔註189〕「放覆器之下」，石印本作「覆器」。

〔註190〕卷六十五。

〔註191〕《邶風・簡兮》。

〔註192〕《新唐書》卷八十九。按：《舊唐書》卷六十八《尉遲敬德傳》：「敬德善解避矟，每單騎入賊陣，賊矟攢刺，終不能傷，又能奪取賊矟，還以刺之。……乃命敬德奪元吉矟。元吉執矟躍馬，志在刺之，敬德俄頃三奪其矟。」

〔註193〕《紀懷贈李六戶曹崔二十功曹五十韻》。

〔註194〕劉禹錫《平蔡州三首》其二：「汝南晨雞喔喔鳴。」

〔註195〕《離騷》。

月改十晦朔。問之何以然，其志在困學。僧僚止容膝，陸游詩：「屋窄似僧僚。」〔註196〕陶潛《歸去來辭》：「審容膝之易安。」居若蝸負殼。見卷十一《柳巷》。一盂黃虀酸，一燈青豆爆。當其夜分倦，欲睡乃翻覺。漆鬢添初星，杜甫詩：「汝伯何由髮如漆。」〔註197〕左思《白髮賦》：「星星白髮，生於鬢垂。」丹顏損舊渥，《詩》：「顏如渥丹。」〔註198〕入秋試不利，泣抱楚和璞。見卷十一《集長椿寺》。群飲徒揶揄，《後漢·王霸傳》：「舉手揶揄之。」〔註199〕背面肆評駁。杜甫詩：「當面輸心背面笑。」〔註200〕吳萊詩：「評駁遷固枝葉繁。」〔註201〕獨醒亦何苦，《楚辭》：「舉世皆濁我獨清，眾人皆醉我獨醒。」〔註202〕羌不如醉濁。《楚辭注》：「羌，楚人發語端之詞。」北地釀法多，滄易通蒯淥。茲非禁酒國，盧仝詩：「何時出得禁酒國。」〔註203〕況弛官務榷。《通考》：「晉、漢以來，諸道州府皆榷計麴額，置都務以沽酒。宋朝之制，三京官造麴，聽民納直，諸州城內皆置務釀之。」〔註204〕《漢書·西域傳·贊》：「至於用度不足，乃榷酒酤。」〔註205〕胡然守枯槁，血脈久淫濯。《七發》：「血脈淫濯，手足惰窳。」生來恆鬱鬱，我見尤懆懆。《爾雅》：「懆懆、邎邎，悶也。」是夕風最寒，冰箸掛斜桷。朱有燉詩：「笑把冰箸當玉釵。」〔註206〕西市買山藥，《木蘭詩》：「東市買駿馬，西市買鞍韉。」殷堯藩詩：「且共山藥同飲澗。」〔註207〕東市買海鰒。見卷九《李檢討》。此時浮一琖，亦足忘蹇剝。《定命錄》：「魏元忠有善相者，謂曰：『公當位極人臣，然命多蹇剝。』」〔註208〕李瀚《蒙求》：「趙壹坎壈，顏馭蹇剝。」生也聞我言，相視忽而嚗。《莊子》：「嚗然放杖而笑。」〔註209〕有如魚含鉤，韓愈

〔註196〕《貧居》。

〔註197〕《醉歌行》。

〔註198〕《秦風·終南》。

〔註199〕范曄《後漢書》卷八十三《逸民列傳·王霸》無此語。出（漢）劉珍《東觀漢記》卷十《王霸傳》。

〔註200〕《莫相疑行》。

〔註201〕《送鄭彥可南為莆田寄周公甫》。

〔註202〕《漁父》。

〔註203〕《歎昨日三首》其三。

〔註204〕卷十七《征榷考四·榷酤》。

〔註205〕卷九十六下。

〔註206〕《宮詞一百七首》其四十六。

〔註207〕《新昌井》。

〔註208〕《太平廣記》卷二百二十一《相一·魏元忠》。

〔註209〕《知北遊》。

詩：「歸舍不能食，有如魚掛〔註210〕鉤。」**又如鶴受鋮。**韓愈《納涼聯句》：「黃鶴足仍鋮。」《玉篇》：「鋮，鎖足也。」**紅文螺麴房，**《拾遺記》：「漢武侍者進洪梁之酒，酌以文螺之卮。」**黃支犀斛角。**見卷八《棹歌》。**沛然決江河，豈能塞一墣。**《淮南子》：「土勝水者，非以一墣塞江也。」〔註211〕《說文》：「凷謂之墣。」**詰朝客來尋，仍向甕邊捉。**見卷九《春暮》。

畢子飲二十杯而腹痛復欲止酒再以詩示之

我歌勸生飲，生醉我亦眠。繩牀一牆隔，聞若呻吟然。殘燈撥餘燄，夜半衣重褰。問之臥蔽側，欲語哽在咽。李白詩：「欲語再三咽。」〔註212〕**手摩腹與肚，抱痛青兩顴。**顏延之《賾白馬賦》：「兩顴協力。」〔註213〕**歷鹿車轂轉，**王延壽《王孫賦》：「聲歷鹿而喔呷。」**往來梭腸穿。**《內典》：「梭腸有意錦絲穿。」**良久始起坐，絮被遮寒肩。答云我祿薄，福過災則延。**庾亮《讓中書令表》：「小人祿薄，福過災生。」**緘之苦不易，**張蠙詩：「甘貧祇擬長緘酒。」〔註214〕**一夕敗終年。飲啄各分定，造物信有權。譬諸再嫁婦，羞澀塗脂鉛。**梁武帝《書評》：「羊欣書似婢作夫人，舉止羞澀。」**譬諸黃面僧，**《世說》：「黃面瞿曇，亦須斂袵。」〔註215〕**破齋烹肥鮮。旁人笑且侮，瑟縮難自前。麴蘖伐性斧，**《書》：「若作酒醴，爾惟麴蘖。」〔註216〕《郭璞別傳》：「璞時有醉飽之失，友人干令升戒之曰：『此伐性之斧也。』」〔註217〕**自此仍棄捐。主人忽大噱，**《漢書·敘傳》：「談笑大噱。」〔註218〕**物理生未研。八尺士皮肉，**《靈樞經》：「八尺之士，皮肉在此，外可度量切循而得之，其死可解剖而視之。」〔註219〕**以腰分地天。**《靈樞經》：「凡此五藏、六府、十二經水者，外有源泉而內有所稟，此皆內

〔註210〕「掛」，韓愈《赴江陵途中寄贈王二十補闕李十一拾遺李二十六員外翰林三學士》作「中」。此沿江浩然《曝書亭詩錄》之說。

〔註211〕《說林訓》。

〔註212〕《古風》其二十。

〔註213〕顏延之《赭白馬賦》（《文選》卷十四）：「兩權協月。」

〔註214〕《長安春望》。

〔註215〕蘇軾語，見（明）何良俊《語林》卷九《文學第四》。

〔註216〕《說命》。

〔註217〕按：《呂氏春秋·孟春》：「靡曼皓齒，鄭衛之音，務以自樂，命之曰伐性之斧。」枚乘《七發》：「洞房清宮，命曰寒熱之媒；皓齒蛾眉，命曰伐性之斧。」《韓詩外傳》卷九：「徼幸者，伐性之斧也；嗜慾者，逐禍之馬也。」

〔註218〕卷一百上。

〔註219〕《經水第十二》。

外相貫，如環無端。人經亦然。故天為陽，地為陰，腰以上為天，腰以下為地。故海以北者為陰，湖以北者為陰中之陰，漳以南者為陽，河以北至漳者為陽中之陰，漯以南至江者為陽中之太陽。此一隅之陰陽也，所以人與天地相參也。」〔註220〕**藏府應音律**，《史記正義》：「五藏謂心、肺、脾、肝、腎。六府謂大腸、胃、膽、膀胱、三焦也。」《靈樞經》：「內有五藏，以應五音。外有六府，以應六律。」〔註221〕**經絡貫源泉**。《靈樞經》：「經脈為裏支，而橫者為絡。」〔註222〕**江河漳漯流，夫豈可涸焉。古聖作醪醴，服之斯萬全。後來止酒徒**，陶潛《止酒》詩：「徒知止不樂，未知止利己。始覺止為善，今朝真止矣。」**託辭匪真詮。奈何屏杯杓，委腹為枯田。**方岳詩：「戽斗救枯田。」〔註223〕**數升下喉嚨，反若湯沸煎。陷河湧越巂**，李膺《益州記》：「邛都縣一老姥家有小蛇在床間，老姥憐而飴之。後長丈餘。令有駿馬，蛇吸殺之。令大忿恨，責姥出虵。姥曰：『在床下。』令掘地，無所見，遷怒殺姥。蛇乃感人以靈，言瞋令『何殺我母？當為母報仇』。此後每夜輒聞若雷若風。四十許日，百姓相見，咸驚語：『汝頭那忽戴魚？』是夜城陷為河，土人謂之陷河。惟〔註224〕姥宅無恙。」〔註225〕《後漢·西南夷傳》：「邛都夷者，武帝所開，以為邛都縣。無幾而地陷為污澤，因名為邛池，南人以為邛河。後復反叛。元鼎六年，漢兵自越巂水伐之，〔註226〕以為越巂郡。」〔註227〕**穀水淪由拳**。《水經注》：「《吳記》曰：『穀水出吳小湖，逕由拳縣故城下。』《神異傳》曰：『由拳縣，秦時長水縣也。始皇時，縣有童謠曰：城門當有血，城陷沒為湖。有老嫗聞之憂懼，旦往窺城門，門侍欲縛之，嫗言其故。嫗去後，門侍殺犬，以血塗門。嫗又往，見血走去，不敢顧。

〔註220〕《經水第十二》。
〔註221〕《經別第十一》。
〔註222〕《脈度第十七》。
〔註223〕《熱甚有懷山間》。
〔註224〕石印本此處有「老」。
〔註225〕按：李膺為南朝梁人。此據《後漢書》卷一百十六《西南夷傳》李賢《注》引。
　　（晉）干寶《搜神記》卷二十：「邛都縣下有一老姥，家貧，孤獨，每食，輒有小蛇，頭上戴角，在床間，姥憐而飴之。食後稍長大，遂長丈餘。令有駿馬，蛇遂吸殺之，令因大忿恨，責姥出蛇。姥云：『在床下。』令即掘地，愈深愈大，而無所見。令又遷怒，殺姥。蛇乃感人以靈言，瞋令『何殺我母？當為母報讎』。此後每夜輒聞若雷若風，四十許日，百姓相見，咸驚語：『汝頭那忽戴魚？』是夜，方四十里，與城一時俱陷為湖，土人謂之為陷湖，唯姥宅無恙。」
〔註226〕石印本此處有「遂」。
〔註227〕卷一百十六。

忽有大水，長欲沒縣。主簿令幹入白令，令見幹曰：何忽作魚？幹又曰：明府亦作魚。遂乃淪陷為谷矣。因目長水城，水曰穀水也。』《吳記》曰：『谷中有城，故由拳縣治也，即吳之柴辟亭，故就李鄉檇李之地。秦始皇惡其勢王，令囚徒十餘萬人污其土表。以污惡名，改曰囚卷，亦曰由卷也。』〔註228〕**此如囊裹漿，暴下乃得痊。**韓愈《病中贈張十八》：「中虛得暴下。」**及其潤既燥，百骸自安便。金平水靜順，**《素問》：「木曰敷和，火曰昇明，土曰備化，金曰審平，水曰靜順。」注：「言五運之平氣，各有紀名也。東方生風，風生木，木得其平，則敷布陽和之氣，以生萬物。火性炎上，其德顯明。土主化物，而周備於四方。金主肅殺，得其和平，不妄刑也。水體清靜，性柔而順。」〔註229〕**豈復重崩騫。**《詩》：「不騫不崩。」〔註230〕**來朝生且住，剩有叉頭錢。**蘇軾《答秦太虛書》：「初到黃，廩入既絕，人口不少，私甚憂之。但痛自節儉，日用不過百五十錢。每月朔，便取四千五百錢，斷為三十塊，掛屋樑。平旦用畫叉挑取一塊，即藏去叉，仍以大竹筒別貯用不盡者，以待賓客。」李繩甫〔註231〕詩：「叉頭高掛老坡錢。」**再為生解醒，清聖濁亦賢。**《魏略》：「徐邈為尚書郎時禁酒，邈私飲沉醉，校事趙達問以曹事。邈曰：『中聖人。』達白之太祖，甚怒。鮮于輔進曰：『酒客謂清者為聖人，濁者為賢人。邈偶醉言耳。』」〔註232〕**不聞朔風號，雪虐層冰堅。地爐擁終日，**蘇軾詩：「地爐〔註233〕旋撥通紅火，臥聽蕭蕭雪打窗。」**與我常周旋。**《世說》：「我與我周旋久，寧作我。」〔註234〕

送葉參議映榴督儲楚中《池北偶談》：「葉忠節映榴，字丙霞，號蒼岩〔註235〕，江南上海人。順治辛丑進士。由庶吉士改部曹，出視陝西學政，稍遷湖北督糧參議。戊辰，武昌兵變，從容拜疏，自剄死。」《小石林文外》：「家忠節公轉武昌糧道，掌藩司印。武昌兵變，環撫署索餉。時公在署，力勸升堂。不從。自內署遁去，亂兵遂擁

〔註228〕 卷二十八。
〔註229〕 《欽定古今圖書集成‧博物彙編‧藝術典卷一百三十二》。按：原見《素問‧五常政大論篇第七十》。
〔註230〕 《小雅‧天保》。
〔註231〕 按：出李純甫《偶得》，見《中州集》卷四。此沿江浩然《曝書亭詩錄》之說。
〔註232〕 按：非出《魏略》，見《三國志》卷二十七《徐邈傳》。
〔註233〕 「地爐」，蘇軾《書雙竹湛師房》作「白灰」。此沿江浩然《曝書亭詩錄》之說。按：陸游《晚步湖堤歸偶作》：「還家寂寞西窗晚，旋爇枯枝擁地爐。」（宋）韓淲《雪窗兀坐》：「旋撥地爐看宿火。」
〔註234〕 《品藻》。
〔註235〕 《池北偶談》卷九《葉忠節》無「號蒼岩」。

入，公挺身論之。眾曰：『此廉吏，不可傷。』擁公至山下，公戒以毋得焚掠，三日後當從爾輩之請。遂歸藩署。夜令家人奉太夫人覓小舟潛渡。次早，刺血草疏，並封印信，遣人間道詣京師。乃朝服北望稽首，升大堂公座，引佩刀自裁。迨三日後，賊如約登堂，見公猶危坐。及近前，方知己死，因羅拜於地。疏至京師，上臨軒震悼，禮臣議恤，贈少司空，廕一子。上親書忠節二字為諡。」〔註236〕

國家歲漕粟，千里連舳艫。《漢書‧武帝紀》：「自尋陽浮江，親射蛟江水，獲之。舳艫千里，薄樅陽而出，作盛唐樅陽之歌。」〔註237〕**上給宮府用，下充軍國需。以之實天庾，**《晉書‧天文志》：「天倉南四星曰天庾，積廚粟之所也。」〔註238〕張衡《周天大象賦》：「天庾積粟以示稔。」**寧曰此緩圖。先生富才術，文與東馬俱。**見卷十一《題汪贊善》。**道山橐筆入，**《後漢書》：「學者稱東觀為老氏藏室、道家蓬萊山。」**粉署含香趨。**見卷四《壽何侍御》。**單車採秦風，奉席盛群儒。天子眷南顧，特借司轉輸。**《後漢‧寇恂傳》：「時軍食急乏，恂以輦車驪駕轉輸，前後不絕。」〔註239〕**荊襄漢沔間，土沃田膏腴。歲或一不登，**漢文帝《勸農詔》：「歲一不登，民有饑色。」**天下皆饑籲。吾賢開濟策，足使民困蘇。暇日登南樓，**《晉書‧庾亮傳》：「在武昌，諸佐吏殷浩之徒乘秋夜往，共登南樓，俄而不覺。亮至，諸人將起避之，亮徐曰：『諸君少住，老子於此處興復不淺。』」〔註240〕**俯瞰赤欄湖。**見卷十一《送田少參》。**武昌柳百萬，**見卷五《送吳二〔註241〕》。**翠色兼蘅蕪。臨風興不淺，高詠無時無。**杜甫詩：

〔註236〕 華偉東主編《浦東碑刻資料選輯》據《光緒南匯縣志》錄《御製葉映榴墓碑》（浦東新區檔案館 1998 年，第 259～260 頁）：

朕惟褒忠，所以勸臣節，郵死所，以勵生存。惟其抗志不渝，全操罔玷，斯隆名紀於竹帛，顯號煥於貞瑉。國典有常，君恩益渥，爾葉映榴性行端方，才猷練達，起家常吉，洊歷曹郎，簡拔司衡，克興文教。洎督糧於楚渚，值弄兵於潰池，蠢茲凶徒，敢行劫制。爾乃身與白刃為鄰，志並青霜彌勵。篆章密識，遺表潛裁，徐慷慨以捐軀，竟從容而致命。既從優郵，仍睠忠魂，屬時邁之式臨，睹遺孤於道左。感懷往事，儼英爽之猶存；載考彝章，俾聲稱之永賁。是用重申綸綍，特與易名；爰立豐碑，諡之忠節。於戲！表忠扶孝，典從其厚而非虛；取義成仁，名比諸存而孰重。睹此殊恩之逮，愈知大節之光。

康熙三十二年十月立。

〔註237〕 卷六。
〔註238〕 卷十一。
〔註239〕 卷四十六。
〔註240〕 卷七十三。
〔註241〕 石印本下有「先輩」。

「五陵佳氣無時無。」〔註242〕歲晏一相送，欲別愁須臾。南魚北有雁，冀慰心煩紆。

表弟查二姷璨至都過古藤書屋留宿作詩二首依韻奉酬

鹽官人到逼殘年，《一統志》:「孫吳鹽官，元海寧。」贈我吳興十兩縣。白居易詩:「十兩新綿褐，披行暖似春。」〔註243〕肌粟頓消生暖後，蘇軾詩:「凍合玉樓寒起粟。」〔註244〕鬢絲相視入愁邊。醉攙把琖循環飲，倦便安牀曲尺眠。白居易詩:「把酒循環飲，移床曲尺眠。」〔註245〕玉桂國中來底事，《戰國策》:「蘇秦謂楚王曰:『楚國之食貴於玉，薪貴於桂。』」〔註246〕李賀詩:「長安玉桂國。」〔註247〕開春同縛送窮船。見卷十八《送窮日》。

別時花藥發春壇，五載離居感百端。一泝武溪行棧道，馬援《武溪深行》:「滔滔武溪一何深，鳥飛不渡，獸不敢臨，嗟哉武溪多毒淫。」《西峰字說》:「石屏州，蠻名舊欣，猶漢言林麓也。唐烏麼蠻所居，築城名曰末來。宋時，阿棘蠻者奪而據之，因闢地，得石坪。元置州縣，名俱取此。」兩浮炎海狎珠官。《吳志》:「黃武七年，改合浦為珠官郡。」〔註248〕蠻中土俗諳王範，按:王範著《交廣春秋》。篋裏雲山奪范寬。《畫鑒》:「范寬名中立，以其豁達大度，人故以寬名之。畫山水初師李成，既乃歎曰:『師人不如師造化。』乃脫舊習，遍觀奇勝，落筆雄偉老硬，真得山骨。尤長雪山，見之使人凜凜。」此夜劇談高燭換，北風頻送漏聲寒。

冬日陪徐副相元文姜著作宸英遊大房山出郊雨雪馬上作按:查慎行有《送西溟竹垞同遊房山》詩。〔註249〕

蓬勃東華塵，窈窕西山容。二者各有宜，強之心不從。徐公脫朝簿，姜子淹旅蹤。期我大房遊，捫葛攀長松。茲山我舊歷，不憚寒颷沖。車

〔註242〕《哀王孫》。

〔註243〕《能無愧》。

〔註244〕《雪後書北臺壁二首》其二。

〔註245〕《雨夜贈元十八》。

〔註246〕《楚三》。

〔註247〕《出城別張又新酬李漢》。

〔註248〕卷四十七《吳主傳》。

〔註249〕按:查慎行《敬業堂詩集》卷八《人海集》有《西溟竹垞同遊房山余不及踐約口占送之》:「斜陽聯騎去，影落好山中。古寺尋碑入，幽泉撥葉通。勝遊關俗念，閒趣就詩翁。隔斷桑乾水，黃沙白草風。」

中三升榼，_{白居易詩：「白角三升榼。」}〔註250〕**馬後九節筇**。_{虞集詩：「添予九}
_{節筇。」}〔註251〕**誰能先花時，蠟屐乘清冬。雨霰雖載塗，相顧多歡悰。雪**
色妙渲染，一峰殊一峰。《素園石譜》：「順天府西山，與天壽山相接。每大雪初
霽，千峰萬壑，積素凝華，若圖畫。」〔註252〕**明當踏霽日，遍覽金芙蓉。**見卷
二《舟中望廬山》。

止孤山普濟寺《國門近遊錄》：「由韓姑砦而西，從小徑入孤山口，普濟寺道傍有
元應公禪師道行碑，又有僧塔甚多，不能遍覽也。」〔註253〕

曉辭盧溝河，見卷五《上谷道中》。**暮逾韓姑砦。荒榛取線路，**蘇軾詩：
「線路不容足。」〔註254〕**亂塔湧香界。峰回削峋岠，**《爾雅》：「小山岠，大山
峋。」**水涸失泮派。啞啞饑烏集，**《風俗通》：「明帝東巡，中郎將王吉引弓射烏，
中之，曰：『烏烏啞啞，引弓射洞左腋。』」**欷欷病葉敗。返景寒易收，陰厓暝**
逾怪。俄而樵歌歇，近寺響僧唄。《法苑珠林》：「西方之有唄，猶東國之有讚。
讚者，從文以結章。唄者，短偈以流頌。」**言投水晶域，棲止得所屆。山缾溫**
凍醴，冬窖出秋菜。《禮》：「仲秋，穿竇窖，修囷倉。乃命有司，趨民收斂，務蓄
菜，多積聚。」〔註255〕《南史·王玄〔註256〕謨傳》：「皰醬調秋菜。」〔註257〕**坐久**
霜月高，起行猶未憊。逍遙青松陰，於心豈不快。

入上方山見卷七《同劉侍郎》。

山心夜不寐，凍雀喧前窗。香廚卯飯熟，傑閣晨鐘撞。梔車束欞馬，
各雇輿丁雙。彎環柳桊椅，夾以棗木槓。舍村入坡陀，百折循崆峔。萬
古此積石，山農絕耕耰。短松走長根，老樹撐空腔。徑盡緣仄磴，險過
梯雲槓。置身縹緲間，若掉都盧橦。見卷十一《送田少參》。層軒坐僧榻，
喘定心猶㦬。

〔註250〕《池上早春即事招夢得》。另，白居易《自題新昌居止因招楊郎中小飲》：「春
　　　　風小榼三升酒」；《夜招晦叔》：「小花蠻榼二三升。」
〔註251〕《山水圖》。按：（唐）歐陽持《書翠崖寺壁》：「迎笑堂前九節筇。」
〔註252〕《欽定日下舊聞考》卷一百五十。
〔註253〕《欽定日下舊聞考》卷一百三十、《欽定古今圖書集成·方輿彙編·職方典卷
　　　　五十一》。
〔註254〕《湯村開運鹽河雨中督役》。
〔註255〕《月令》。
〔註256〕「玄」，底本、石印本作「元」，據《南史》卷十六改。
〔註257〕按：早見《宋書》卷七十六《王玄謨傳》。

一斗泉《長安客話》:「毘盧頂之右有一斗泉。」〔註 258〕《帝景景物略》:「上方寺左一峰高百丈,峰下泉曰一斗泉。」

昔尋一斗泉,俯睨千花壒。白居易詩:「忽見千花壒,因停一葉舟。」〔註 259〕壯歲不知疲,三日行兩币。重來筋力倦,十五換僧臘。《攟華鈔》:「律〔註 260〕中以七月十六日,是比丘五分法身生來之歲。則七月十五日是臘除也。比丘出俗,不以俗年為計,乃數夏臘耳。」按:先生於癸丑歲曾遊房山,至是歲丁卯,已十五年矣。已攮百骸困,猶幸半踵納。《莊子》:「納履而踵決。」〔註 261〕崖傾旋曲蝸,石扁鏤文蛤。《本草》:「小紫斑者曰文蛤。」雨暘迭晦明,龍虎互乖合。忽焉松門在,茅屋向斜搭。韓偓詩:「夜深斜搭秋韆索。」〔註 262〕短綆汲澄泓,《荀子》:「短綆不可以汲深井之泉。」〔註 263〕微風吹颯沓。杜甫詩:「雨聲先已風颯沓。」〔註 264〕精廬憺忘歸,《楚辭》:「留靈脩兮憺忘歸。」〔註 265〕惜未攜酒榼。向下招遊朋,仰視笑不答。

兜率院阮旻錫《上方山記》:「度盧溝,循房山而西到接待亭,一望皆丹崖翠壁,遊者捨騎扶筇,迤旋步折,得稍平處,為懽喜臺。前登兜率門,兩峰壁立,中砌石級,鐵鎖高垂,凡三轉至昆盧頂。山中為刹七十有二,寺之古者曰兜率。」〔註 266〕

幽燕古奧室,史恒德《涿鹿記》:「房山在涿郡西北五十里,北接居庸,東抵漁陽,西連紫荊,所謂幽燕奧室也。」〔註 267〕兜率居中岩。花宮七十二,下上東西嵌。六時響魚鼓,《西域記》:「六時合成一日。」晁沖之詩:「寺靜魚鼓蕭。」〔註 268〕四面圍筠杉。孟郊《聯句》:「弱操愧筠杉。」〔註 269〕沙泉細流續,石

〔註 258〕《欽定日下舊聞考》卷一百三十、《欽定古今圖書集成‧方輿彙編‧職方典卷十四》。

〔註 259〕《發白狗峽次黃牛峽登高寺卻望忠州》。

〔註 260〕按:底本以「攟華鈔律」為書名,誤。

〔註 261〕《讓王》。

〔註 262〕《夜深》。

〔註 263〕《榮辱》。

〔註 264〕按:杜甫《種萵苣》:「雨聲先已風,散足盡西靡。山泉落滄江,霹靂猶在耳。終朝紆颯沓,信宿罷瀟灑。」

〔註 265〕《九歌‧山鬼》。

〔註 266〕《欽定日下舊聞考》卷一百三十。

〔註 267〕《欽定日下舊聞考》卷一百三十、《欽定古今圖書集成‧方輿彙編‧職方典卷十四》。

〔註 268〕《擬一上人懷山之什》。

〔註 269〕韓愈《雨中寄孟刑部幾道聯句》。

壁遺經劖。《國門近遊錄》:「孤山兜率院,萬曆初太監馮保修築。殿後刻《四十二章經》置於壁,筆法遒整,不知倩何人書也。」〔註270〕欲探乳穴勝,《水經注》:「易水又東逕孔山北,山下有鍾乳穴,穴出佳乳。」〔註271〕改著短後衫。見卷十一《送陳舍人》。其中路窈糾,《詩》:「舒窈糾兮。」〔註272〕其外雲封緘。百千羊鬚珠,見卷九《讀嵩遊草》。往往乖龍銜。《龍城錄》:「茅山道士吳綽採藥於華陽洞口,見一小兒手把三珠,戲於松下。綽從之。奔入洞中,化為龍,以三珠填左耳。綽以藥斧斸之,落左耳,而三珠已失所在。」《北夢瑣言》:「乖龍苦行雨,多竄匿古木及簷楹內,雷神捕之。」〔註273〕所嗟腳力弱,畏此高嶄嶄。山僧飯我腹,樸野言多儳。嗣歲期重過,同把黃獨钁。

望摘星陀見卷七《同劉侍郎》。

梯頭歷上方,《五代史·莨從簡傳》:「莊宗用兵攻城,從簡多為梯頭。」〔註274〕崖內平偡偡。韓愈詩:「石棧平偡偡。」〔註275〕其西叢木杪,樵路乃荒迥。李商隱詩:「常恐值荒迥。」〔註276〕蜿蜒眾山伏,剸屴一峰挺。王延壽《魯靈光殿賦》:「剸屴嶔崟。」誰燒陰陽炭,賈誼《鵩鳥賦》:「天地為鑪兮,造化為工;陰陽為炭兮,萬物為銅。」鑄出火風鼎。《易》:「火風,鼎。」既絕鶴鵲棲,兼少麋鹿黽。《集韻》:「黽,鹿走貌。」何年運鬼工,於此置屋並。遙想層雲巔,六月亦清冷。況當密雪零,夙宵斷杯酩。天逼寒稜稜,星壓光炯炯。自非鐵頭陀,安敢居絕頂。鐵頭陀,金時高僧居此山。〔註277〕

中院魏必復《天開中院碑陰記》:「天開,古名剎,在房山之麓。規制始於漢,歷晉、隋、唐迄五季,盛於遼,廢於金季之兵。至元十年,歲次癸酉,應公禪師始來住持,次建栗園寺,次建皇后臺東西兩寺,次建涿州設濟寺,規模莊嚴,擬於天開。又建中院於寺南沙河,按據上游,創水碾三,以給眾僧日饌費。至元二十七年,世祖皇帝聞而嘉之,特賜聖旨護持。應公既示寂,遺教弟子趙顯仁住持。延祐三年二

〔註270〕《欽定日下舊聞考》卷一百三十。
〔註271〕卷十一。
〔註272〕《陳風·月出》。
〔註273〕《太平廣記》卷四百二十五《龍八·郭彥郎》,注出《北夢瑣言》。
〔註274〕《新五代史》卷四十七。
〔註275〕《答張徹》。
〔註276〕《行次西郊作一百韻》。
〔註277〕此係自注。

月，特授聖旨，宗主大天開、上方、中院、設濟等寺，前後綸命，顯仁鐫之琬琰。」〔註 278〕

天開寺中院，舊在沙河南。應公昔來棲，曾立水磑三。河流今已徙，亂石堆枯潭。孤碣當麥壟，頹基迷蘿龕。釋無可詩：「躡蘚別蘿龕。」〔註 279〕**同遊各下馬，考古性所耽。剗苔讀遺文，其體國俗參。紀年稱虎兒，**《國門近遊錄》：「自普濟寺西有村，名別院。田中大碑，勒元薛禪曲律〔註 280〕皇帝旨二道，碑末書虎兒年月日，碑陰為《護持天開中院記》，集賢侍講學士中奉大夫魏必復撰文並書。」〔註 281〕**草昧典未諳。採之入舊聞，**《日下舊聞》：「康熙癸丑，予登上方山，見兜率寺南十方院東有金大安中懺悔上人墳墖。後十四年，復遊上方，於孤山口西麥田中見有元延祐間所樹碑，則集賢學士魏必復所撰，稱此地為六聘山天開寺下中院。又於甘池村北數里訪天開寺，尚存。蓋當日寺僧管業，其地甚廣，天開乃其下院，孤山則下中院，兜率為上方，而總名之曰六聘山天開寺。」〔註 282〕**亦足資客談。攢筆抄乍終，日隱西峰嵐。添我蒙茸裘，**《詩》：「狐裘蒙茸。」〔註 283〕《左傳》：「狐裘尨茸。」〔註 284〕**寒色齊回驂。**

東峪寺《燕都遊覽志》：「東峪、西峪兩寺，石經洞之左右翼也。」〔註 285〕

孤山指㔉〔註 286〕**題，**《帝京景物略》：「房山縣西南四十里有山，曰白帶山。生㔉題草，又曰㔉題山。藏石經者千年矣。」〔註 287〕《日下舊聞》：「按《漢書．地里志》，清河郡有㔉題縣。顏師古《注》：『㔉，古莎字。』」**馬力苦顛跋。蕘夫云一舍，**《周禮》：「三十里有宿。」《注》：「三十里為一舍。」**五十里始達。不知深山中，地志誰所括。**《唐書．藝文志》：「《括地志》五百五十卷，魏王泰命蕭德言

〔註 278〕《欽定日下舊聞考》卷一百三十、《欽定古今圖書集成．方輿彙編．職方典卷二十六》。

〔註 279〕《送清散遊太白山》。

〔註 280〕「薛禪曲律」，《欽定日下舊聞考》卷一百三十作「色辰庫魯克」。

〔註 281〕《欽定古今圖書集成．方輿彙編．職方典卷五十一》。

〔註 282〕《欽定日下舊聞考》卷一百三十。

〔註 283〕《史記．晉世家》。

〔註 284〕僖公五年。

〔註 285〕《欽定日下舊聞考》卷一百三十一、《欽定古今圖書集成．方輿彙編．職方典》卷十四、卷五十一。

〔註 286〕按：王利民等整理《曝書亭全集》作「芯」，誤。

〔註 287〕《欽定日下舊聞考》卷一百三十一、《欽定古今圖書集成．方輿彙編．職方典卷十四》。

等撰。」〔註288〕亭午入東峪，僕饑主亦渴。寺門依白楊，《瀟碧堂集》：「東峪寺門白楊成林，風氣慘裂。北臺如蓮花在水中央，東臺亦奇特。臺上石浮圖，唐金仙公主所建。五臺之外環以巨嶂，其石紋或類雨點，或類卷雲。」〔註289〕風葉滿頭脫。牆西五墩古，階下一水活。《太平清話》：「唐子西云：『水無美惡，以活為上。』」〔註290〕竹爐拾墜巢，茗盌收棄盍。蕭然此時意，百累皆可割。修塗驗短景，揮手謝禪闉。回聽星星鐘，岑參詩：「昨夜山北時，星星聞此鐘。」〔註291〕流響在林末。

西峪寺 《長安客話》：「從南臺而下，山麓間有寺，曰西峪寺。東溪水闊可五丈，聲潺潺若風雨驟至。五臺僧皆穴處，遊人不可留，多居此寺。」〔註292〕

層層金仙塼，宛宛白帶山。西峪在其下，梵刻局重關。經始齊隋代，斷手金元間。《石倉文集》：「從孤山口支徑之小西天。小西天者，即石經寺也。寺在絕頂，天然成洞，洞藏石經。其東西兩峪俱有寺，若張翼然。石經板約方三、四尺，層累相承。自北齊至隋，有沙門靜琬發願刻十二部經藏之此山。後其徒續成之，歷唐、宋、遼、金，功始成其半焉。」〔註293〕千春閟不發，為計誠陰奸。韓愈詩：「本以除〔註294〕陰奸。」九經勒咸陽，《日知錄》：「九經者，《易》、《詩》、《書》、《三禮》、《春秋》三傳，又有《孝經》、《論語》、《爾雅》、其寔乃十二經。又有張參《五經文字》，唐玄度《九經字樣》，皆刻之於石，今在西安府學。」〔註295〕《三輔黃圖》：「咸陽在九嵕山、渭水北，山水俱在南，故名咸陽。」〔註296〕響搨流人寰。《洞天清錄》：「以紙加碑上，貼於窗戶間，以游絲筆就明處圈卻字畫，填以濃墨，謂之響搨。」乃知慈氏隘，《法苑珠林》：「西雲彌勒，此云慈氏。」未若儒者嫻。土花填石闕，李商隱詩：「土花漠漠雲茫茫。」〔註297〕「石闕」，見卷

〔註288〕《新唐書》卷五十八。

〔註289〕《欽定日下舊聞考》卷一百三十一、《欽定古今圖書集成‧方輿彙編‧職方典卷五十一》

〔註290〕《欽定古今圖書集成‧博物彙編‧藝術典卷七百九十六》。

〔註291〕《冬夜宿仙遊寺南涼堂呈謙道人》。

〔註292〕《欽定日下舊聞考》卷一百三十一、《欽定古今圖書集成‧方輿彙編‧職方典》卷十四、卷五十一。

〔註293〕節錄（明）曹學佺《遊房山記》。

〔註294〕「除」，韓愈《題炭谷湫祠堂》作「儲」。此沿江浩然《曝書亭詩錄》之說。

〔註295〕卷二十一《說文長箋》。

〔註296〕卷一《三輔沿革》。

〔註297〕《李夫人歌》。

六《伽香盫》。**鉛汁灌戸樞**。《冥報記》：「幽州沙門知苑精練有學識，隋大業中於幽州西山鑿巖為石室，摩四壁以寫經。又取方石，別更摩寫，藏諸室內。每一室滿，即以石塞門，鎔鐵固之。」〔註298〕**有時野火燎**，姚廣孝《題石經山》：「不畏野火燎，詎愁苔蘚蝕。」**豈得恃堅頑**。楊奐詩：「五丁鑿石極堅頑。」〔註299〕**我瞻雲居寺**，《長安客話》：「石經山峰巒秀拔，儼若天竺，因謂之小西天。寺在雲表，僅通鳥道，曰雲居寺。」〔註300〕**磴險不可攀。翠微未及上**，《爾雅》：「山未及上曰翠微。」**已足舒心顏。**

甘池《北遊紀方》：「甘池在孫家岡北石將軍廟前。泉凡七孔，平地趵突，流為長溝。土人言廟下穴中有一目魚，長可四寸，每於清明日出穴戲遊，見者以占豐稔。」〔註301〕

涿水魚重唇，《一統志》：「涿水源自上谷涿鹿山，流至涿州北，入挾河。」**甘池魚一目。涓涓六七竇，羅注滿陂谷。淺漾苔衣斑，深含荇帶綠**。《國門近遊錄》：「孤山口東八里有東、南、西、北甘池四村，亦謂之長溝谷。西村之北水從石壁出，凡七竇，羅注為池。上有河北將軍廟，既無碑記，不知為何神也。土人言池中生魚，止一目，而涿州相近有水生魚重唇，其味皆絕美，然不多得。水從石橋過，橋下荇帶冬月，青翠可玩。」〔註302〕**清泠下浴鳥，遠近來飲犢。河北將軍祠，腰臘走巫祝**。《漢書·武帝紀〔註303〕》：「令天下大酺五日，腰五日，祠門戸，北〔註304〕臘。」《注》：「腰，祭名。貙常以立秋祭獸，王者亦以此日出獵，還以祭宗廟，故有腰臘〔註305〕之祭。」〔註306〕《法言》：「若牛、羊用人，則狐狸、蟪蛄不腰臘也與。」《注》：「腰，八月旦，祭祀先人。臘，蠟也。」〔註307〕**不知何名姓，遺像猶在屋。秋晴秔稻香，日至麰麥熟。匪因水泉利，何以具籩**

〔註298〕《欽定日下舊聞考》卷一百三十一、《欽定古今圖書集成·方輿彙編·職方典卷三十三》。

〔註299〕《通濟橋》。

〔註300〕《欽定日下舊聞考》卷一百三十一、《欽定古今圖書集成·方輿彙編·職方典卷十四》。

〔註301〕《欽定日下舊聞考》卷一百三十、《欽定古今圖書集成·方輿彙編·職方典卷十四》。

〔註302〕《欽定日下舊聞考》卷一百三十、《欽定古今圖書集成·方輿彙編·職方典卷十四》。

〔註303〕「紀」，底本、石印本作「記」。

〔註304〕「北」，《漢書》卷六作「比」。

〔註305〕「腰臘」，顏師古《注》引「蘇林曰」作「貙腰」。

〔註306〕此一條引自江浩然《曝書亭詩錄》。

〔註307〕《問道篇》。

粥。《左傳》：「饘於是，粥於是，以餬余口。」〔註308〕東度白石橋，沙行背山麓。村醑解留人，風幔青半幅。

六聘山中弔晉處士霍原

《晉書·隱逸傳》：「霍原，字休明，燕國廣陽人也。父友同郡劉岱將舉之，未果而病篤。臨終，敕其子沈曰：『霍原慕道清虛，方成奇器，汝後必薦之。』後歸鄉里。高陽許猛素服其名，會為幽州刺史，將詣之，主簿當車諫不可出界，猛歎恨而止。原山居積年，門徒百數，燕王月致羊酒。及劉沈〔註309〕為國大中正，元康中，進原為二品，司徒不過，沈乃上表理之。詔下司徒參論。中書監張華令陳准奏為上品，詔可。元康末，原與王褒等俱以賢良徵，累下州郡，以禮發遣，皆不到。後王浚稱制謀僭，使人問之，原不答，浚心銜之。又有遼東囚徒三百餘人，依山為賊，意欲劫原為主事，亦未行。時有謠曰：『天子在何許，近在豆田中。』浚以豆為霍，收原斬之，懸其首。諸生悲哭，夜竊屍共埋殯之。遠近駭愕，莫不冤痛之。」

昔有霍處士，居涿西山陽。劉因詩：「西山霍原宅，古蹟猶可稽。」〔註310〕弟子半千人，大小開黌堂。《水經注》：「淶水北逕小黌堂，又東逕大黌堂，蓋霍原教授處也。」六聘節愈堅，義不干侯王。無端豆田謠，乃受彭祖殃。《晉書·王浚傳》：「浚字彭祖。領幽州刺史。時童謠曰：『幽州城門似藏戶，中有伏屍王彭祖。』」〔註311〕紛紜永嘉末，見卷十一《送王贊善》。鐵騎摟武鄉。《晉書·載記》：「石勒字世龍，上黨武鄉羯人也。有膽力，雄武好騎射。曷朱性凶虣，不為群胡所附，每使勒代己督攝，部胡愛信之。所居武鄉北原山下草木皆有鐵騎之象。」〔註312〕伏屍出藏戶，繫之如驅羊。《晉書·載記》：「勒將圖浚，引王子春問之。對曰：『幽州謠怪特甚，聞者莫不為之寒心，浚曾無懼容，亡期至矣。』勒撫几笑曰：『王彭祖真可禽也。』於是輕騎襲幽州。至薊，叱門者曰開門。先驅牛羊數千頭，聲言上禮，實欲填諸街巷，使兵不得發。勒升其廳事，命甲士執浚，送襄國市斬之。」〔註313〕殺機本倚伏，《老子》：「禍兮福之所倚，福兮禍之所伏。」善人安可戕。我來後千載，覽古心盡傷。《書》：「民罔不盡傷心。」〔註314〕祠墓久摧沒，末由酹

〔註308〕昭公七年。
〔註309〕「沈」，底本、石印本誤作「宋」。據《晉書》卷九十四《隱逸列傳》改，方與下文「沈乃上表理之」合。
〔註310〕《和雜詩》十一首之十。
〔註311〕卷三十九。
〔註312〕卷一百四《石勒載記上》。
〔註313〕卷一百四《石勒載記上》。
〔註314〕《酒誥》。

椒漿。《楚辭》:「奠桂酒兮椒漿。」〔註315〕**絏馬白楊樹,旋馬黃茅岡**。白居易詩:「黃茅岡頭秋日晚。」〔註316〕

瓦井《石倉文集》:「出房山縣城,行六十里,所過村落曰瓦井。」〔註317〕

瓦井社北東,中田卵墰七。陸游《祭勤首座文》:「卵墰告成,欲往不果。」〔註318〕**叢叢蒺藜中,高下如卓筆。傍有石鐘幢,各誌歲月日。比丘守司徒,榮祿大夫秩**。《國門近遊錄》:「甘池村東北十五里,村〔註319〕曰瓦井。過村有小菴,中有元時石幢,字多磨泐。去菴百步,有僧墰七。其一大書榮祿大夫守司徒侍中宗主某大師靈塔字。其餘六塔皆有銘,棘荆繞之,字小不能讀也。墰傍有石幢二,又有石鐘一,鐘上有銘,乃至元中物。」〔註320〕**當時崇國師,此輩盡驕佚。非惟混釋儒,兼亦亂名實。奈何茶毗後**,《釋氏要覽》:「僧亡曰茶毗,或曰闍維。天竺第九祖入滅,眾以香油旃檀闍維其體。闍維即茶毗,謂火焚也。」**公然肆刊述。粵漢兩燕王,改葬蹟遂失**。《金史·地里志》:「初,兩燕王墓舊在中都東城外,海陵廣京城圍墓在東城內,前嘗有盜發其墓。大定九年,詔改葬於城外。俗傳六國時,燕王及太子丹之葬。及啟壙,其東墓之柩題其端曰:『燕靈王舊。』舊,古柩字,通用。乃西漢高祖子劉建葬也。其西墓,蓋燕康王劉嘉之葬也。蔡珪作《兩燕王墓辯》,據葬制、名物、款刻甚詳。」〔註321〕**樂毅及霍原,遺冢莫可悉**。《魏書·盧道將傳》:「為燕郡太守,下車表樂毅、霍原之墓而為之立祠。」〔註322〕《畿輔通志》:「樂毅墓。《史記注》云:『望諸君冢在邯鄲縣西數里。』今在廣平府城東南二十里。」〔註323〕《胡祭酒集》:「望諸君墓在良鄉縣治南三里,近盧溝。堤決,役夫輿墓碑築堤。恐後無徵矣。」〔註324〕**彼亡茲乃存,物理信難必**。

〔註315〕《九歌·東皇太一》。
〔註316〕《山鷓鴣》。
〔註317〕(明)曹學佺《遊房山記》。
〔註318〕《渭南文集》卷四十一。
〔註319〕「村」,《欽定古今圖書集成·方輿彙編·職方典卷五十一》無。此沿江浩然《曝書亭詩錄》之說。
〔註320〕《欽定日下舊聞考》卷一百三十。
〔註321〕按:非《地里志》,乃卷一百二十五《文藝列傳上》。
〔註322〕卷四十七。
〔註323〕卷四十八《陵墓》。
〔註324〕《欽定日下舊聞考》卷一百三十三。按:(明)胡儼《頤庵文選》卷下《望諸君墓》五律,題下注:「在良鄉縣治南三里。」末句:「欲問當年事,盧溝有斷碑。」注:「近盧溝。堤決,聞役夫輿墓碑築堤,恐後無徵。故末句識之。」

欲尋孔水洞不果《獅山掌錄》:「房山有孔水洞,闊二丈許,深不可測。嘗有人秉火浮舟探之,隱隱聞作樂聲,懼而返。金太和中,忽見桃花流出。」〔註325〕

晚投故砦宿,晨別羽士家。欲尋孔水洞,村路迷三叉。陸游詩:「意行舍北三叉路。」〔註326〕傳聞蹟最勝,自昔圖經誇。怒沖犖碻石,韓愈詩:「山石犖碻行徑微。」〔註327〕晴響霹靂車。《三國‧袁紹傳》:「太祖發石車擊紹樓,皆破,紹眾號曰『霹靂車』。」〔註328〕層層落暗穴,湛湛淳深窪。每當三春時,流出夭桃花。仙鼠舞白日,《圖書編》:「唐胡詹作《孔水洞記》:『有人篝火探之,行五六日,莫究其源,但見仙鼠晝飛,頳鱗時現。』」〔註329〕文鱗漾銀沙。司馬相如《上林賦》:「泯玉旁唐,玢豳文鱗。」梁簡文帝《玄圃園講頌序》:「畫堂玉砌,碧水銀沙。」我思窮其源,惜哉無古槎。江總詩:「古槎橫近澗。」〔註330〕僕痛促歸數,《詩》:「我僕痛矣。」〔註331〕未得探幽遐。盧諶詩:「身經險阻,足蹈幽遐。」〔註332〕立馬長店岡,《國門近遊錄》:「盧溝河南過長店岡而西有縣村,疑即古玉河縣故址。然唐時幽州管內尚有廣平縣,亦分薊縣置者,所謂縣村,究未定為何縣也。」〔註333〕心仍戀峰霞。李嶠詩:「更取峰霞入酒杯。」〔註334〕

詠古二首〔註335〕

漢皇將將屈群雄,見卷三《大閱圖》。心許淮陰國士風。見卷四《送曾司理》。不分後來輸絳灌,《漢書‧韓信傳》:「赦以為淮陰侯。居常鞅鞅,羞與絳、灌等列。」〔註336〕名高一十八元功。《漢書‧高帝功臣表》:「於是申以丹書之信,

---

〔註325〕《欽定日下舊聞考》卷一百三十。
〔註326〕《舍北行飯書觸目二首》其二。
〔註327〕《山石》。
〔註328〕卷六。
〔註329〕《欽定日下舊聞考》卷一百三十。按:原出(明)章潢《圖書編》卷五十九。
〔註330〕《山庭春日》。
〔註331〕《周南‧卷耳》。
〔註332〕《贈劉琨詩》其八。
〔註333〕《欽定日下舊聞考》卷九十五。
〔註334〕《奉和初春幸太平公主南莊應制》。
〔註335〕按:《郎潛紀聞》卷五:
　　竹垞先生官翰林時,《詠史》云:「漢皇將將屈群雄,心許淮陰國士風。不分後來輸絳灌,名高一十八元功。」「海內詞章有定稱,南來庾信北徐陵。誰知著作修文殿,物論翻歸祖孝徵。」當時或因天祿秘書,編纂不預,坊局華選,薦擢不公,故先生藉此抒感。而讀是詩者,謗議橫生,不久遂湖山放廢矣。
〔註336〕《漢書》卷三十四。按:早見《史記》卷九十二《淮陰侯列傳》。

重以白馬之盟，又作十八侯之位次。」孟康曰：「唯作元功蕭、曹等十八人位次耳。」師古曰：「謂蕭何、曹參、張敖、周勃、樊噲、酈商、奚涓、夏侯嬰、灌嬰、傅寬、靳歙、王陵、陳武、王吸、薛歐、周昌、丁復、蟲達，從第一至十八也。」〔註337〕

海內詞章有定稱，南來庾信北徐陵。見卷十一《送沈上舍》。**誰知著作修文殿，物論翻歸祖孝徵。**《冊府元龜》：「北齊祖珽拜為尚書左僕射，監修國史，以後主屬文，奏撰《御覽》。武平三年二月，詔珽及特進魏收等入文林館，撰《玄洲苑御覽》，後改名《聖壽堂御覽》。八月《御覽》成，敕付史閣，後改為《修文殿御覽》，凡三百六十卷。」〔註338〕《北齊‧祖珽傳》：「字孝徵，范陽狄道人也。神情機警，詞藻遒逸，少馳令譽，為世所推。」〔註339〕

寒夜集古藤書屋分賦得火箸按：同集者為姜西溟、譚左羽、汪舟次、王令貽、湯西厓、龔蘅圃、查德尹。

我昔誦茶經，其具得火筴。《茶經》：「火筴，一名筯若，常用者圓，直一尺三寸，頂平截，無蔥臺勾鎖之屬，以鐵或熟銅製之。」〔註340〕**圓直無蔥臺，修長過銅鎯。是物最末微，尋常付灶妾。偶為桑苧詮，**見前《竹爐聯句》。**詎錄香山帖。**《唐書‧白居易傳》：「與香山僧如滿結香火社，自稱香山居士。」〔註341〕《演繁露》：「白居易取凡書精語可備詞賦採用者，各以門目類聚，總名曰《六帖》。」〔註342〕**自來京城居，七度脫林葉。窮陰朔風號，聚沙眯樓堞。**徐陵《廣州刺史碑》：「擬金駮於樓堞。」**南人氣柔脆，**《老子》：「萬物草木之生也柔脆。」**土炕意不愜。**見卷六《風懷》。**墐戶類蟄蟲，**《詩》：「塞向墐戶。」〔註343〕《禮》：「季秋之月，蟄蟲咸俯，在內皆墐其戶。」〔註344〕**曲身苦跧摺。**劉弇詩：「局縮如跧摺。」〔註345〕**握火置甎爐，**蘇軾《試院煎茶》：「塼爐石銚行相隨。」**聊以熨胸脅。**《管子》：「禁藏於胷脅之內。」〔註346〕**燕俗饒栗薪，**《詩》：「丞在栗

〔註337〕卷十六。
〔註338〕卷六百七。
〔註339〕卷三十九。石印本「推」下有「重」字。
〔註340〕卷中。
〔註341〕《舊唐書》卷一百六十六。
〔註342〕卷十六《六帖》。
〔註343〕《豳風‧七月》。
〔註344〕《月令》。
〔註345〕《依師小軒獨酌》。
〔註346〕《禁藏第五十三》。

薪。」〔註 347〕**市者病遠涉。虛傳紅螺產**，《畿輔通志》：「紅螺山在懷柔縣北二十里。」〔註 348〕**罕致白炭籝**。見卷十一《簡宋觀察》。《六書故》：「籝，編竹為簍也。」**爆急燎竄鬚**，《唐書・李勣傳》：「姊病，自為粥而燎其鬚。」〔註 349〕**煙騰淚棲睫**。陳造詩：「路人私語淚棲睫。」〔註 350〕**箸也誠要需，取用便指捻。製以偶勝奇，力惟同乃協。出入炎焰中**，張說詩：「丹爐飛鐵馳炎燄。」〔註 351〕**身手洵趫捷**。《晉書・孫綽傳》：「若身手之救痛癢。」〔註 352〕《後漢・朱儁傳》：「賊帥常山人張燕輕勇趫捷。」〔註 353〕**有若赴敵場，擒馘恣所挾**。《詩》：「攸馘安安。」〔註 354〕《注》：「軍法：獲而不服，則殺而獻其左耳。」**峙立必雙簪，倒臥亦並接。須臾不相離，無以異鶼鰈**。《爾雅》：「東方有比目魚焉，不比不行，其名謂之鰈。南方有比翼鳥焉，不比不飛，其名謂之鶼鶼。」**留之載都籃**，見卷十一《送沈上舍》。**配以紙黏箑**。《方言》：「自關以東謂之箑，西謂之扇。」**持喻同心人，歲寒入吟篋。**

題喬侍讀小像《集外詩》。其一云：「長記斜街侑酒杯，千錢買得瓦盆梅。何如恣倚桃椰杖，竹尾松陰雪滿堆。」其二云：「我亦京華久謫居，懷歸只想狎樵漁。秋深定果臨岐約，十笏閒房共著書。」

　　宛轉溪橋浴野鳧，城隅瀟灑得重湖。少年背面休相笑，憔悴何曾似左徒。《史記・屈原傳》：「屈原者，名平，楚之同姓也。為楚懷王左徒。」〔註 355〕

食采玉山藥《春明夢餘錄》：「采育，古安次縣採魏里也。明初為上林苑，改名蕃育署，而人仍呼采育，合新舊而名之也。去都城七十里。」〔註 356〕《析津日記》：「山藥產采育者，甘美特異他處。」〔註 357〕《負暄雜錄》：「山藥名薯蕷，唐代宗諱預，改名薯藥；宋英宗諱曙，改名山藥。」〔註 358〕

〔註 347〕《豳風・東山》。
〔註 348〕《欽定古今圖書集成・博物彙編・禽蟲典卷一百六十三》。
〔註 349〕《新唐書》卷九十三。
〔註 350〕《明妃曲》。
〔註 351〕《安樂郡主花燭行》。
〔註 352〕卷五十六。
〔註 353〕卷一百一。
〔註 354〕《大雅・皇矣》。
〔註 355〕卷八十四。
〔註 356〕卷六十四《名跡一》。《欽定日下舊聞考》卷九十引之。
〔註 357〕《欽定日下舊聞考》卷一百五十。
〔註 358〕《御定佩文齋廣羣芳譜》卷十六《蔬譜・山藥》。

窮冬旨蓄盡，《詩》：「我有旨蓄，亦以御冬。」〔註359〕客至我心瘝。彝尊。
《詩》：「使我心瘝。」〔註360〕打門門者鷹，盧仝詩：「將軍〔註361〕打門驚周公。」
蘇軾詩：「車馬敲門定不應。」〔註362〕擔僕走汗背。查慎行。周遮〔註363〕解村
絢，磊落倒儋俗。浦越喬。土藷二尺強，《南方草木狀》：「土藷即山藥。」愛惜
煩點對。吳卜雄。冰須截柔膩，井渫洗麄穢。朱昆田。《易》：「井渫不食。」
〔註364〕《中論》：「苟麤穢暴虐，馨香不登。」〔註365〕未許缾盆藏，蘇軾詩：「搗
香篩辣入瓶盆。」〔註366〕甌勒釜鬵溉。查嗣瑮。《詩》：「誰能烹魚？溉之釜鬵。」
〔註367〕酸鹽〔註368〕百無功，水火兩不悖。彝尊。《宋書〔註369〕·樂志》：「阮
四絃，增之為五，其名曰：水、火、金、木、土，則五材並不悖矣。」炎炎力通透，
《詩》：「赫赫炎炎。」〔註370〕韓愈詩：「表裏忽通透。」〔註371〕勃勃氣洸潰。慎
行。韓愈《薦侯喜狀》：「今胸中之氣勃勃然。」《詩》：「有洸有潰。」〔註372〕中筵出
佐酒，《漢書·高帝紀》：「悉召故人父老子弟佐酒。」〔註373〕扶寸陶盤內。越喬。
紋皴蛇蚹斷，《說文》：「皴，皮細起也。」蘇軾詩：「背作蛇蚹紋。」〔註374〕衣滑
兔褐退。卜雄。《唐書·地里志》：常州晉陵郡，土貢：兔褐。〔註375〕軟嚼便牛飼，

〔註359〕《邶風·谷風》。
〔註360〕《衛風·伯兮》。
〔註361〕「將軍」，盧仝《走筆謝孟諫議寄新茶》作「軍將」。此沿江浩然《曝書亭詩
　　　　錄》之說。
〔註362〕《九月二十日微雪懷子由弟二首》其二。
〔註363〕「遮」，《曝書亭集》作「遭」。
〔註364〕《井》九三。
〔註365〕《亡國第十八》。
〔註366〕《新釀桂酒》。
〔註367〕《檜風·匪風》。
〔註368〕「鹽」，石印本、《曝書亭集》作「鹹」。
〔註369〕按：非《宋書》，實出《宋史》卷一百二十六《樂志》。此沿江浩然《曝書亭
　　　　詩錄》之說。
〔註370〕《大雅·雲漢》。
〔註371〕《南山詩》。
〔註372〕《邶風·谷風》。
〔註373〕卷一上。
〔註374〕按：非出蘇軾詩，出《東坡題跋·家藏雷琴》：「餘家有琴，其面皆作蛇腹紋。」
　　　　另，《莊子·齊物論》：「吾待蛇蚹蜩翼邪？」成玄英《疏》：「即今解蚹者，蛇
　　　　蛻皮也。」
　　　　又按：此兩注錄自江浩然《曝書亭書錄》。
〔註375〕《新唐書》卷四十一。

韓愈詩：「合口軟嚼如牛呞。」〔註376〕**饞攫鬭烏喙**。昆田。《宋史·郭藥師傳》：「蜂目烏喙。」〔註377〕**是物種實繁，厥產徧陽昧**。嗣璨。《書》：「分命羲仲，宅嵎夷，曰暘谷。」又：「分命和仲，宅西，曰昧谷。」〔註378〕**其葉不足憐，其花不可佩**。彝尊。**孔林殷而瘦**，《一統志》：「宣聖墓在兗州府曲阜縣西北八里，世呼為孔林。」**禹穴白而僨**。慎行。「禹穴」，見卷二。**或如佛手擘**，《臨安志》：「山藥形如手掌者名佛手。」**或如龍卵碎**。越喬。李賀詩：「松溪黑水新龍卵。」〔註379〕注：「龍上岸與鹿交，或遺精生卵。」**方經炎帝收**，《神農本草經》：「山藥久服，耳目聰明，輕身不飢，延年。」**藥錄桐君載**。卜雄。《梁書·陶弘〔註380〕景傳》：「本草集有《桐君採藥錄》，說其花葉形色。」〔註381〕《本草綱目》：「桐君，黃帝時臣也。《採藥錄》今已不傳。」〔註382〕**詎若采玉本，品格壓儔輩**。昆田。**水芋山慈姑**，《博雅》：「蒩姑、水芋，烏芋也。《本草》：『烏芋〔註383〕又名荸臍，一名地栗。』《本草拾遺》：「山慈姑生山中濕地，葉似車前，根如慈姑。」**味劣遠難配**。嗣璨。

宋僉事犖園亭雜詠六首先生《西陂記》：「商丘宋公懷童時釣遊之所思，築圃於是，以其在郭之西，名曰西陂。顧未遑經始，先定池館之目曰淥波村、曰釣家、曰緯蕭草堂、曰和松菴、曰芰梁、曰放鴨亭，各繫以詩，都人士屬而和焉。圖之橫幅者，王山人翬也。」〔註384〕

淥波村

照碧堂前水，分流穉秕村。陸游詩：「家居穉秕〔註385〕村。」〔註386〕築場移碌碡，見卷六《風懷》。繫艇到籬門。

〔註376〕《贈劉師服》。
〔註377〕卷四百七十二。按：《史記》卷四十一《越王句踐世家》：「越王為人長頸鳥喙。」趙曄《吳越春秋·句踐伐吳外傳》：「夫越王為人長頸鳥喙、鷹視狼步。」
〔註378〕《堯典》。
〔註379〕《南園十三首》其十二。
〔註380〕「弘」，底本、石印本作「宏」。
〔註381〕按：《梁書》卷五十一《處士列傳·陶弘景》無此語。
〔註382〕卷一上《序例上·歷代諸家本草》。
〔註383〕「本草烏芋」，石印本無。
〔註384〕《曝書亭集》卷六十六。
〔註385〕「秕」，底本誤作「秠」。據陸游詩及石印本改。
〔註386〕《題齋壁》。

芰梁

背郭十畝園,滿陂種水栗。《五陵記》:「菱一名水栗,一名菱角。」浴鳥遊清泠,人語忽飛出。

釣家

芙蓉以為裳,《楚辭》:「集芙蓉以為裳。」〔註387〕女蘿以為帶。《楚辭》:「被薜荔兮帶女蘿。」〔註388〕釣魚師得魚,沽酒夕陽外。

和松菴

微風起中林,調我松下琴。黯黯太古色,虞汝明《古琴疏》:「祝牧入山樵採,得異木,其狀類琴,因斲成之,名曰太古。」〔註389〕泠泠太古音。

放鴨亭

渚荇抽新碧,園桃吐小紅。莎亭長日坐,方干詩:「蘚榭莎亭蘿筱陰。」〔註390〕不引竹枝弓。見卷十一《曹先生輓詩》。

緯蕭草堂

草堂何所營,志蟹譜漁具。陸龜蒙作《蟹志》,蔡襄作《蟹譜》。陸龜蒙《漁具詩序》:「天隨子漁於海山之濱有年矣。矢漁之具,莫不窮極其趣。凡結繩持網者,總謂之網罟。網罟之流曰罛、曰罾、曰翼。圓而縱拾曰罩,挾而升降曰罺。緡而竿者,總謂之筌。筌之流曰筒、曰車。橫川曰梁,承虛曰筍。編而沈之曰箄,矛而卓之曰稬。棘而中之曰叉,鏃而綸之曰射,扣而駭之曰桹,置而守之曰神,列竹於海澨曰滬,錯薪於水中曰籮。所載之舟曰舴艋,所貯之器曰笭箵。」皮日休《漁具詩》五首:《漁菴》、《釣磯》、《簑衣》、《翁笠》、《背篷》。」夜分汀火紅,點點出深樹。

曝書亭集詩注卷十二　　　　　　　　男　蟠　挍

〔註387〕《離騷》。
〔註388〕《山鬼》。
〔註389〕《說郛》卷一百。
〔註390〕《書吳道隱林亭》。

曝書亭集詩注卷十三

嘉興　楊　謙　纂

海鹽　陸懋學　參

著雍執徐戊辰

次查上舍韻送楊侍郎雍建還里四首先生《楊公神道碑》：「奉詔巡撫貴州，入為兵部左侍郎。以母年高，上章乞終養，報可。歸侍奉者四載。」〔註1〕

　　吾愛吾鄉少司馬，乞歸躬養太夫人。《後漢·岑彭傳》：「大長秋問太夫人起居。」〔註2〕**聖朝孝治容將母，元老功成合引身。**《老子》：「功成名遂而身退，天之道也。」**篋裏詩篇行處有，道傍歎息見來親。**韓愈《送楊少尹序》：「不知楊侯去時，城門外送者幾人，車幾兩，馬幾匹，道傍觀者亦有歎息知其為賢與否。」**計程一舸鹽官水，**《名勝志》：「《輿地廣記》云：『漢吳王濞煮海為鹽，有鹽官，鹽官本名海昌。』唐、宋更置郡縣不一，俱以海昌名。元升鹽官州，後更名海寧。」**到及陔蘭滿眼春。**

　　按：家侍郎以齋公《籲恩終養疏》：「臣於康熙四年以科員內陞，在籍候補。十一年遵旨入都，以內陞品級仍管科員事務。至十八年，由副都御使奉命撫黔。奈因力小任重，碌碌軍前，無功多過。皇上不即罷斥，反蒙內擢，於二十三年九月陞補兵部左侍郎。臣忽聞新命，益增慚悚。隨於是年十一月二十八日離黔北發。臣母陸氏在籍，不敢枉道省視。於二十四年三月初九日赴闕到任，糜祿尸位，又已年餘。身受高厚之恩，未效涓埃之報。忽於本月初二日得家信，云臣母舊患痰證近來增重，呻吟床褥，

〔註1〕《曝書亭集》第七十一《光祿大夫兵部左侍郎楊公神道碑銘》。
〔註2〕卷四十七。

惟欲得臣一面。臣接信驚悸，踧踖無措。念臣自康熙十一年赴補，至今十五年不歸。臣母已八十有四矣。臣兄鼎建、弟廷建俱壯年病故，今雖有弟二人，而德建患病怔怔，宮建現任山東城武縣知縣。茕茕白髮，晨昏湯藥，奉侍無人。每念及此，存心如割。恭惟皇上以孝治天下，含生之類莫不得遂其私。臣獨何人，敢自棄於倫理之外？查例：官員父母年老，雖有兄弟，而同出仕，抑或身有疾病，不能侍養者，准其終養。微臣所請，似與例符。伏懇睿鑒，准臣解任回籍，猶及老母尚存，少竭人子一日奉侍之力，則臣生生世世沾被鴻仁於無既矣。康熙二十五年十一月初□〔註3〕日奏。」

夜舫朋箋晝賭棊，昔遊嶺表共棲遲。《楊公神道碑》：「彞尊昔遊嶺表，舍館公所。」〔註4〕頻過韋幔傳經地，《晉書·列女傳》：「窺見太常韋逞母宋氏世學家女傳其父業，得《周官音義》，今年八十，視聽無闕，自非此母無可以傳授後生。於是就宋氏家立講堂，置生員百二十人，隔絳紗幔而受業，號宋氏為宣文君。」〔註5〕尚記潘輿置酒期。潘岳《閑居賦》：「太夫人乃御板輿，升輕軒。」南北幾回分手路，升沉相對滿頭絲。今朝遇我歡心劇，不異蠻天捧檄時。《後漢書》：「毛義，字少節。家貧，以孝行稱。南陽張奉慕其名，往候之。坐定而府檄適至，以義為安陽令。義奉檄而入，喜動顏色。」〔註6〕《楊公神道碑》：「乙未會試中式，賜同進士出身，除知高要縣事。」〔註7〕

横浦先生舊里居，《宋史》：「張九成，字子韶。開封人，徙居錢塘。」〔註8〕《臨安志》：「張九成，錢塘人，徙居鹽官。」按：學者稱横浦先生。為園郭外盡堪娛。人家戶戶通舟楫，藥草村村盡畫圖。坐久春禽啼滿樹，朋來臘釀勸傾壺。更饒入饌江魚美，《東觀漢記》：「姜詩與婦傭作養母。母嗜魚鱠。俄而湧泉舍側，每日出雙鯉魚。」〔註9〕杜甫詩：「白白江魚入饌來。」〔註10〕添買臨平半頃湖。《圖經》：「臨平湖在鹽官縣。晉武帝時，占者云：『此湖開，天下寧。』」《浙江通志》：「臨平湖在杭州府仁和縣東北五十四里。」

〔註3〕按：底本原空一字格，石印本作「□」。
〔註4〕《曝書亭集》第七十一《光祿大夫兵部左侍郎楊公神道碑銘》。
〔註5〕卷九十六。
〔註6〕卷六十九。
〔註7〕《曝書亭集》第七十一《光祿大夫兵部左侍郎楊公神道碑銘》。
〔註8〕卷三百七十四。
〔註9〕按：《東觀漢記》卷十七《姜詩》：「姜詩，字士遊，廣漢雒人也。適值年荒，與婦傭作養母。詩性至孝，母好飲江水，令兒常取水。溺死，夫婦痛，恐母知，詐曰行學。歲歲作衣，投於江中。俄而湧泉出捨側，味如江水，日生鯉一雙。」
〔註10〕《送王十五判官扶侍還黔中》。

傴指東華九載過，罷官歸計尚蹉跎。最憐老友恩恩別，不惜衰顏夜夜酡。酒倒三餠猶恨少，夢隨千里自今多。見卷二《送王沇》。早春也擬輕帆下，更嬾金臺獨放歌。

按：先生是詩次查初白韻，合之《敬業堂集》〔註11〕，第一首同用十一真，第二首用初白第三首韻，原倡用五微韻也，惟第四首和初白原韻耳。

任孝廉坪以家釀苦酒見貽賦詩誌謝效孟東野體即送其還高密三首

坪字坦公，高密人。御史玥子。康熙辛未進士。官御史。有《萊峰吟》。

步兵遊竹林，左徒吟江潭。思古憔悴人，杜甫詩：「江山憔悴人。」〔註12〕舍酒何所耽，《晉書・山簡傳》：「優游卒歲，惟酒是耽。」〔註13〕東海任公子，見卷三《題祁六》。遺家醯一甔。味苦炎上作，《書》：「炎上作苦。」〔註14〕色黝封中涵。一酌我顏赭，再酌我身酣。三爵矧多又，《詩》：「三爵不識，矧敢多又。」〔註15〕醉枕南窗南。自哂同蓼蟲，食苦翻知甘。見卷七《夢硯歌》。

竹苦四味齊，《齊民要術》：「竹之醜有四，有青苦者、白苦者、紫苦者、黃苦者。」謝靈運《山居賦》：「二箭殊葉，四苦齊味。」蓮苦寸心撥。見卷一《採蓮曲》。瓜苦斯有敦，《詩》：「有敦瓜苦。」〔註16〕草苦亦可捋。《詩》：「予所捋荼。」〔註17〕周原美堇荼，《詩》：「周原膴膴，堇荼如飴。」〔註18〕越女採薥葛。見

〔註11〕《敬業堂詩集》卷七《奉送少司馬楊公予告養親四首》：
聖朝孝治在敦倫，詔許還鄉為養親。平格已推黃閣老，〔公今年適周花甲。〕行期先報白頭人。卷舒在我何關命，進退無慚好乞身。此日魏舒仍襆被，卻從去國始知貧。
從開絕域震餘威，悵望多年子舍違。退自急流從古少，老猶孺慕似公稀。東門祖帳傾城出，北闕恩光拜表歸。晝錦堂開春晝永，笑將綵服換朝衣。
萬事長安一局棋，角巾私第未嫌遲。即論世道寧無補，欲報君恩況有期。春服暫寬腰下組，茶煙初驗鬢邊絲。枌榆父老來迎謁，應羨精神似舊時。
油幕追隨萬里過，兩年假館又蹉跎。吟聯樺燭枝枝跋，酒上塵顏夜夜酡。含意每為知己盡，不才真怕受恩多。公歸我客全無為，誰聽荊南寡和歌。〔時余將移館北門。〕
〔註12〕《送孟十二倉曹赴東京選》。
〔註13〕卷四十三。
〔註14〕《洪範》。
〔註15〕《小雅・賓之初筵》。
〔註16〕《豳風・東山》。
〔註17〕《豳風・鴟鴞》。
〔註18〕《大雅・綿》。

卷二《葛山》。《浙江通志》：「葛山，句踐種葛，使越女織治葛布。」〔註19〕《吳越春秋》：「越王曰：『吳王好服之離體，吾欲采葛，使女工織細布獻之。』乃使國中男女入山采葛，以作黃絲之布獻之。采葛婦作詩云：『葛不連蔓棻台臺，我君心苦命更之。嘗膽不苦甘如飴，令我采葛以作絲。』」〔註20〕**以蒿漬冬醅**，《本草綱目》：「黃花蒿，人家採以罨醬，黃酒麴者是也。」〔註21〕**香味勝百末**。《漢書‧禮樂志》：「百末旨酒布蘭生。」《注》：「百末，百草花之末也。以百草花末雜酒，故香且美也。」**自來頌酒人**，見卷四《大牆上蒿行》。**豈為甘旨奪**。

於越百花露，《春秋》：「於越入吳。」〔註22〕《賴古堂集》：「衛侯以百〔註23〕名酒，多至百種，大內每需之。」**味重杯慵銜。維揚五加皮**，見卷九《贈鄭簟》。**飲之漸作鹹**。《書》：「潤下作鹹。」〔註24〕**詎若膠西釀，可以解清饞。君今馬首東**，《左傳》：「欒黶曰：『吾馬首欲東。』」〔註25〕**讀書歸舊巖。暇看糟牀注**，見卷三《和曹使君》。**飲略手自芟**。劉炫有《貞元飲略》。**倘遺一尺書，方法試我緘**。

送吏部侍郎張先生假旋京口六首 張鵬《日下舊聞序》：「三濡主人方假歸，竹垞飲餞於郊。」〔註26〕《騰笑集》八首。其七云：「松邱改卜兆青烏，更按崔知悌產圖。他日相尋艤舟處，但看門左設桑弧。」其八云：「謫官酒漬苦勾留，歲晏終當過潤州，笑舁籃輿拖竹枝，春風正及舞雩遊。」

袞袞諸公歲九遷，《易林》：「安上宜官，一日九遷。」〔註27〕**先生何事賦歸田**。《避暑錄話》：「張平子作《歸田賦》。」〔註28〕《齊東野語》：「張華有《歸田賦》。」〔註29〕**不愁關吏饞如虎，一葉官河放溜船**。

〔註19〕《浙江通志》卷一百四，乃引《越絕書》之說。按：原見《越絕書》卷八。
〔註20〕卷五《句踐歸國外傳第八》。
〔註21〕卷十五《草之四》。
〔註22〕定公五年。
〔註23〕「百」，石印本、《欽定日下舊聞考》卷一百四十九作「百花露」。按：原出周亮工《賴古堂集》卷二《霜月乞酒歌》「百花獨羨衛侯家」句自注，「百」作「露」。（《續修四庫全書》第 1400 冊，第 338 頁）
〔註24〕《洪範》。
〔註25〕襄公十四年。
〔註26〕《欽定日下舊聞考》卷一百六十。
〔註27〕《履之節》。
〔註28〕卷上。
〔註29〕《齊東野語》無此語。

便門東去柳依依，《畿輔通志》：「順天府外城門七，其拓出於東西隅而北向者，東曰東便，西曰西便。」〔註30〕一路垂絲堮石磯。青眼年年長送客，幾人生擁八騶歸。見卷八《嚴侍郎》。

汶濟分流照畫舲，中丞問俗向來經。杜甫詩：「中丞問俗畫熊頻。」〔註31〕按：張公曾巡撫山東。山東父老應傳語，雙鬢依然舊日青。

清淮泛濫濁河淤，雁戶飄搖少定居。厝火積薪曾上策，賈誼《陳政事疏》：「夫抱火厝之積薪之下而寢其上，火未及然，因謂之安。」至今太息雒陽書。〔註32〕《陳政事疏》：「可為痛哭者一，可為流涕者二，可為長太息者六。」《漢書·賈誼傳》：「雒陽人。文帝召為博士，時年二十。」〔註33〕

真州柂轉即金山，《方輿勝覽》：「真州，五代並屬揚州。國朝太祖升為建安軍。真宗以鑄聖像成，升為真州。」〔註34〕《一統志》：「揚州府儀真縣，宋為真州。」「金山」，見卷二。曉掛蒲帆十幅還。總是當年釣遊地，韓愈《送楊少尹序》：「某水、某丘，吾童子時所釣遊也。」詩牌細拂蘚衣斑。林逋《孤山寺》：「白公睡閣幽如畫，張祜〔註35〕詩牌妙入神。」

墓田丙舍鍾繇帖，見卷七《輓龔尚書》。京口谿山米芾居。《京口耆英傳》：「襄陽米芾喜登覽山川，擇其勝處，立字製名。」〔註36〕作淨名齋於北固山下，自為之記。十丈紅塵吹不到，江樓日日倚南徐。見卷十一《嘉禾篇》。

偶成

三月東風何太狂，塵沙黯黯天茫茫。主人十日不出戶，空園花落無丁香。《海藥本草》：「丁香二月三月花開，紫白色，至七月方始成始。」老年逢春須愛惜，悔不走馬看花忙。無事獨坐宣武坊，吾家茅屋長水旁。舍南有

〔註30〕《欽定古今圖書集成·經濟彙編·考工典卷十八》。
〔註31〕《奉送蜀州柏二別駕將中丞命赴江陵起居衛尚書太夫人因示從弟行軍司馬佐》。
〔註32〕國圖藏本眉批：「太息」二字空用，不應引賈疏中語。 賈誼陳政事疏，後人以疏中有治安之策四字，遂名為《治安策》。又強分其開端數行為策序，謬甚。應標賈誼疏三字為要。
〔註33〕《漢書》卷四十八。按：《史記》卷八十四《賈生列傳》、《漢書》俱作「文帝召以為博士。是時賈生年二十餘，最為少」。
〔註34〕卷四十五。
〔註35〕「祜」，底本、石印本誤作「祐」。
〔註36〕卷二。

池舍北塘，荷花草紫油菜黃。**鱸魚上鉤四寸強，矮貓筍肥錦褓脫。**見卷
十二《送陳上舍》。蘇軾詩：「骿頭玉嬰兒，一一脫錦褓。」〔註37〕**新蠶豆熟青莢
長，**《嘉興府志》：「蠶豆蠶時熟，故名。此種於重陽後下種，冬至前發葉。諺云：『冬
至不見葉，夏至不見莢。』」**客何為不歸故鄉。好約比鄰沈十二，**進。〔註38〕
薔薇架底醉壺觴。

按：沈藍村先生，先大父璀文公授業師也。於康熙丁卯冬入都，館譚侍御左羽寅
齋，與先生古藤書屋相密邇，故有「好約比鄰」之句。〔註39〕

杭州水利不治者累百年矣巡撫趙公名士麟，號玉峰，雲南澄江人。順治甲辰進士。考城河故道悉濬治之鄉人來述喜而作詩凡二十四韻

《西湖
志》：「康熙二十四年，巡撫趙士麟開濬城中河道。凡河之已塞而全疏者，起清波門
三橋址，歷回龍橋、眾安橋以南，循中宮橋，又西北循梅家橋，凡十二里。其流淺
而加濬者，起湧金水門，歷洗馬橋烈帝廟，北循武林門，南抵正陽門，又南抵南新
關，凡二十五里。」《寄園寄所寄》：「家玉峰少宰巡撫浙江時，立志開杭州城河，方
患無從覓舊徑，忽得一祕冊，細注某處石礎、某處土岸、某處幾丈尺折而東西，瞭
如指掌。按圖指示，折毀豪家侵佔房屋，河遂濬開，若得神助。」潘耒《代杭城濬
河記》：「役始於康熙二十三年甲子仲冬，成於次年乙丑季夏。河以丈計者，七千六
百二十八；以工計者，一十三萬二千七百八十九。費白金以兩計者，一萬六千九十
六。有勞於河者，自王玼外，督工則府同知孫明忠，通判宗〔註40〕德深、祝鍾哲、
王喜植，運副范景賢，運判張令甲，州同知王世勳，協贊則知事王祖臣，縣丞文軾，
典史孔南崝、王彥瀛、劉芳聲、王大有，巡檢沈光紹。以其費之博而功之勤也，故
備志之，俾後之人有考焉。」

武林《西湖志》作「杭城」。**古澤國，**《一統志》：「浙江杭州府曰武林，因武林
山而名。」《周禮》：「澤國用龍節。」**十八澗九溪。**《一統志》：「十八澗九溪在杭州
府城西南一十二里。」《浙江通志》：「錢塘縣龍井之南為九溪，其西為十八澗〔註41〕。」
當年宋宮闕，《浙江通志》：「宋行宮在杭州鳳凰山下，即唐以來州治也。」**溝水流**

〔註37〕《送筍芍藥與公擇二首》其一。
〔註38〕此係自注。
〔註39〕國圖藏本眉批：「吾家茅屋」以下，懷故鄉風物之美，因思歸去與鄰友一醉耳。
所謂比鄰者，故鄉之比鄰也。注謂益邨館於京師，與先生密邇，故稱比鄰。似
牽強。且末二句就京邸言之，與上文隔斷矣。
〔註40〕「宗」，潘耒《遂初堂文集》卷十二《杭城濬河記〔代〕》（《續修四庫全書》第
1417冊第598頁）作「宋」。
〔註41〕「為十八澗」，石印本作「則十八澗在焉」。

東西。見卷六《風懷》。陳跡漸已湮，深谷皆成蹊。民居日湫隘，見卷七《九言》。編竹兼芘莉。《康熙字典》：「芘莉，織荊。」猛火一燎原，《書》：「若火之燎於原，不可向邇，其猶可撲滅。」〔註42〕悲餤百室迷。塗徹大小屋，《左傳》：「火所未至，徹小屋，塗大屋。」《注》：「小屋易徹，故徹之以開火道。大屋難徹，就塗之以殺火勢。」〔註43〕繘井愁難躋。《易》：「亦未繘井。」〔註44〕女丁配夫壬，韓愈《陸渾山火》：「女丁婦壬傳世婚。」董彥遠注：「當作『女丁夫壬』。東山少連曰：玄冥之子曰壬夫，娶祝融氏之女曰丁女，俱學水仙，是為溫泉之神。」洪氏注：「丁，火也。壬，水也。火，女也。水，男也。丁女而為婦於壬，故曰女丁。婦壬一作夫丁。婦壬亦通。夫丁者，壬也，言壬為丁夫也。婦壬者，丁也，言丁為壬婦也。」朱子《韓文考異》：「按：丁為陽中之陰，壬為陰中之陽，故言女之丁者為婦於壬，以見水火之相配。今術家亦言丁與壬合。洪氏二說皆是。」〔註45〕相顧但《西湖志》作「恒」。愴淒。吏治徇目前，孰能防禍梯。《史記·趙世家》：「毋為怨府，毋為禍梯。」〔註46〕中丞溢世才，利器剸水犀。《淮南子》：「純鉤摩其鋒剸，則陸剸犀甲。」〔註47〕《國語》：「今夫差衣水犀之甲者億有三千。」〔註48〕下車命丞倅，故道資考稽。率錢具畚鍤，貢師泰詩：「社長夜打門，里正朝率錢。」〔註49〕曾不煩鉏犁。經始底告成，歲序尚未暌。坐令闤闠間，張衡《西京賦》：「通闤帶闠。」《說文》：「闤闠，市外門也。」無異蘇白堤。《浙江通志》：「西湖自南而北橫截湖中者為蘇公堤，自斷橋至孤山為白公堤。」紅闌雁齒列，赤石羊肝刲。《易》：「士刲羊。」〔註50〕李咸用《謝友生遺端硯》詩：「羊肝士作〔註51〕刲。」嘔啞小航船，胡宿詩：「江浦嘔啞風送櫓。」〔註52〕白居易《答客問杭州》詩：「大屋簷多裝雁齒，小航船亦畫龍頭。」蹀躞快馬蹄。《樂府》：「蹀躞青驪馬。」停鞭市蓮藕，倚檻來鳧鷖。柳陰谷犬鳴，見卷十一《柳巷杏花歌》。露腳莎雞啼。李賀詩：「露腳

〔註42〕《盤庚上》。
〔註43〕襄公九年。此係林堯叟《注》。
〔註44〕《井》卦辭。
〔註45〕按：此一節注文見朱熹《韓文考異》。
〔註46〕卷四十三。
〔註47〕《脩務訓》。
〔註48〕《越語上》。
〔註49〕《河決》。
〔註50〕《歸妹》上六。
〔註51〕「作」，李咸用《謝友生遺端溪硯瓦》作「乍」。此沿江浩然《曝書亭詩錄》之說。
〔註52〕《趙宗道歸輦下》。

斜飛濕寒兔。」〔註53〕《詩》：「六月莎雞振羽。」〔註54〕**祝融回其馭**，《山海經》：「南方祝融，獸身人面，乘兩龍。」《注》：「祝融，火神也。」**婦子方安棲。乃知濟時策，不在拯顛隮。**《書》：「今爾無指，告予顛隮。」〔註55〕**公之治水術，豈獨過**《西湖志》作「邁」。**白圭。**《史記‧貨殖列傳》：「白圭，周人也。當魏文侯時，李克務盡地力，而白圭樂觀時變。」**泉清原隰平，名與召伯齊。**《詩》：「原隰既平，泉流既清。召伯有成，王心則寧。」〔註56〕**我家由拳城，閭巷多蒿藜。願公祛**《西湖志》作「驅」。**墨吏，如決濁水泥。**《古詩》：「妾如〔註57〕濁水泥。」**上以答天子，下以寧群黎。**

按：趙公去浙後，浙民懷思不置，繪《六事圖》以志之，治河其一也。又有講學、修城、代還營債、刑奸、移鎮諸圖。

送柯孝廉維楨之蕪湖 《一統志》：「蕪湖縣在太平府城西南六十五里。」

劉蕡下第原風漢，《唐書‧劉蕡傳》：「蕡對策詆宦官，考官不敢取。李郃曰：『劉蕡下第，我輩登科，能無厚顏？』」〔註58〕《玉泉子》：「劉蕡，楊嗣復門生也。《唐登科記》：『寶曆三年，楊嗣復下三十五人裴休等，時蕡第十九，賦《齊魯會於夾谷賦》、《晦日與同志昆明池泛舟》詩。』及第，策直言。中官嫉怒。仇士良謂嗣復曰：『奈何以國家科第放此風漢耶？』嗣復懼曰：『昔與蕡及第時，猶未風耳。』」〔註59〕**王粲依人復遠遊。**見卷二《旅興》。李商隱詩：「王粲春來更遠遊。」〔註60〕**舊屐尚存尋赤鑄，**《輿地紀勝》：「赤鑄山在蕪湖縣東北八里。舊經云：楚干將鑄劍之地。《文選》曰：『楚之陽劍，歐冶所營；耶溪之鋌，赤山之精。』意或謂是。」**殘書又抱去盧溝。**范成大《盧溝》詩注：「此河宋敏求謂之盧菰，即桑乾河也。」今名盧溝。**春槽酒熟沙門店，夜柵檣平估客舟。**見卷九《送慕主事》。**倘得黃金休易散，歸時須築小丹丘。**孝廉自號小丹丘，所著有《小丹丘客譚》。

〔註53〕《李憑箜篌引》。
〔註54〕《豳風‧七月》。
〔註55〕《微子》。
〔註56〕《小雅‧黍苗》。
〔註57〕「如」，曹植《明月照高樓》作「若」。此沿江浩然《曝書亭詩錄》之說。
〔註58〕《舊唐書》卷一百九十下《文苑列傳下》。
〔註59〕見闕名《玉泉子》。《欽定日下舊聞考》卷一百三十五、《欽定古今圖書集成‧方輿彙編‧職方典卷三十三》引之。
〔註60〕《安定城樓》。

紫藤花下醉歌同查上舍弟嗣瑮賦

客舍紫藤長數尋，厭蔓年多半枯槁。左思《吳都賦》：「卉木厭蔓。」往歲豐茸莖太密，花事去春翻草草。今年二月呼園丁，三百銅錢費除堳。見卷三《姚州酒歌》。雖然荄後花較遲，漸見含苞同蕨腦。謝靈運詩：「野蕨漸紫苞。」〔註61〕華嶽詩：「蕨腦纔抽稚子拳。」〔註62〕《本草綱目》：「蕨二三月生芽，拳曲狀如小兒拳，長則展開如鳳毛〔註63〕。」簷牙朽株換棚格，杜牧《阿房宮賦》：「簷牙高啄。」鄒陽《上梁王書》：「有人先談，則以枯木朽株樹功而不忘。」井牀新汲傳栲栳。唐彥謙詩：「薜荔垂書幌，梧桐墜井牀。」〔註64〕《廣韻》：「栲栳，柳器也。」眾蕤低垂香細細，見卷六《風懷》。游絲不動日杲杲。《詩》：「杲杲出日。」〔註65〕鉤簾忽驚啅雀去，仰面生憎土鼈抱。《爾雅注》：「在土中作窠者曰土鼈。」韓偓詩：「樹頭鼈抱花鬚落。」〔註66〕越州老酒吳船來，見卷三《和曹使君》。范成大詩：「扶頭老酒中。」〔註67〕注：「老酒，數年陳酒也。南人珍之。」小榼偏提恣傾倒。《三才圖會》：「太和中，仇士良惡注子之名同鄭注，乃立柄安繫，若茶瓶而小異，名曰偏提。」〔註68〕《說郛》：「偏提猶今酒鼈。」頭銜久矣脫朝簿，《談苑》：「官銜之名，當時選曹補授，須存資歷，開奏之時，先具舊官名品於前，次書擬官於後，使新舊相銜不斷，故曰官銜，亦曰頭銜。如人口銜物，取其連續之意。如馬有銜，以制其首，前馬已進，後馬續來，相次不絕，古人謂之銜尾相屬，即其義也。」〔註69〕那問鼕鼕鼓昏早，見卷九《和田郎中》。惜哉筋力日已疲。惟有花前不知老，停杯還憶故鄉路。亂水穿沙入裴島，見卷八《櫂歌》。千章古木藤纏身。飄落緜英滿衫襖，明年期爾橫漲橋。上舍所居。〔註70〕柔櫓嘔啞撥萍藻，《淮南子》：「容華生蔈，蔈生萍藻，萍藻生浮草。」〔註71〕綠陰共聽黃栗留，《世說》：「戴顒春日攜雙柑斗酒，人問何

〔註61〕《酬從弟惠連詩》其五。

〔註62〕《野菜吟》。

〔註63〕「毛」，卷二十七《菜之二》作「尾」。

〔註64〕《紅葉》。

〔註65〕《衛風·伯兮》。

〔註66〕《殘春旅舍》。

〔註67〕《食罷書字》。

〔註68〕按：《三才圖會》由明人王圻、王思義父子二人纂集。此語早見（宋）高承《事物紀原》卷八《舟車帷幄部四十·偏提》，稱「《事始》曰」。

〔註69〕（宋）孔平仲《談苑》卷四。按：早見（唐）封演《封氏聞見記》卷五《官銜》。

〔註70〕此係自注。

〔註71〕《地形訓》。

之，答曰：『往聽黃鸝聲。』」〔註72〕見卷十《送張劭〔註73〕》。**醉臥檝頭船更好。**
張志和《漁父詞》：「釣車子，檝頭船。」

為錢給事晉錫題王給事原祁富春大嶺圖二首錢字再亭。《居易錄》：「宗姪茂
京原祁，庚戌進士，今為禮科都給事中，太常煙客先生孫，同年端士兄揆長子也。畫
品與其祖太常頡頏。」〔註74〕

記得山城水閣添，畫眉聲裏畫垂簾。沈際飛《草堂詩餘箋》：「黃眉鳥似鶯
而小，其眉如畫，巧於作聲。」**還憑同省王郎筆，暖翠浮嵐五尺縑。**黃庭堅詩：
「頓覺浮嵐暖翠空。」〔註75〕按：黃子久有《浮嵐暖翠圖》。

富春江上雨溟濛，《名勝志》：「富春江自桐廬經縣界入錢塘，蓋浙江之源也。」
兩岸花開躑躅紅。《容齋隨筆》：「杜鵑花即今映山紅，又名紅躑躅。」〔註76〕**髮**
鬖舊遊如畫裏，一帆曾轉釣壇東。見卷四《七里瀨》。

吳徵士還蒲東魏上舍還嘉善集古藤書屋話別聯句《池北偶談》：「聯句有
人各賦四句，分之自成絕句，合之仍為一篇。謝朓、范雲、何遜、江革輩多有此體。頃
見朱太史《騰笑集》中有《古藤書塢送吳徵君魏上舍聯句》，甚得齊、梁之意。」〔註77〕

握手古藤下，秋深旅愁積。歸來西溪傍，猶及種春麥。吳雯。**我亦袖**
輕鞭，明發辭紫《蟫尾續文》作「巷」。**陌。倦鳥不同飛，**陶潛《歸去來辭》：
「鳥倦飛而知還。」**各自張旅**《蟫尾續文》作「羽」。**翮。**魏坤。**二子瀟雅才，**
肯為時俗役。英辭迭相應，如以桐叩《池北偶談》作「扣」。**石。**陸嘉淑。《異
苑》：「晉武帝時，吳郡臨平岸崩，出一石鼓，打之無聲。以問張華，華曰：『可以蜀中
桐木刻作魚形，叩之則鳴。』如其言，果聞數十里。」**柳塘水漾漾，**《檇李詩繫》：
「嘉善汾湖之南有淨池、蘆墟、柳溪諸水。」**蒲阪山驛驛。**《名勝志》：「《括地志》
云：『蒲阪在州城東五里，亦名長阪。』」《漁洋詩話》：「蒲阪，吳天章所居。」**改歲**
君到時，古藤花滿格。查慎行。駱賓王詩：「古藤依格上。」〔註78〕**大防**《池北

〔註72〕（明）何良俊《語林》卷四《言語第二》。按：原出（唐）馮贄《雲仙雜記》卷
二《俗耳針砭詩腸鼓吹》。
〔註73〕石印本作「送張劭之平遙」。
〔註74〕卷二十六。
〔註75〕《追和東坡壺中九華》。
〔註76〕卷十《玉蕊杜鵑》。
〔註77〕卷十四《聯句》。
〔註78〕《春晚從李長史游開道林故山》。

偶談》作「房」。一斗泉，見卷十二。《名勝志》：「大房山南，晉霍原隱處。亦作防。」
釀酒冰雪白。酒熟君不來，落花良可惜。彞尊。

送楊侍御爆**還東湖**爆字葵齋，平湖人。康熙甲辰進士。授清豐令。入為御史。

　　一謫金門住五年，羨君容易早歸田。他時願結香山社，《舊唐書·白居
易傳》：「以刑部尚書致仕，與香山僧如滿結香火社。」〔註79〕八口先浮潞水船。
秋鳥炙來鄉味好，月波釀就禁方傳。並見卷八《櫂歌》。桃枝況有仙人母，
《真靈位業圖》：「張桃枝，沛人，司隸朱寓之母。」〔註80〕《真誥》：「張桃枝，漢司
隸校尉朱寓季陵母也。行陰德久，聞在易，遷得為侍郎。」同注真靈位業篇。梁陶
弘〔註81〕景著《真靈位業圖》。

　　按：侍御以母老，陳情罷歸。

秋日萬柳堂同譚十一給事瑄**沈秀才蕙纕龔主事翔麟同賦三首**龔字天
石，號蘅圃，仁和人。辛酉副榜，官至御史。

　　亂水秋無路，篊輿入壞垣。見卷九《賜藕》。粉銷題壁字，苔浸插籬門。
蟲網捎衣桁，魚牀齧樹根。王勃詩：「魚床侵岸水。」〔註82〕頻來曾不厭，觴
詠舊遊存。

　　撲棗過頭杖，杜甫詩：「堂前撲棗任西鄰。」〔註83〕裝縣短後衫。見卷十一
《送陳舍人》。沙平攜小榼，徑遠罷長鑱。古壇疎林出，遙峰夕照銜。蕩舟
無不可，只少布為帆。《晉書·顧愷之傳》：「愷之為殷仲堪參軍，深被眷接。在荊
州，假還，〔註84〕仲堪以布帆借之。至破冢，遭風。與仲堪牋曰：『行人安穩，布帆
無恙。』」

　　積潦沉官柳，回流限女牆。白鷗來款款，黃蝶舞俒俒。鄉曲情無改，
行歌醉不妨。城南咫尺地，想見野雲堂。見卷十《萬柳堂讌集》。

〔註79〕卷一百六十六。
〔註80〕《欽定古今圖書集成·博物彙編·神異典卷二百二十一》。
〔註81〕「弘」，底本、石印本作「宏」。
〔註82〕《春日還郊》。
〔註83〕《又呈吳郎》。
〔註84〕《晉書》卷九十二《文苑傳》作「仲堪在荊州，愷之嘗因假還」，此處節略不
　　　當。

馮檢討招諸同年集六樹園對菊即席分賦得顏字檢討名勛，字方寅，號勉曾，長洲布衣。舉鴻博，授檢討。

可怪南鄰馮檢討，酒錢肯為謫官慳。盡除簾額虛窗白，亂插籬根細菊斑。新雨不來那在眼，杜甫《秋述》：「常時車馬之客，舊雨來，今雨不來。」故人相對且開顏。近年同脫趨朝籍，漏鼓頻催獨後還。

贈許容字實夫，一字默公，如皋人。按：實夫曾為先生鐫小長蘆釣魚師印，跋云：「己巳季夏望後二日勒於燕山之韞光樓。容分書。」

今之官印古璽節，漢制鬥檢封略同。《周禮》：「掌節掌守邦節。貨賄用璽節。凡通貨賄，司市以璽節出入之。」《注》：「璽節印章，如今鬥檢封矣。」《疏》：「按漢法，鬥檢封其形方，上有封檢，其內有書。」周秦以來鑄私印，往往撥蠟銷金銅。先生《衍齋印譜跋》：「漢官、私印俱用撥蠟鑄。」〔註85〕會稽王冕易以石，細切花乳桃皮紅。《七修類稿》：「圖書，古人皆銅鑄。至王冕，以花乳石刻之。」《天台山志》：「花乳石產寶華山，色如瑋瑁，丹者如霞，青者如黛，鏤為杯斝並圖章等物，俱瑩潤堅潔可愛。」青田山根凍玉礛，《歸田集》：「凍石，舊時處州山中往往從璞中剖出。初本頓膩，見風始結為石，故名曰凍。」《處州府志》：「青田縣閣公方山出圖書石如玉。」《青田縣志》：「縣南有圖書洞，出石如玉，柔而栗，宜刻印章，名青田凍。」稷下里石舊穴空。羊求休嫩大松老，其餘麁惡不可礱。往時長洲文博士，王鴻緒《文徵明傳》：「長子彭，字壽承，國子博士。次子嘉，字休承，和州學正。並能詩，工書畫篆刻。」刻石頗有松雪風。《學古錄》：「趙孟頫有《印史》二卷。」墨林天籟閣書畫，見卷八《懷鄉口號》。以別真偽鈐始終。吾生好奇頗嗜此，碑碟犀象羅笥中。徐貞木亡鄭埴夭，《梅里志》：「徐貞木，字士白，號白榆。詩宗唐音。尤工法書篆刻。子寅，字虎侯。克嗣家學。」尚有程邃留江東。《嘯虹筆記》：「程穆倩邃，歙人。能為近體小詩。工四體書，筆法精勁。銳意篆刻，其所篆印章醇古蒼雅，一時篆家不可及。」故人衰病遠莫致，縱饒玉石何人攻。如皋許容近過我，手出圖譜重錦蒙。先生《韞光樓印譜序》：「鄰有許子實夫暨胡君翮羽並過主人，出《韞光樓印譜》，泥用丹砂，石以花乳，秦章漢璽，靡法不有。」〔註86〕古文離離雜鍾鼎，《墨藪》：「夏后氏作鍾鼎書。」爾雅一一詮魚蟲。韓愈詩：「爾雅注蟲魚。」〔註87〕

〔註85〕《曝書亭集》卷四十三。
〔註86〕《曝書亭集》卷三十五。
〔註87〕《讀皇甫湜公安園池詩書其後二首》其一。

乃知六書得其故，《漢書‧藝文志》：「六書謂象形、象事、象意、象聲、轉注、假借，造字之本也。」〔註88〕《書史會要》：「戴侗，永嘉人，能篆。有所編《六書故》行於世。」胡介祉《谷園印譜序》：「實夫說篆問世已久，所輯著《篆海》一書約五十卷，自上古迄季世，遺編斷簡暨名山僻壤碑版、金石、鼎彝之文，搜括殆盡，有功六書甚鉅。」大小繆篆能兼通。《法書考》：「大篆者，周史籀所作也。或曰柱下史始變古文，或同或異，謂之篆。篆者，傳也，傳其物理，施之無窮。《漢‧藝文志》『《史籀》十五篇』是也。以史官制之，用之教授，謂之史書，凡九千字。小篆者，秦相李斯所作也，增損大篆籀文，謂之小篆，亦曰秦篆，天下行之。畫如鐵石，字若飛動，作楷隸之祖，為不易之法。其銘題鍾鼎及作符節，至今用焉。」〔註89〕《漢書‧藝文志》：「太史試學童，以六體試之。六體者，古文、奇字、篆書、隸書、繆篆、蟲書。」〔註90〕師古曰：「繆篆謂其文屈曲纏繞，所以摹印章也。」相斯史籀各具體，左蟠右屈何妍工。合肥尚書最賞擊，龔端毅公。〔註91〕龔鼎孳《贈許容》詩：「寄語揚州程穆倩，中原旗鼓正相當。」紛紛朝士傾詩筒。《唐語林》：「白居易為杭州刺史，時吳興守錢徽、吳郡守李穰悉平生舊交，日以詩相寄贈。後元積領會稽，參其酬唱，多以竹筒盛詩往來。」〔註92〕吁嗟萬里十年別，一官不達翻途窮。低眉強隨抱關吏，失足幾陷鮫人宮。《洞冥記》：「味勒國在日南，其人乘象入海底取寶，宿於鮫人之宮。」〔註93〕許谷園《印譜跋》：「余去作閩史，於甲子秋奉檄解餉。舟至大河，遭颶風所覆，一身以外，盡付波臣。」重來歎息舊遊盡，酒錢燕市何由充。容今髮白我耳聾，瓜牛舍近地百弓，《魏略》：「焦先及楊沛並作瓜牛廬止其中。瓜當作蝸。蝸牛，螺蟲之有角者也。先等作圜舍，形如蝸牛蔽，故謂之蝸牛廬。」〔註94〕日長莫學打睡翁。王中立詩：「華山宮殿白雲中〔註95〕，不見當年打睡翁。」相邀硬筆寫獵碣，見卷十一《雨過劉學正》。夫豈不如薛尚功。《書史會要》：「薛尚功，字用敏，錢塘人。善古篆，尤好鍾鼎書。有《鍾鼎彝器款識》二十卷及《鍾鼎彝韻》七卷行於世。」

〔註88〕卷三十。

〔註89〕《御定康熙字典》卷二十二「篆」。

〔註90〕卷三十。

〔註91〕此係自注。《曝書亭集》在「尚書」下。

〔註92〕《御定佩文韻府》卷一之一。

〔註93〕《御定佩文韻府》卷七之三。

〔註94〕《三國志》卷十一《焦先傳》裴松之《注》引。

〔註95〕「中」，（金）王中立《雜詩四首》其一作「封」。此沿江浩然《曝書亭詩錄》之說。

題畫送徐檢討釚還吳江二首徐字電發，號虹亭。舉鴻博，授檢討。《一統志》：「吳江縣在蘇州府城南四十里。」

三高祠下水溟濛，《一統志》：「三高祠在吳江縣東門外，宋時建，祀越范蠡、晉張翰、唐陸龜蒙。」紅蓼花香一笛風。驚起沙鷗定相笑，《冷齋夜話》：「龍女詞曰：『數點雪花亂，委撲漉沙鷗驚起。』」黑頭未稱作漁翁。按：西冷謝彬為虹亭作《楓江漁父圖》，遂安毛際可為記。

不貪臺閣送行詩，《後漢·仲長統傳》：「雖置三公，事歸臺閣。」〔註96〕索我尊前折柳詞。合喚菱舟付菱女，殷文珪詩：「青笛漁兒釣筒沒〔註97〕，蒨衣菱女畫橈輕。」更吹漁笛教漁兒。陳堯佐詩：「洞庭漁笛隔蘆花。」〔註98〕

屠維大荒落己巳

二月自古藤書屋移寓槐市斜街賦詩四首

轂觫車輕簸兩輪，殘書禿管雜勞薪。《世說》：「荀勗嘗在晉武帝坐上食筍進飯，謂在坐人曰：『此是勞薪炊也。』坐者未之信，密遣問之，實用故車腳。」〔註99〕移居絕似村夫子，《宣和畫譜》：「韓滉《村夫子移居圖》一。」寫入圖中盡笑人。

莎衫桐帽海梭鞋，黃庭堅詩：「莎衫箬笠事耕耘。」〔註100〕《埤雅廣要》：「蜀有海梭，幹猶龍鱗，枝猶鳳毛，高百餘尺。」隨分琴書占小齋。老去逢春心倍惜，為貪花市住斜街。《六街花事》：「豐臺種花人，都中目為花兒匠，每月初三、十三、二十三日，以車載雜花至槐樹斜街市之。」〔註101〕

阿鏐秋去又春殘，先生子昆田，小字阿鏐。遠信封題萬里難。不道衰翁無倚著，藤花又讓別人看。

〔註96〕卷七十九。
〔註97〕「青笛漁兒釣筒沒」，殷文圭《江南秋日》作「清笠漁兒筒釣沒」。
〔註98〕《湖州碧瀾堂》。
〔註99〕《術解》。
〔註100〕按：黃庭堅詩未見此句。恐為（宋）黃大臨《雙井敝廬之東得勝地一區長林巨麓危峰四環泉甘土肥可以結茅庵居是在寅山之頞命曰寅庵喜成四詩遠寄魯直可同魏都士人共和之》其三「莎衫臺笠事耘鋤」之誤。
〔註101〕《欽定古今圖書集成·方輿彙編·職方典卷四十》。

屠門菜市費羸驂，桓譚《新論》：「問肉味美則過屠門而大嚼。」楊巨源詩：「羸驂苦遲遲，單僕怨切切。」〔註102〕地僻長稀過客譚。一事新來差勝舊，昊天寺近井泉甘。《析津日記》：「昊天寺，遼刹也。碑記無一存者。訪之惟有萬曆間山陰朱敬循一碑。其建置本末俱不詳。墻址已為民所侵。寺門一井，泉特清洌，不下天壇夾道水也。」〔註103〕

上巳集南城祝氏園聯句《西河詩話》：「京師安定門西有祝家園，關左祝御史別業也。春來京朝官休沐，多詣其地。梁尚書曾製《桂枝香》散曲，開句云：『賞心樂事，祝家園裏。』」〔註104〕

六年人海中，《抱朴子》：「許下，人物之海也。」〔註105〕蘇軾詩：「萬人如海一身藏。」〔註106〕禊飲恒不果。尚書忽相期，折簡起疎惰。彝尊。《宋書·孔覬傳》：「學不綜貫，性又疏惰。」〔註107〕並蠻城南隅，地僻少塵堁。方回《秀亭秋懷》：「亦冬〔註108〕適爾適，擾擾塵堁中。」入門愛團瓢，何中《涿州道間》詩〔註109〕：「猶律共鴉牧，團瓢忽雞鳴。」登閣見駊娑。徐乾學。〔註110〕張衡《西京賦》：「駊娑駘盪，燾旱桔桀。」山橫雉堞上，錢起詩：「青山雉堞西。」〔註111〕水泄龍湫左。李庚《西都賦》：「深有蛟潭，派作龍湫。」隄柳金乍含，闌藥紅未妥。徐元文。〔註112〕雖乏三徑幽，怱攜十榼可。見卷四《永嘉除日》。北酒雜葪滄，南烹屏蒜薜。彝尊。日遲宜賭奕，見卷四《山陰苦雨》。場闊縱飛笴。《儀禮·鄉射禮》：「堂上三笴。」《注》：「笴，矢幹也。」王十朋詩：「捷敏劇飛笴。」〔註113〕吟或叉手吟，見卷七《龔尚書輓詩》。坐便鐺腳坐。乾學。《聞見後錄》：「唐詩家有假對律，『三人鐺腳坐，一夜掉頭吟』等句是也。」〔註114〕初筵已脫略，

〔註102〕《奉酬竇郎中早入省苦寒見寄》。
〔註103〕《欽定日下舊聞考》卷五十九。
〔註104〕國圖藏本眉批：京師內城門九。北之東曰安定。外城門七。南曰永定。祝氏園既在南城，則《西河詩話》謂在安定西者，安字當作永字。
〔註105〕《抱朴子外篇·彈禰》。
〔註106〕《病中聞子由得告不赴商州三首》其一。
〔註107〕卷八十四。
〔註108〕「冬」，《秀亭秋懷十五首》其十五作「各」。
〔註109〕（元）何中《涿州道間雪霽》。
〔註110〕《曝書亭集》作「崑山徐乾學原一」。
〔註111〕《崔十四宅問候》。
〔註112〕《曝書亭集》作「崑山徐元文公肅」。
〔註113〕《次韻嘉叟讀和韓詩》。
〔註114〕卷十七。

帶緩頭不裹。白居易詩：「睡足心更慵，日高頭未裹。」〔註115〕既醉席屢移，三影照碧沱。元文。夕曛苦催人，馬鳴車炙輠。《史記·荀卿傳》：「炙轂過髡。」《注》：「『過』字作『輠』。輠者，車之盛膏器也。炙之雖盡，猶有餘滋者，言淳于髡智不盡如炙輠也。」〔註116〕莫愁風揚沙，定有雨潑火。〔註117〕彝尊。韓琦《寒食》詩：「潑火霽微雨。」〔註118〕

奉題徐副相祝園修禊卷三首

右軍但草蘭亭序，見卷三《蘭亭行》。樓鑰詩：「右軍草禊序。」〔註119〕不及群賢被禊詩。〔註120〕孟浩然《寄崔國輔》：「不及蘭亭會，空吟被禊詩。」〔註121〕輸與先生鼠鬚筆，《蘭亭考》：「王羲之與太原孫統等四十一人會於蘭亭，以修禊事，賦詩製序，用蠶繭紙、鼠鬚筆書，凡二十六行，三百二十四字。」《北戶錄》：「鼠鬚筆，均州出。」春風一一寫烏絲。《國史補》：「宋亳間有紙，織成界道，名烏絲欄。」〔註122〕

一時裙屐最風流，《北史·邢巒傳》：「蕭深藻是裙屐少年。」〔註123〕擘紙花前點筆收。我若當年參末坐，便應罰酒似羊劉。葛立之詩話〔註124〕：「蘭亭修禊之會，羲之、謝安、孫綽、孫統、王彬之、凝之、肅之、徽之、徐豐之、袁嶠之、謝萬十有一人，賦四言五言詩各一首；王豐之、元之、蘊之、渙之、郗曇、華茂、庾友、虞悅、魏滂、謝繹、庾蘊、孫嗣、曹茂之、華平、曰偉十有五人，或四言，或五言，各一首；王獻之、謝瑰、卞迪、卓髦、羊模、孔熾、劉密、虞谷、勞夷、後綿、華耆、謝藤、王儳、呂係、呂本、曹禮十有六人，詩各不成，罰酒三觥。」

〔註115〕《郡齋暇日辱常州陳郎中使君早春晚坐水西館書事詩十六韻見寄亦以十六韻酬之》。

〔註116〕《史記》卷七十四。《注》係《索隱》。

〔註117〕國圖藏本眉批：唐彥謙詩：「微微潑火雨，草草踏青人。」

〔註118〕原題為《寒食親拜二墳因誡子任》。

〔註119〕《跋汪季路所藏脩禊序》。

〔註120〕國圖藏本眉批：「不及群賢被禊詩」，謂右軍祇書一序，群賢之詩不益書也。注引孟浩然詩云云，謂不能預蘭亭之會也，兩不及，文義迥異，不可牽合。

〔註121〕原題為《江上寄山陰崔少府國輔》。

〔註122〕《陳檢討四六》卷八《徐昭華詩集序》「莫不文縹黃絹曲譜烏絲」注。按：《唐國史補》卷下：「宋亳間有織成界道絹素，謂之烏絲欄、朱絲欄。」

〔註123〕《北史》卷四十三。

〔註124〕按：作葛立之誤，出（宋）葛立方（字常之）《韻語陽秋》卷五。此沿江浩然《曝書亭詩錄》之說。

滴珠方勝杵頭新，《輟耕錄》：「書畫錦標有紫小滴珠方勝鸞鵲、紫滴珠龍團、方勝盤象、方勝練鵲等式。」〔註125〕又：「唐貞觀、開元間，人主崇尚文雅，其書畫皆用紫龍鳳紬綾為表，綠文紋綾為裏，紫檀雲花杵頭軸，白檀通身柿心軸，此外又有青赤琉璃二等軸牙籤錦帶。」〔註126〕瘦本看來妙入神。先生《跋蘭亭殘石拓本》：「禊帖肥瘦攸殊，褚廷晦本肥，張景元本瘦，歐陽行本本瘦，石熙明本肥，釋懷仁本前瘦後肥。〔註127〕尤延之主瘦。黃魯直取肥不剩肉，瘦不露骨，斯執中之論與？大都書家率以瘦本為貴。」真蹟祗愁容易賺，莫將缸面酒留人。何延之《蘭亭記》：「太宗購右軍書，獨未得《蘭亭》真蹟。初，此記在右軍七代孫智永所，永傳才師。才鑿梁上貯之，保惜甚至。太宗嘗敕召才面問數四，固以亡失對。帝知不可奪，以蕭翼多權謀，令充使詭取。翼改服，稱山東書生，攜二王雜帖數道赴越城，徑造才院。才一見，款密留宿，設缸面酒。江東缸面，猶河北稱甕頭，蓋初熟酒也。各探韻賦詩。經句朔，談論翰墨，出所攜帖示之，才云：『此未佳。』因言藏有《蘭亭》，於梁上出視之。翼故疑為響搨，駁辨，留置几案。一日，伺其不在，徑取之，乘驛歸，上太宗報命。」

社日登黑窯廠聯句《明水軒日記》：「工部設五大廠。曰黑窯廠、曰琉璃廠，燒作磚瓦及內府器用。」〔註128〕

隗臺久蕪沒，見卷七《送葉上舍》。薊丘不可梯。王士禎〔註129〕。見卷三《大閱圖》。雖有千里目，將何共攀躋。徐乾學。〔註130〕佳辰趁新社，膏雨融凍畦。彝尊。早抽紅藥萌，漸見碧草萋。姜宸英。層坡簇五騎，兩壺提一奚。陳廷敬。〔註131〕《唐書·李賀傳》：「每旦日出，騎弱馬，從小奚奴背古錦囊，遇所得，書投囊中。及暮歸，足成之。」〔註132〕李濂詩：「鄰翁若問閒居樂，只問詩奚與酒奚。」〔註133〕梅堯臣詩：「一婦一奚行李單。」〔註134〕陟彼積土岡，同駐

〔註125〕卷二十三《錦標》。
〔註126〕卷二十三《書畫標軸》。
〔註127〕《曝書亭集》卷四十八《跋蘭亭殘石拓本》此處有「王順伯主肥」一句。
〔註128〕《欽定日下舊聞考》卷六十三、《欽定古今圖書集成·經濟彙編·考工典卷二》。
〔註129〕「禎」，底本作「正」。下同。「王士正」，《曝書亭集》作「濟南王士禎貽上」。
〔註130〕《曝書亭集》作「徐乾學原一」。
〔註131〕《曝書亭集》作「澤州陳廷敬子端」。
〔註132〕《新唐書》卷二百三《文藝列傳下》。
〔註133〕《夏日閒居雜興三首》其三。
〔註134〕《送畢甥之臨邛主簿雜言》。

削玉蹄。士禛。見卷十二《驄馬行》。安房隱曲几，藉地分疎黄。乾學。泉樽酌用匏，鄭玉詩：「供廚惟有舊匏傳〔註135〕。」飯黍先以雞。彝尊。既瀝甘蔗漿，見卷六《風懷》。復堆苦蕒虀。宸英。《廣韻》：「蕒，吳人呼苦苣。」《本草》：「苦菜即苦蕒也。家栽者呼為苦苣，實一物也。」陸游詩：「豈識山廚苦蕒虀。」〔註136〕微醄恣坦步，遐覽窮端倪。廷敬。南有松柏林，其北桃李蹊。士禛。《史記·李廣傳》：「桃李不言，下自成蹊。」〔註137〕亭午風華香，疑是麝脫臍。乾學。《說文》：「麝，如小麋，臍有香。」居人半陶旅，《周禮》：「摶〔註138〕埴之工陶旅。」門竇皆衡圭。彝尊。《詩》：「衡門之下。」〔註139〕《禮》：「篳門圭竇。」濃薰樹杪煙，濁灑水中泥。宸英。見卷十七《江瑤柱》。童娃亦悁〔註140〕勞，柳宗元詩：「十祀空悁勞。」〔註141〕面目成黲黧。廷敬。陸龜蒙詩：「燒岸黑黲黧。」〔註142〕何時得頮濯，枚乘《七發》：「澹澉手足，頮濯髮齒。」勝眼刮神箆。士禛。見卷六《孫少宰蟄室》。不見九陌塵，奔車日冥迷。乾學。吾儕處其中，形殊境則齊。彝尊。相期泛裂帛，見卷七《人日》。瑩拂湖上隄。宸英。子為逸少序，見卷三《蘭亭行》。我續興公題。廷敬。按：孫綽字興公，有《蘭亭後序》。

題畫二首

宣和舊譜識徐熙，猶記都官畫裏詩。見卷九《贈別梅庚》。三月江南看不足，宛陵句也。〔註143〕《宣和畫譜》：「徐熙，金陵人。畫草木蟲魚，妙奪造化。梅堯臣有詩名，亦慎許可。至詠熙所畫夾竹桃花等圖，其詩曰：『花留風蝶竹有禽，三月江南看不足。徐熙下筆能逼真，繭素畫成才六幅。』以此知熙畫為工矣。」〔註144〕湖塘花鴨影參差。〔註145〕

〔註135〕「傳」，鄭玉《次韻述懷》作「尊」，押元韻。
〔註136〕《初夏十首》其七。
〔註137〕卷一百〇九。
〔註138〕「摶」，《周禮》作「搏」。
〔註139〕《陳風·衡門》。
〔註140〕「悁」，《曝書亭集》作「娟」。
〔註141〕《遊南亭夜還敘志七十韻》。
〔註142〕《奉和襲美古杉三十韻》。
〔註143〕《和楊直講夾竹花圖》。
〔註144〕卷十七《花鳥三》。
〔註145〕國圖藏本眉批：御府所藏有花鴨圖。

數株枯柳倚苔磯，話別沙頭客未歸。多事錢唐戴文進，釣師渲染著紅衣。《無聲詩史》：「戴進，字文進，號靜庵，又號玉泉山人，錢塘人。宣廟時，進嘗作《秋江獨釣圖》，上見之，歎其工，欲召見大用。謝環讒之曰：『朱衣朝服也，而可施之漁獵乎？』遂寢其命。」〔註146〕

樸公書來招遊盤山卻寄 《居易錄》：「盤山和尚智樸，號拙菴，徐州人。能詩。居青溝。上幸盤山，嘗御書『戶外一峰』四字賜之。拙庵丁巳以詩抵予，以所著《電光集》〔註147〕屬予序，予亦兩有詩懷之。」

三盤勝地稱絕，《四正山居志》：「盤山一名東五臺。自來峰，北臺也。先師臺，南臺也。紫蓋峰，中臺也。九華峰，東臺也。舞劍臺，西臺也。眼〔註148〕甲石為下盤，古中盤為中盤，雲罩寺為上盤。上盤之勝以松，中盤以石，下盤以水。」〔註149〕眾嶺何峰最尊。別後時勞夢寐，書來興轉飛翻。王粲詩：「苟非鴻鵬〔註150〕，孰能飛翻。」青松十里岩磴，紅杏千株寺門。《四正山居志》：「盤山清明、穀雨時，萬壑青松，十里紅杏，天然圖畫。此時煮茗磐石上，看白雲，聽流水，相對忘言，覺五千四十八卷殊饒舌也。」〔註151〕好雇犢車一兩，段成式詩：「長簷〔註152〕犢

〔註146〕按：（明）陸深《儼山外集》卷五《春風堂隨筆》：
本朝畫手當以錢唐戴文進為第一。宣廟喜繪事，御製天縱，一時待詔有謝廷循、倪端、石銳、李在皆有名。文進入京，眾工妒之。一日，在仁智殿呈畫，文進以得意之筆上進。第一幅是《秋江獨釣圖》，畫一紅袍人垂鈎於水次。畫家惟紅色最難者，文進獨得古法入妙。宣廟閱之，廷循從旁奏曰：「此畫甚好，但恨鄙野爾。」宣廟扣之。乃曰：「大紅是朝廷品官服色，卻穿此去釣魚，甚失大體。」宣廟領之，遂揮去，其餘幅不視。故文進在京師頗窘迫。
（明）朱謀垔《畫史會要》卷四：
戴進，字文進，號靜庵，晚號玉泉山人，錢塘人。山水、人物、翎毛、花草，兼法諸家。宣廟喜繪事，一時待詔，有謝廷循、倪端、石銳、李在，皆有名。文進入京，眾工妒之。一日，仁智殿呈畫，文進以得意之筆上進。第一幅《秋江獨釣圖》，一紅袍人垂鈎水次。畫家唯紅色最難著，文進獨得古法。宣廟閱之，廷循傍奏曰：「此畫甚好，但恨鄙野耳。」宣廟扣之。乃曰：「大紅是品官服色，穿此釣魚，甚失大體。」宣廟領之，遂揮去。餘幅不復閱。古稱文人相傾，雖藝家亦爾。
〔註147〕《居易錄》卷二作「電光雲鶴諸集」，石印本作「電光集鶴諸集」。
〔註148〕「眼」，《大清一統志》作「晾」。
〔註149〕《大清一統志》卷四。
〔註150〕「鵬」，《贈蔡子篤詩》作「雕」。此沿江浩然《曝書亭詩錄》之說。
〔註151〕《欽定日下舊聞考》卷一百十五。
〔註152〕「簷」，段成式《柔卿解籍戲呈飛卿三首》其一作「擔」。此沿江浩然《曝書亭詩錄》之說。

車初入門。」**軟塵碾到山根**。《莊子》:「輪碾地。」〔註153〕《通俗文》:「石磑轢
穀曰碾。」

題龔主事翔麟西湖雨泛圖二首按:圖係沈南渟寫。

茶檔酒幔靜無鄰,見前《送柯孝廉》。**鏡面平波碾濕銀。回憶少年歌舞
誤,烏篷不作獨吟人**。白居易詩:「酒散君〔註154〕無同宿客,詩成長作獨吟人。」

**蓴絲菱葉浸魚天,十里湖山思悄然。疏雨夜眠聽亦好,莫因月黑便
回船**。

徐尚書載酒虎坊南園聯句按:虎坊,橋名,在宣武門南。

夜市燈熒熒,晨衙鼓統統。謝翱詩:「武昌城頭鼓統統。」〔註155〕**試瞻十
二衢,何人事遊覽**。姜宸英。**吾黨脫朝簿,甘與世味淡。初疑諫果食**,見
卷十二《顧編修》。**漸似都蔗噉**。彝尊。《通雅》:「甘蔗亦曰甘藷,曰都蔗,曰諸蔗。」
〔註156〕**駕言適丘園,塵慮益澄澈。取徑衣乍褰,入門首先鎮**。陳廷敬。
《左傳》:「衛侯入迎於門〔註157〕,鎮之而已。」《注》:「鎮,搖其頭也。」〔註158〕
黃滔詩:「理冥心自珍,機湊首屢鎮。」〔註159〕**循廊無坦步,引絙得危攬**。陳
造詩:「虎鬐有危攬。」〔註160〕**高下屋四隅,其中乃習坎**。徐乾學。《易》:「習
坎。」〔註161〕**穿池注嵌嵌**,韓維詩:「但見洞穴爭嵌嵌。」〔註162〕**搆草當薀葰**。
《爾雅》:「葰蘺〔註163〕。」《注》:「似葦而小,實中。」**非無鶴在沙**,張籍詩:「水
鶴沙邊立。」〔註164〕**亦有魚聚椮**。宸英。《爾雅》:「椮謂之涔。」《注》:「今之作

〔註153〕《莊子·天下》。
〔註154〕「君」,白居易《郡中閒獨寄微之及崔湖州》作「更」,與下句「詩成長作獨吟
　　　　人」相對。
〔註155〕《賦得建業水》。又,陸游《夜坐觀小兒作擬毛詩欣然有賦》:「北風城頭鼓統
　　　　統。」
〔註156〕卷四十四《植物》。
〔註157〕「於門」,石印本無。
〔註158〕襄公二十六。
〔註159〕《重登雲黃山》。
〔註160〕《送李象山赴朝二首》其一。
〔註161〕《坎》。
〔註162〕《孔先生以仙長老山水略錄見約同遊作詩答之》。
〔註163〕「蘺」,石印本作「亂」。
〔註164〕《送越客》。

椮者，積柴木水中，魚得寒，入其裏藏隱，因以薄圍捕取之。」謝翺詩：「武昌魚旁〔註165〕聚寒椮。」**移情欣鳥音，側足避花荅**。《韻會》：「荅，花蕊也。」**層樓窗面面，遠目水默默**。彝尊。**際此日載揚**〔註166〕，《詩》：「春日載陽。」〔註167〕**可以釋愁鬱**。王令詩：「醉目〔註168〕睨愁鬱。」〔註169〕**矧饒凍春醪，因之瀝詩膽**。廷敬。劉叉詩：「詩膽大於天。」〔註170〕《隋書·李德林傳》：「披肝瀝膽。」〔註171〕**滿酌金屈巵**，《夢華錄》：「御宴酒杯皆金屈巵，若菜椀而有手把子。」〔註172〕于武陵詩：「勸君金屈巵，滿酌不須辭。」〔註173〕**並坐綠頭毯**。見卷十二《喬侍讀》。**行廚少新烹，糲飯有遺椮**。乾學。**司寇珍庖盈，尚慮客顑頷**。《楚辭》：「長顑頷亦何傷。」〔註174〕《注》：「顑頷，食不飽而〔註175〕黃之貌。」**說禮何鏗鏗**，《後漢·楊政傳》：「說經鏗鏗楊子行。」〔註176〕先生《讀禮通考序》：「刑部尚書崑山徐公居母憂，讀《喪禮》，撰《通考》一書，再朞而成。尋於休沐之暇瀏覽載籍，又增益之，凡一百二十卷。」〔註177〕**升車必抱櫫**宸英。上司寇。〔註178〕余靖《謝學士啟》：「抱櫫非工，濫巾書府。」**冢宰論春秋，凡例屏趙啖**。杜預《左傳序》：「發凡以立例。」《唐書·啖助傳》：「字叔佐，趙州人，後徙關中。天寶末，調臨海尉、丹陽主簿。善為《春秋》，考三家短長，縫綻漏闕，號《集傳》，凡十年乃成，復攝其綱例為例統。趙匡、陸質，其高弟也。助卒，質與其子異衷錄助所為《春秋集注總例》，請匡損益，質纂會之，號《纂例》。匡者〔註179〕，字伯循，河東人，歷洋州刺史，質所稱為趙夫子者。」〔註180〕**觀其豎一義，堅銳不可撼**。

〔註165〕「旁」，《賦得建業水》作「勞」。
〔註166〕「揚」，四庫本《曝書亭集》作「陽」。
〔註167〕《豳風·七月》。
〔註168〕「目」，石印本誤作「日」。
〔註169〕《贈別晏成績懋父太祝》。
〔註170〕《自問》。
〔註171〕卷四十二。
〔註172〕（宋）孟元老《東京夢華錄》卷九：「御筵酒盞皆屈巵，如菜盌樣而有手把子。」
〔註173〕《勸酒》。
〔註174〕《離騷》。
〔註175〕「而」，洪興祖《補注》作「面」。此沿江浩然《曝書亭詩錄》之說。
〔註176〕卷一百九上《儒林列傳》。
〔註177〕《曝書亭集》卷三十四。
〔註178〕此係自注。
〔註179〕「者」，石印本作「君」。
〔註180〕《新唐書》卷二百《儒學列傳下》。

彝尊。上冢宰。〔註181〕**太史述舊聞**，陳廷敬《日下舊聞序》：「朱君竹垞彊力嗜學，著《星土世紀》一卷，《形勝》一卷，《宮室》七卷，《城市》九卷，《郊坰〔註182〕》六卷，《京畿》十一卷，《僑治》附焉，《邊障》二卷，《戶版風俗物產》一卷，《雜綴》一卷，終以《石鼓考》三卷，統名其書《日下舊聞》。」〔註183〕**意欲闖幽闇。群書擁戶棟，散紙滿箱籢。**廷敬。答太史。〔註184〕《廣韻》：「籢，篋類。」**姜生老不遇，其氣頗虓闞。**《詩》：「闞如虓虎。」〔註185〕**譬之珠在淵，**《大戴禮》：「珠在淵而岸不枯。」〔註186〕陸機《文賦》：「水懷珠而川媚。」**光彩詎能揜。**乾學。答著作。〔註187〕**趨陪固所願，賞譽夫豈敢。將毋饜燔炰，嚼及菖蒲歜。**宸英。見卷二《食龍目》。**論議或異同，片言恥阿媕。**韓愈詩：「詎有〔註188〕感激徒媕婀。」**共此千秋心，方寸默相感。**彝尊。**坐久歸反慉，臨分袪再攣。**宋玉《登徒子好色賦》：「遵大路兮攬子袪。」**起視天壇煙，**見卷八《丁娘子布》。**如雲出封礛。**廷敬。《漢書·郊祀志》：「其夜若有光，晝有白雲出封中。」〔註189〕《宋史·禮志》：「封禪玉冊用石礛藏之，為石泥封礛。」〔註190〕**堂坳雖一杯，**見卷七《題何氏書樓》。**五月有菡萏。相期避暑遊，復此安竈突。**乾學。《篇海》：「突，竈突也。」

題倪高士畫《古夫于亭雜錄》：「查嗣瑮德尹以雲林畫索題，云：『頃登崧少，道輵轕，謁登封宮詹學士逸庵耿先生介，於其齋中見此幅，歎美不容口。學士言：此故同年友顧見山大申所貽，吾無所需此，撤以相贈云。』上方有倪自題詩云：『江城風雨歇，筆硯晚生涼。囊楮未埋沒，悲歌何慨慷。秋山翠冉冉，湖水玉汪汪。珍重張高士，開披對石床。此余乙未歲戲寫於王雲浦漁莊，忽十八年矣。不意子宜友契藏而不忍棄捐，感懷疇昔，因成五言。壬子七月廿日，瓚。』橋李項氏物也。朱竹垞題云。〔註191〕吳天章題云：『經營慘澹意如何，渺渺秋山遠遠波。豈但穠華謝桃李，空林黃葉亦無多。』予亦題二絕句云：『平生不作王門客，莫把倪迂配米顛。最憶推篷寫松石，菰蘆

〔註181〕 此係自注。

〔註182〕 「坰」，石印本作「垌」。

〔註183〕 《午亭文編》卷三十五。

〔註184〕 此係自注。

〔註185〕 《大雅·常武》。

〔註186〕 《大戴禮記》卷七《勸學第六十四》：「淵生珠而岸不枯。」

〔註187〕 此係自注。

〔註188〕 「有」，韓愈《石鼓歌》作「肯」。

〔註189〕 《漢書》卷二十五上《郊祀志上》。按：早見《史記》卷十二《孝武本紀》。

〔註190〕 卷一百四。

〔註191〕 《居易錄》此處原錄朱彝尊詩。

秋雨蘸龍涎』;『曾上神嵩眺雒陽，碧伊清洛迴〔註192〕蒼蒼。怪來舒捲煙雲滿，得自盧鴻舊草堂。』」〔註193〕

房山潑墨太糢糊，《圖繪寶鑒》:「元高克恭，字彥敬，號房山。其先西域人，後居燕京，官至刑部尚書。善山水、怪石、噴浪、灘頭、水口，烘銷〔註194〕潑染，作者鮮及。」**那似倪迂意匠殊。**〔註195〕《圖繪寶鑑》:「倪瓚畫師李成、郭熙，生平不喜作人物，亦罕用圖書，故有迂稱。」**一片湖光幾株樹，分明秋色小長蘆。**見卷八《櫂歌》。

苦熱聯句《敬業堂集》題上有「集槐樹斜街」字。

苦熱今年甚，幽州亦蘊蒸。朱茂晭。《畿輔通志》:「順天府高陽氏謂之幽陵，陶唐曰幽都，虞為幽州。」《古詩》:「以遺心蘊蒸。」〔註196〕**久無甘雨降，惟見火雲升。**姜宸英。杜甫詩:「奇峰硉兀火雲升。」〔註197〕**際夜焦煙合**，鮑照《苦熱行》:「焦煙起石圻。」**經天杲日恒。**張遠。《敬業堂集》作「徐善」。《後漢·馮衍傳》:「日月之經天，江海之帶地。」〔註198〕**高林枯白帶**，見卷十二《東峪寺》。**淺汗露丹稜。**王原。《長安客話》:「巴溝之旁，有水從青龍橋河東南流入於澱。南五里，為丹稜沜。」〔註199〕**最怕沖灰洞**，范成大《燕山道中》詩注:「灰洞在涿北、燕南之間，兩旁皆高岡，無風而塵土坌積，不辨人物。」**何須堰戾陵。**徐善。《敬業堂集》作「黃虞稷」。《水經注》:「高粱水首受溼〔註200〕水於戾陵堰。水北有梁山，山有燕刺王旦陵，故以名堰。」《方輿紀要》:「戾陵堰在順天府西北。」**河流金口膩**，《元名臣事略》:「至元二年，都水少監郭公言:『金時，自燕京之西麻峪村分引蘆溝一支東流，穿西山而出，是謂金口。其水自金口以東，燕京以北，溉田若干頃。』」〔註201〕

〔註192〕「迴」，石印本作「迴」。

〔註193〕按:出《居易錄》卷八，非《古夫于亭雜錄》。江浩然《曝書亭詩錄》正作《居易錄》。

〔註194〕「銷」，《圖繪寶鑒》卷五作「鎖」。

〔註195〕國圖藏本眉批:《畫史會要》:「倪瓚素有潔癖，人號曰倪迂。」

〔註196〕《別詩三首》其一（有鳥西南飛）。

〔註197〕《多病執熱奉懷李尚書》。

〔註198〕卷五十八上。

〔註199〕《欽定日下舊聞考》卷七十九、《欽定古今圖書集成·方輿彙編·職方典卷四十七》。

〔註200〕「溼」，《水經注》卷十四作「㶟」。此沿江浩然《曝書亭詩錄》之說。

〔註201〕《欽定古今圖書集成·方輿彙編·職方典卷三十六》。按:原出（元）蘇天爵《元名臣事略》卷九《太史郭公》。

《一統志》:「金口在順天府西三十五里。東麻谷即蘆溝東岸。」**山翠畫眉層**。彝尊。《帝景景物略》:「畫眉山在西堂村之北,產石黑色,浮質而膩理,入金宮為眉石。山北十里有溫泉出〔註202〕焉。」〔註203〕**黑蜺潛難見**,見卷五《夜渡永嘉江》。**商羊舞莫憑**。萬斯同。《家語》:「齊有一足之鳥飛集於公朝,舒翅而跳。齊侯怪之,使使聘魯,問孔子。孔子曰:『此鳥名商羊,水祥也。昔童兒屈一腳,振肩而跳,且謠曰:天將大雨,商羊起舞。今齊有之,其應至矣。』」〔註204〕**新畬荒稷黍**,《詩》:「如何新畬。」〔註205〕**遺種慮蟊螣**。〔註206〕朱儼。《敬業堂集》作「張遠」。《詩》:「去其螟螣,及其蟊賊。」〔註207〕**雩隊分行綴**,《周禮》:「若國大旱,則率巫而舞雩。」**祠官典故徵**。譚瑄。**力難驅旱魃**,《詩》:「旱魃為虐。」〔註208〕《神異經》:「南方有人長二三尺,裸身而目在頂上,走行如風,名曰魃,俗曰旱魃。所見之國大旱,赤地千里。」**咒乃試番僧**。查慎行。《晉書·藝術傳》:「僧涉者,西域人也。能以秘咒下神龍。每旱,嘗使之咒龍請雨。俄而龍下鉢中,天輒大雨。」〔註209〕**童女雙丫髻**,《論語疏》:「雩者,祈雨祭名。使童男女舞之,因謂其處為舞雩。」《談苑》:「魏庠言:『昔遊關中佛寺,見沙門有善胡法者,置蜥蜴甕中,使童男女數十衣青衣,同聲咒曰:蜥蜴蜥蜴,興雲吐霧,雨今滂沱,放汝歸去。歲旱為之,頗有應。』」〔註210〕**旌竿五色繒**。李澄中。《春秋繁露》:「春旱求雨:於邑東門之外為四通之壇,方八尺,植蒼繒八。夏求雨:為四通之壇於邑南門之外,方七尺,植赤繒七。秋求雨:為四通之壇於邑西門之外,方九尺,植白繒九。冬求雨:為四通之壇於邑北門之外,方六尺,植黑繒六。」〔註211〕**新妝朱箔卷,雜**

〔註202〕石印本此下有「其間」。

〔註203〕《欽定日下舊聞考》卷一百六。

〔註204〕《辨政第十四》。

〔註205〕《周頌·臣工》。

〔註206〕國圖藏本眉批:按:螟螣之螣音特。又,《唐韻》古音音代。義同。 《爾雅·釋魚》「螣之蛇」,《疏》:「蛇似龍者也。」《唐韻》並音騰。二物字同音異。此以螟螣之螣押作平聲,誤。

〔註207〕《小雅·大田》。

〔註208〕《大雅·雲漢》。

〔註209〕卷九十五。

〔註210〕另,《宋史》卷一百二《禮志五》:「十年四月,以夏旱,內出蜥蜴祈雨法:捕蜥蜴數十納甕中,漬之以雜木葉,擇童男十三歲下、十歲上者二十八人,分兩番,衣青衣,以青飾面及手足,人持柳枝沾水散灑,晝夜環繞,誦咒曰:『蜥蜴蜥蜴,興雲吐霧,雨令滂沱,令汝歸去!』雨足。」

〔註211〕《求雨第七十四》。

戲綵衣能。魏坤。**虹霓群情望，塵埃萬目瞪**。黃虞稷。《敬業堂集》作「龔翔麟」。**疾雷無影響**，《易》：「動萬物者莫疾乎雷。」〔註 212〕**長轂但輷輘**。釋淨憲。《後漢・光武紀・贊》：「長轂雷野，高峰彗雲。」〔註 213〕李顒《雷賦》：「結鬱蒸以成雷兮，鼓輷輘之逸響。」**銷夏愁無策，聯吟喜得朋**。龔翔麟。《敬業堂集》作「湯右曾」。**盡諳微徑入，不待小僮膺**。湯右曾。《敬業堂集》作「朱儼」。杜甫詩：「應門試小童。」〔註 214〕**席帽人人脫**，見卷十一《沈上舍》。**亭欄處處憑**。鄭觀袞。**劇談多野趣**，劉峻《廣絕交論》：「騁黃馬之劇談。」**苛禮必深懲**。錢光夔。**旅跡頻年共，鄉心觸緒增**。宸英。**小航思劃槳，精舍憶擔簦**。茂眀。**白剝烏頭芡**，《方言》：「葰芡，北燕謂之葰，青徐淮泗謂之芡。或謂之雞頭，或謂之雁頭，或謂之烏頭。」黃庭堅詩：「剝芡走珠盤。」〔註 215〕**青牽紫角蔆**。原。《爾雅》：「蔆一名薢茩。」《埤雅》：「蔆，白花紫角，有刺。」**夕風嘶麥蛰**，《爾雅疏》：「蟬之小者謂之麥蛰。」**橫港沒魚鷹**。右曾。《禽經》：「王雎、雎鳩，魚鷹也。」**竹樹濃於畫，笆籬密似罾。千家花滿屋，六月稻交塍**。彝尊。《集韻》：「塍，稻田畦也。」庾信詩：「交塍香穗低。」〔註 216〕**自失江村樂，翻憐毒暑仍**。善。白居易詩：「驕陽連毒暑。」〔註 217〕**黃沙隨扇集，白汗比漿凝**。遠。《晉書・夏統傳》：「不覺寒毛盡戴，白汗四匝。」〔註 218〕《世說》：「魏文帝問鍾毓：『面何以汗？』對曰：『兢兢皇皇〔註 219〕，汗出如漿。』」**易漬牀牀箄**，杜甫《茅屋為秋風所破歌》：「牀牀屋漏無干處。」**空支院院棚。擔稀珠市果**，京城前面外有珠市口。**價倍玉河冰**。慎行。見卷六《瓊華島》。**槁落含香蕊，攣拳嫋格藤**。斯同。蘇軾《淨因院畫記》：「如是而攣拳瘠蹙，如是而條達遂茂。」**暗窺蛛網綰，乾坼燕泥崩**。翔麟。薛道衡《昔昔鹽》：「暗牖懸蛛網，空梁落燕泥。」**戸撤垂簾額，缾添汲井繩**。儼。**慵尋溫水浴，只想冷硼登**。瑄。**三葛衣猶重**，《樂府》：「麻紙語三葛，我薄汝麄疏。」〔註 220〕**雙絲屨不勝**。庾信

〔註 212〕《說卦》。
〔註 213〕卷一下。
〔註 214〕《獨坐二首》其二。
〔註 215〕黃庭堅《次韻曾子開舍人遊籍田載荷花歸》：「剝芡珠走盤，釣魚柳貫鮮。」
〔註 216〕《將命至鄴酬祖正員詩》。
〔註 217〕《贈韋處士六年夏大熱旱》。
〔註 218〕卷九十四《隱逸傳・夏統》。
〔註 219〕「兢兢皇皇」，《世說新語・言語第二十一》作「戰戰惶惶」。此沿江浩然《曝書亭詩錄》之說。
〔註 220〕《讀曲歌八十九首》其五十三。

《謝絲布啟》〔註221〕：「關尹津梁之織，鄴地雙絲。」漢武帝詩：「足下絲履五文章。」
〔註222〕**撥書嫌走蠹**，杜甫詩：「隨意撥書眠。」〔註223〕**懸拂倦驅蠅**。坤。杜甫
《棕拂子》：「不堪代白羽，有足除蒼蠅。」**祇覺娑拖便**，見卷六《風懷》。**誰甘襁
褓稱**。覲袞。見卷九《刺梅園》。**到門防客刺**，《釋名》：「書姓名於奏白曰刺。」
無地曲吾肱。彝尊。**甌買泉澆圃**，杜甫詩：「幾道泉澆圃。」〔註224〕**同貪草藉
芳**。宸英。《列子》：「趙襄子率徒十萬，狩於中山，藉芳燔林，扇赫百里」〔註225〕
酒操河朔飲，見卷一《送袁駿》。**茶愛武夷秤**。澄中。《一統志》：「福建建寧府龍
鳳、武夷二山出茶。」**返照斜初斂，微涼暮可乘**。原。**分曹爭射覆，四座百
觚騰**。慎行。《儀禮》：「騰〔註226〕觚於賓。」

曹贊善鑑倫移居二首字彝士，嘉善人。康熙己未進士，官翰林。

　　家具先生有幾車，朝來移傍古城窪。澄泥小硯題詩處，〔註227〕**開遍
蜀葵一丈花**。《太平廣記》：「蜀葵本湖中葵也。似葵，大者紅，可緝為布。」〔註228〕
《近峰聞略》：「占城使臣寓蘇州之天王堂，問葵花何名，人紿之曰一丈花也。即題
詩曰：『花於木槿渾相似，葉比芙蓉只一般。五尺闌干遮不住，獨留一半與人看。』」
〔註229〕

　　後園虛閣壓城濠，濺瀑跳波牐口牢。正欲憑闌看洗象，《長安客話》：
「象房在宣武門西城牆北。每歲六月初伏，官校用旗鼓迎象出宣武門，濠內洗濯。」
〔註230〕**玉河新水一時高**。

〔註221〕原題作「《謝趙王賚息絲布啟》」。
〔註222〕按：非漢武帝詩，出梁武帝蕭衍《河中之水歌》。另，《孔雀東南飛》：「足下
　　　　躡絲履」、「攬裙脫絲履。」
〔註223〕「隨意」，《九月一日過孟十二倉曹十四主簿兄弟》作「老困」。
〔註224〕《佐還山後寄三首》其三。
〔註225〕按：非出《列子》，出（晉）張華《博物志》卷八《史補》。
〔註226〕「騰」，《儀禮·燕禮第六》作「媵」。此沿江浩然《曝書亭詩錄》之說。
〔註227〕國圖藏本眉批：《研譜》：「米芾云：『絳縣人善治澄泥硯，以細絹二重淘洗澄
　　　　之，取極細者燔為硯。有色綠如春波者，細滑著墨不費筆，但微滲耳。』」
〔註228〕卷四百〇九《草木四·蜀葵》。
〔註229〕《明詩綜》卷九十五占城《江樓留別》附《詩話》。
〔註230〕《欽定日下舊聞考》卷四十九。

梭鞋聯句〔註231〕

五兩來江市，《詩》：「葛屨五兩。」〔註232〕千毛結海梭。彝尊。見前《二月》。澤蒲材較賤，《詩》：「彼澤之陂，有蒲與荷。」〔註233〕《南史·張孝秀傳》：「入匡山修行學道。常冠穀皮巾，躡蒲履。」〔註234〕楚筍製徒工。魏坤。〔註235〕張籍詩：「楚筍結成鞋。」〔註236〕健許踏層碧，疎難入軟紅。魏坤。〔註237〕蘇軾《從駕景靈宮》：「軟紅猶戀屬車塵。」〔註238〕自注：「前輩戲語：『西湖風月，不如東華軟紅香土。』」老夫還稱此，桐帽伴山中。彝尊。見卷十《濯足圖》。

藤枕

翦就蠻藤細，張籍詩：「蠻藤剪為杖。」〔註239〕方花織淺深。坤。香兼沉水木，《南方草木狀》：「沉香、雞骨香出於一樹也。木心與節堅黑，沈水者為沉香，與水面平者為雞骨香。」涼勝鬪寒金。彝尊。見卷八《櫂歌》。只合青奴配，《黃庭堅集·趙子充示竹夫人詩，予以為憩臂休膝，似非夫人之職。而冬夏青青，又竹之所長。予為更名青奴，並以小詩紀之》。〔註240〕何曾白汗侵。坤。見前《苦熱》。一函容茉莉，《本草綱目》：「茉莉，原出波斯，移植南海。今滇〔註241〕廣栽蒔之。初夏開小白花，秋盡乃止。花皆夜開，芬香可愛。」短髮不須簪。彝尊。

竹簟

六尺蘄春簟，見卷四《永嘉除日》。《唐書·地理志》：蘄州蘄春郡屬淮南道。土貢：白綜簟。繩牀臥最便。彝尊。紋同麴塵水，白居易詩：「春水麴塵波。」〔註242〕

〔註231〕按：康熙本《曝書亭集》題為《聯句十首》，含《梭鞋》、《藤枕》、《竹簟》、《風燈》、《響竹》、《冷布》、《油紙扇》、《瓦歠壺》、《涼篷》、《竹簾》。

〔註232〕《齊風·南山》。

〔註233〕《陳風·澤陂》。

〔註234〕卷七十六《隱逸列傳下》。

〔註235〕「魏坤」，底本無，據《曝書亭集》補。

〔註236〕《贈太常王建藤杖筍鞋》。

〔註237〕《曝書亭集》作「坤」。

〔註238〕《次韻蔣穎叔錢穆父從駕景靈宮二首》其一。

〔註239〕《贈太常王建藤杖筍鞋》。

〔註240〕原題作《趙子充示竹夫人詩蓋涼寢竹器憩臂休膝似非夫人之職予為名曰青奴並以小詩取之二首》。

另，國圖藏本眉批：黃庭堅詩：「青奴元不解梳妝，合在禪齋夢蝶床。」

〔註241〕「滇」，石印本誤作「填」。

〔註242〕《春江閒步贈張山人》。

歐陽修《蘄簟》：「端溪琢出鐵〔註243〕月樣，蘄州織成雙水紋。」**滑比研光箋**。坤。
攤飲宜三伏，趙與虤《娛書堂詩話》：「東坡以晨飲為澆書，李黃門謂午睡為攤飯。
陸務觀嘗有絕句云：『澆書滿把〔註244〕浮蛆甕，攤飯橫眠夢蝶床。莫笑山翁見機晚，
也勝朝市一生忙。』」**看某判一年**。彝尊。杜甫詩：「清簟疏簾看弈棋。」〔註245〕
物微休棄置，歸載瀂沙船。坤。

風燈

暑愛當風坐，移燈趁晚涼。坤。**紗繃扶寸闊，燭減一分長**。彝尊。宋
玉《登徒子好色賦》：「增之一分則太長，減之一分則太短。」**紫鳳垂垂結，飛蛾面
面障**。坤。《古今注》：「飛蛾善〔註246〕拂燈火也。」**更宜單舸去，留照露荷香**。
彝尊。

響竹

巧劃千絲竹，仍留一尺筒。彝尊。**勁捎梭拂畔，密置筍廚中**。坤。**搖
翅潛形速**，《爾雅》：「蠅，醜扇。」《疏》：「青蠅之類好搖翅自扇。」**先聲逐隊空**。
彝尊。**莫因餘點墨，觸損畫屏風**。坤。見卷二《贈王山人》。

冷布

秋月漚池罷，《詩》：「東門之池，可以漚麻。」〔註247〕**炎風入市初**。坤。
暗窗塵繭換，蘇易簡《紙譜》：「吳人以繭為紙。」**方格畫屏餘**。彝尊。**賤豈妍
娥織**，見卷六《風懷》。**涼宜倦客居**。坤。**應逢麻紙笑，三葛更麤疎**。彝尊。
見上《苦熱》。

油紙扇

本自錢唐製，猶存蜀府名。彝尊。《蟫衣別記》：「蜀王府進扇，以一柄價三
兩者為第一等。」按：錢唐油紙扇名蜀府扇。**雖殊白羽潔**，謝靈運《白羽扇贊》：

〔註243〕「鐵」，《有贈余以端溪綠石枕與蘄州竹簟皆佳物也余既喜睡而得此二者不勝
　　　其樂奉呈原父舍人聖俞直講》作「缺」。
〔註244〕「把」當作「挹」。按：陸游《劍南詩稿》卷二十四《又》：「澆書滿挹浮蛆甕，
　　　攤飯橫眠夢蝶床。莫笑山翁見機晚，也勝朝市一生忙。」自注：「東坡先生謂
　　　晨飲為澆書，李黃門謂午睡為攤飯。」
〔註245〕《七月一日題終明府水樓二首》其二。
〔註246〕石印本此下有「於」。
〔註247〕《陳風·東門之池》。

「惟茲白羽，體此瀓潔。涼齊清風，素同冰雪。」卻比素紈輕。坤。見卷四《贈沈華》。蓬勃塵難污，《世說》：「庾公權重，足傾王公。庾在石頭，王在冶城，坐大風揚塵，王以扇拂塵，曰：『元規塵污人。』」〔註248〕清涼風易生。彝尊。翻嗤王內史，題字費真行。坤。見卷二《贈王山人》。

瓦歊壺

舊制惟煎錫，新來器上陶。坤。《周禮》：「有虞氏上陶。」最愁芳草歇，謝靈運詩：「芳草亦未歇。」〔註249〕頻課短僮操。彝尊。病葉分疎雨，珍珠迸小槽。坤。李賀詩：「小槽酒滴珍〔註250〕珠紅。」連筒雖自苦，杜甫詩：「連筒灌小園。」〔註251〕不比漢陰勞。彝尊。見卷二《羚羊峽》。

涼篷

平鋪一面席，高出四邊牆。查慎行。雨似撐船聽，風疑露頂涼。坤。片陰停卓午，仄景入斜陽。彝尊。忽憶臨溪宅，松毛透屋香。慎行。《名醫別錄》：「松葉別名松毛。」

按：《敬業堂集》作《醼舫消夏分賦涼篷》，「撐」作「停」，「疑」作「宜」，「仄」作「返」，「忽」作「轉」。

竹簾

吳船初解縛，燕市喜重編。彝尊。一線條條直，雙釘戶戶懸。慎行。鉤時教燕去，疎處恐蠅穿。坤。布幔旋催換，秋風又一年。彝尊。陸游詩：「一年容易又秋風。」〔註252〕

送蘇郡伯守杭州

新涼纔報上林秋，五馬雙旌發薊丘。見卷七《周郡丞》。卷九《送耿副使》。方鎮表存唐國史，郡伯尊人鎮撫閩中。〔註253〕按：《新唐書·方鎮表》六卷。左符秩等漢諸侯。《《漢書·文帝紀》注》：「與郡守為符者，各分其半，右留京師，左

〔註248〕《世說新語·輕詆第二十六》。
〔註249〕《遊赤石進帆海詩》。
〔註250〕「珍」，李賀《將進酒》作「真」。此沿江浩然《曝書亭詩錄》之說。
〔註251〕《春水》。
〔註252〕《宴西樓》。
〔註253〕此係自注。

以與之。」〔註254〕**江湖水氣城陰合，吳越山光戟外收。自是前身蘇玉局，**《宋史・蘇軾傳》：「徽宗立，更三大赦，遂提舉玉局觀，復朝奉郎。」〔註255〕**黃州領郡又杭州。**薛應旂《續資治通鑒》：「熙寧四年，出蘇軾通判杭州。元豐二年，貶軾黃州團練副使安置。」

送張世濟之官楚中《騰笑集》其二云：「班竹岡斜映翠眉，牙門戍古颭青旗。春風可惜山翁老，未得同遊到接羅。」

酌春堂上勸舴艋船，按：先生有《張　遠酌春堂席上賦臺城路》一闋。**傖指分攜又八年。偶寄一官江漢去，風流少府勝藍田。**《韓昌黎集》：「崔新〔註256〕立為藍田丞，喟然曰：『余不負丞，而丞負予。』庭有老槐，對樹四〔註257〕松，日哦其間。」〔註258〕《容齋隨筆》：「唐呼縣令為明府，丞為贊府，尉為少府。」〔註259〕

宋中丞犖鎮撫江西詩以寄之《漫堂年譜》：「康熙二十七年四月，奉旨陞授都察院右副都御使，巡撫江西。三十一年六月，調補江寧巡撫。」

鵲華秋色濟陽行，見卷十《送張先生》。《漢書・地理志》：陳留郡縣濟陽。**送別燕郊空復情。十月乍遷吳子苑，**見卷三《秋柳》。**六幢今指豫章城。**《唐職林》：「自至德後，方鎮降拜，必遣內使持幢節，就第宣命。」〔註260〕**樽移南浦仙舟近，**見卷二《南安客舍》。**幔卷西堂幕府清。宰相史家書世系，**《新唐書》有《宰相世系表》。**代興誰得似先生。**《左傳》：「寡君中此，與君代興。」〔註261〕

再簡樸公《騰笑集・題盤山樸公畫像》二首。其一云：「攜來一缽自曹溪，結屋青溝亂石西。徧洗苔碑詮寺堵，山花木葉忩留題。」

謝家木屐無完齒，見卷二《山陰道歌》。**陶令籃輿怕朔風。**蕭統《陶淵明傳》：「淵明有腳疾，使一門生、二兒舁籃輿。」**黃葉滿山來未得，幽尋也待杏花紅。**見前《樸公書》。

〔註254〕卷四。
〔註255〕卷三百三十八。
〔註256〕「新」，韓集作「斯」。
〔註257〕「四」，韓集作「二」。
〔註258〕《藍田縣丞廳壁記》。
〔註259〕卷一《贊公少公》。
〔註260〕《欽定古今圖書集成・經濟彙編・考工典卷一百六十五》、《御定佩文韻府》卷三。
〔註261〕昭公十二年。

送胡參議分守河東四首

周北張南夾巷居，見卷六《風懷》。傳鈔互借一罌書。《說文》：「罌，酒器。大者一石，小者五斗。」《廣韻》：「古借書盛酒器。」《聞見錄》：「俗語：『借書與人為一癡，還人為一癡。』嘗疑借書還書，理也，何癡之云？後見王樂道與錢〔註262〕穆四書，《出師頌》最妙絕。古語：借書一罌，還書一罌。乃知今人誤以罌為癡也。」使君好事誰能及，馬後巾箱載滿車。《南史·齊衡陽王傳》：「鈞手自細書，寫五經部為一卷，置於巾箱中，以備遺忘。諸王聞而爭傚，為巾箱五經。」〔註263〕

朔風千里動幽燕，欲醉壚頭費酒錢。君到襄陵官醞熟，《漢書·地理志》：河東郡襄陵縣有班氏香〔註264〕亭。師古《注》：「晉襄公之陵，因以名縣。」可能遺我蒲去聲。萄煎。按：「蒲」字有平去二聲。白居易詩「羌笛〔註265〕吹楊柳，燕姬酌蒲萄」，又「酒餘送盞推蓮子，燭淚堆盤壘蒲萄」〔註266〕，皆作去聲用也。曹溶《蒲萄煎》「梨花擅下若，竹葉出宜城。玉膏千日曝，金波九醖清。未若成新制，安邑得嘉名。馬乳瓊漿灠，龍髯麴母輕。」

天際河流戟外黃，桃花春水漲魚梁。《漢書·溝洫志》：「來春桃花水盛，必羡溢，有填淤反壞之害。」〔註267〕銜杯不改陵州樂，繪取銀鱗尺半長。

歷井捫參儼畫圖，李白《蜀道難》：「捫參列〔註268〕井仰脅息，以手撫膺坐長歎。」到來官閣一塵無。十年漢上題襟客，不數詩人鄭鷓鴣。時鄭上舍培偕行。〔註269〕《唐書》：「鄭谷詠鷓鴣詩極佳，時人號為鄭鷓鴣。」〔註270〕

和韻送金檢討德嘉還黃州字會公，黃州廣濟人。康熙壬戌會元。

謫居人海我未還，君亦捐佩蛾眉班。見卷十《夏日》。忽攜紅藤杖七尺，白居易詩：「南詔紅藤杖。」〔註271〕歸臥黃篾樓三間。皮日休詩：「黃篾樓中掛酒

〔註262〕「錢」，底本、石印本誤作「前」，據邵博《聞見後錄》卷二十七改。
　　　　另，國圖藏本眉批：疑當作「錢」。
〔註263〕卷四十一《齊宗室列傳》。
〔註264〕「香」，《漢書》卷二十八上作「鄉」。
〔註265〕《寄獻北都留守裴令公》「笛」作「管」。
〔註266〕白居易《房家夜宴喜雪戲贈主人》「餘」作「鈞」，「堆」作「黏」。
〔註267〕卷二十九。
〔註268〕「列」，《蜀道難》作「歷」。
〔註269〕此係自注。
〔註270〕《兩唐書》未見此語。
〔註271〕《紅藤杖》。

篛。」〔註272〕王禹偁《黃岡竹樓記》:「黃岡之地多竹,大者如椽。竹工破之,刳去其節,用代陶瓦。比屋皆然,以其價廉而工省也。」**鯿肥筍香酒戶大**,《襄陽耆舊傳》:「峴山下漢水中出鯿魚肥美,常禁人採捕,以槎斷水,〔註273〕謂之槎頭鯿。宋張敬兒為刺史,齊高帝求此魚,敬兒作轆轤船,置魚而獻,曰奉槎頭縮項鯿魚一千六百頭。」**月明風熟漁舟閒**。范成大詩:「月明風熟更重來。」〔註274〕**有時橫江逐孤鶴**,蘇軾《後赤壁賦》:「適有孤鶴,橫江東來。」**一聲長笛開心顏**。趙嘏詩:「長笛一聲人倚樓。」〔註275〕李白詩:「使我不得開心顏。」〔註276〕

同諸君聖安寺餞曹檢討宜溥字子仁,號鳳岡,湖廣黃岡籍,江西東鄉人。廕生。舉鴻博,授檢討。《五城坊巷衚衕集》:「白紙坊在新城廣寧門右安門西南角,五牌二十一鋪,有小聖安寺、大聖安寺。」〔註277〕《析津日記》:「聖安寺金、元舊碑無一存者。向有金世宗、章宗、李宸妃像,今皆無之。殿前怪柏已盡,惟有兩楸樹而已。其地名東湖柳村,匪獨湖湮,柳亦不見。蓋此寺圮而復修於正統十一年,易名普濟寺。內官營建欲侈己功,輒去故碣,既更新額,並毀舊碑,使考古者無足徵信,真可憾也。」〔註278〕

載酒入古寺,柳林東湖頭。將以送遠人,豈惟恣讌遊。**精廬金源舊**,《金史·地史志》〔註279〕:「上京路,即海古之地,金之舊土也,國言『金』曰『按出虎』,以按出虎水源於此。金源建國之號,蓋取諸此。」《燕石集》:「聖安寺,亡金所建。」**香乳塗白牛**。《楞嚴經》:「若末世人願立道場,先取雪山大力白牛,食其山中肥膩香草。此牛惟飲雪山清水,其糞微細。可取其糞,和合栴檀,以泥其地。若非雪山,其牛臭穢,不堪塗地。又取白牛乳置十六器,乳為煎餅,並諸砂糖、油餅、乳糜、酥合、蜜、薑、純酥、純蜜,於蓮華外,各各十六,圍繞華外,以奉諸佛及大菩薩。」〔註280〕**二帝一宸妃,遺像堂中留**。《金臺集》:「寺有金世宗、章宗二朝像。」**更聞王萬石**,《元史·王磐傳》:「磐字萬石。〔註281〕以年老,乞骸骨。行

〔註272〕《奉和魯望新夏東郊閒泛》。

〔註273〕石印本此處有「故」。

〔註274〕《採蓮三首》其二。

〔註275〕《長安晚秋》。

〔註276〕《蜀道難》。

〔註277〕《欽定日下舊聞考》卷六十。

〔註278〕《欽定日下舊聞考》卷六十。

〔註279〕卷二十四《地理志上》,作「地史志」誤。

〔註280〕卷七。

〔註281〕按:此言有誤。《元史》卷一百六十《王磐傳》:「王磐,字文炳,廣平永年人,世業農,歲得麥萬石,鄉人號萬石王家。」

之日，公卿百官皆設宴以餞。明日，皇太子賜宴聖安寺，公卿百官出送麗澤門外，縉紳以為榮。」**辭榮返故丘**。唐明皇《送賀知章詩序》：「解組辭榮，志期入道。」〔註282〕**傾城出祖餞**，見卷十一《送益都馮先生》。**於此聚行軸**。韓愈詩：「冰凍絕行軸。」〔註283〕**古來離別地，草木常先秋。火雷焚怪柏**，《湛然居士集》：「聖安寺庭前有怪柏數株。」〔註284〕**霜葉鳴老楸。雖乏斷碣存，陳跡尚可求。曹子酒大戶，十榼飲不休。一朝忽言去，無以申綢繆。列席庭槐陰，日午風修修**。韓愈詩：「涼風日修修。」〔註285〕**窪匏截竹節，主客互勸酬。未知臨岐語，遠合古人不。坐久林鴉集，斜照忽已流。並馬歸道南，明發期登舟。一帆掛楚澤，百尺臥竹樓**。《魏志·陳登傳》：「許汜曰：『昔見元龍，元龍自上大床臥，使客臥下床。』劉備曰：『君求田問舍，言無可採。如小人，欲臥百尺樓上，臥君於地，何但上下床之間邪？』」〔註286〕「竹樓」，見前。**川塗日以邈，何以寫我愁。夢為黃衣蝶，飛繞崢嶸洲**。張謂《別韋郎中》：「崢嶸洲上飛黃蝶，灩澦堆邊起白波。」《一統志》：「崢嶸洲在黃岡縣，半屬武昌。」

晚過崇效寺同李檢討澄中李中允鎧厐舍人塏曹檢討宜溥賦鎧字公凱，

號惺菴，淮安山陽人。辛丑進士。舉鴻博，授編修。塏字霽公，號雪崖，直隸任丘人。舉鴻博，授檢討。《析津日記》：「元至正初，以唐貞觀元年所建佛寺舊址建寺，賜額崇效。明天順間重修。嘉靖辛亥，掌丁字庫內官監太監李朗於寺中央建藏經閣，有都人夏子開高明、區大相二碑，閣東北有臺，臺後有僧塙三，環植棗樹千株，以地僻，遊人罕有至者。」〔註287〕

繚垣途轉曲，入寺潦初乾。尚有殘僧在，同尋斷碣看。白花秋細細，紅棗晚攢攢。漢《咄唶歌》：「棗下何攢攢，榮華各有時。」更上荒臺望，遙山五髻盤。

〔註282〕按：陶潛《感士不遇賦》：「望軒唐而永歎，甘貧賤以辭榮。」
〔註283〕《赴江陵途中寄贈王二十補闕李十一拾遺李二十六員外翰林三學士》。
〔註284〕《欽定日下舊聞考》卷六十、《欽定古今圖書集成·方輿彙編·職方典卷四十五》、《御定佩文韻府》卷六十三之十一。
〔註285〕《赴江陵途中寄贈王二十補闕李十一拾遺李二十六員外翰林三學士》。
〔註286〕卷七。
〔註287〕《欽定日下舊聞考》卷六十、《欽定古今圖書集成·方輿彙編·職方典卷四十五》。

白馬寺《析津日記》:「宣南坊白馬寺,隋剎也。殿後尊勝陀羅尼幢,上刻仁壽四年正月上旬造。寺重建於洪熙元年。正統八年賜額,有翰林學士南昌張元禎、工部尚書直文淵閣嘉禾張文憲二碑,其東有僧墖,墖前有古碑,已為侵佔者所毀矣。」〔註288〕

仁壽千年寺,今存半畝宮。秦觀詩:「引水澆花半畝宮。」〔註289〕落鐘橫道北,瓦墖限牆東。客至愁嗥犬,僧寒似蟄蟲。見卷九《酬馮夫子》。夕陽留未去,雙樹鳥呼風。杜甫詩:「龍媒去盡鳥呼風。」〔註290〕

挽錢進士廷銓太倉人。康熙戊辰進士。

曲江讌後放歸艎,見卷十二《送顧進士》。豈謂才人祿命妨。差勝孤魂追及第,孫郃《方干傳》:「沒後,宰臣張文蔚奏文人不第者十五人,干預其數,追賜及第。」最憐無子奉高堂。門前載鶴車難得,夢裏生池草未荒。不待山陽聞笛罷,見卷四《山陰雨霽》。西風老淚寄千行。

寓居天寧僧舍同魏坤作四首《析津日記》:「寺在元魏為光林,在隋為弘〔註291〕業,在唐為天王,在金為大萬安。宣德中修之,曰天寧。」〔註292〕《一統志》:「天寧寺在順天府西。」

青豆房容借,見卷十《秋杪》。經旬且閉關。日邊連右輔,韓愈《石鼓歌》:「故人從軍在右輔。」《注》:「右輔謂右扶風,即鳳翔府也。」〔註293〕樹杪豁西山。六井泉相似,《宋史·河渠志》:「初,稅〔註294〕近海患,水泉鹹苦,唐刺史李泌始導西湖作六井,民以足用。」千花墖易攀。見卷十二《一斗泉》。不應朝市客,翻羨旅人閒。

萬古光林寺,相傳拓跋宮。《北史·魏本紀》:「魏之先,出自黃帝軒轅氏。黃帝以土德王。北俗謂土為拓,謂后為跋,故以為氏。」〔註295〕著書非柱下,見

〔註288〕《欽定日下舊聞考》卷六十、《欽定古今圖書集成·方輿彙編·職方典卷四十五》。

〔註289〕《與李端叔遊智海用前韻》。

〔註290〕《韋諷錄事宅觀曹將軍畫馬圖》。

〔註291〕「弘」,底本、石印本作「宏」。

〔註292〕《欽定日下舊聞考》卷九十一、《欽定古今圖書集成·方輿彙編·職方典卷四十六》。

〔註293〕《五百家注昌黎文集》卷五,稱「孫曰」。

〔註294〕「稅」,《宋史》卷九十六《河渠志六》作「杭」。

〔註295〕卷一。

卷六《壽何侍御》。**留客即淹中。**《漢書‧藝文志》：「《禮古經》者，出於魯淹中。」《注》：「淹中，里名也。」〔註296〕**味坼園蔬甲，香攜市酒筒。波濤人海闊，安坐作漁翁。**

到此樓遲慣，都無應接勞。借書僮入市，莝薦馬騰槽。《晉書‧列女傳》：「陶侃母湛氏。鄱陽孝廉范逵寓宿於侃，時大雪，湛氏乃徹所臥新〔註297〕薦，自剉給其馬。」韓愈《平淮西碑》：「馬騰於槽。」**墻射層層火，松鳴夜夜濤。惟嫌重九會，風雨罷登高。**

故人分月米，《南史‧宋衡陽王義季傳》：「續豐母老，家貧無以克養，遂不食肉。義季哀其志，給豐母月米二斛、錢一千，並製豐啖肉。」〔註298〕**言自玉田來。**《一統志》：「玉田縣在薊州城東八十里。」**黃雀兼鄉味，**見卷八《棹歌》。**金瀾勸客杯。**徐尚書所遺也。〔註299〕《北轅錄》：「燕山酒頗佳，館宴所飼極醇厚，名金瀾，蓋用金瀾水以釀之者。」〔註300〕**醉便尋茗盌，行即繞香臺。**見卷五《臨清州》。**要踏西峰雪，狂歌未擬回。**《長安客話》：「西山秋則亂葉飄丹，冬則積雪凝素，而雪景尤勝。」〔註301〕

為魏上舍坤題水村圖二首

鷗波亭子趙王孫，《湖州府志》：「鷗波亭，趙子昂遊息之所，在西江渚匯上，今為旗纛廟。」**曾為錢郎畫水村。**先生《題趙子昂水村圖》：「趙王孫畫山水用絹素設色者多，獨水村圖橫幅以紙寫之，且用水墨，洵神品也。題云：『大德六年十一月望日，為錢德鈞作。』又自識云：『後一月，德鈞持此圖見示，則已裝成軸矣。一時信手塗抹，乃過辱珍重如此，極令人慚媿。』卷末題詠者四十八人。歲在乙丑三月，納蘭容若屬予題簽，留之匝月。卷還未幾，容若奄逝，真蹟不復可〔註302〕睹矣。水村即今之分湖。明宣德中，析嘉興一府為縣七，遂隸嘉善。後之修地志者不載此事，因撮

〔註296〕卷三十。《注》乃顏師古引「蘇林曰」。

〔註297〕「新」，《晉書》卷九十六作「親」。

〔註298〕卷十三《宋宗室及諸王列傳上》。

〔註299〕此係自注。

〔註300〕《欽定日下舊聞考》卷一百四十九、《欽定古今圖書集成‧方輿彙編‧職方典卷四十》。

〔註301〕《欽定日下舊聞考》卷八、《欽定古今圖書集成‧方輿彙編‧職方典卷四十七》。

〔註302〕「復可」，石印本作「可復」

其大略書之。」〔註303〕過眼雲煙難再覯，披圖髣髴筆蹤存。

斜插魚標颭酒旗，柳陰小犬吠笆籬。歸田最是分湖好，見卷八《棹歌》。我亦相期作釣師。

九月八日天寧寺觀塔燈聯句《冷菴志》：「京師天寧寺塔建於隋開皇末，規制特異，實其中，無階級可上，蓋專以安佛舍利，非登覽之地也。其址為方臺，廣袤各十二丈，高可六尺，繚以周垣，南北有門鐍之。臺上為八觚壇，高可四尺，象如黃琮。塔建其上，觚如壇之數。塔之址略如佛座，雕刻錦文、華葩、鬼物之形。上為扶闌，闌四周架鐵燈三層，凡三百六十盞，每月八日注油然之。闌之內起八柱，纏以交龍，牆連於柱。四正琢為門，夾立天王像。四隅琢為牖，夾立菩薩像。皆陶甓為之，仰望者疑為燕山奪玉石也。自塔址至柱楣為第一層，其高約全塔三分之一。自是以上，飛簷疊栱，又十二層。每椽之首置一鈴，八觚交角之處又綴一大鈴，通計大小鈴三千四百有奇。風作時，鈴齊鳴，若編鍾編磬之相應焉。」〔註304〕

秋風鳴枯槐，斜日薄西崦。徐善。《山海經》：「鳥鼠同穴，西南曰崦嵫。下有虞泉，日所入處。」並馬入寺門，客衣冒稀薟。朱茂晭。《本草》：「豨薟春生苗，葉似芥葉而狹，長文粗莖，高二三尺，秋初有花如菊。」於焉展嘉覯，一笑輟鉛槧。高佑鉅。《西京雜記》：「揚子雲好事，常懷鉛提槧，從諸計吏，訪殊方絕域四方之語，以為裨補。輶軒所載，亦洪意也。」巡廊禮紺塔，卓立大且儼。彝尊。《詩》：「碩大且儼。」〔註305〕陳丹和暗粉，古色剩渲染。魏坤。蹟仍開皇舊，函並舍利埯。查慎行。《帝京景物略》：「釋家舍利珠八斛四斗，其三之一住人間也。阿育王置塔八萬四千，東震旦得塔十九，其粒不可得計也。康僧會懇佛七日，得七。曇榮懇之，自三粒至三百粒。隋文帝遇阿羅漢，授舍利一，裹與法師曇遷數之，數多數少莫能定，乃七寶函致雍岐等三十州，州各一塔，天寧寺塔其一也。」《涅槃經》：「佛般涅槃，荼毘既訖，一切四眾收取舍利，置七寶瓶，當於拘尸那城四衢道中起七寶塔。」註：「舍利，身骨也，焚後五色如珠，光瑩堅固。」〔註306〕《正韻》：「埯，土覆物也。」一十三重簷，簷簷風鐸颭。善。《帝京景物略》：「天寧寺塔高十三尋，四周綴鐸萬計。風定風作，音無斷時。」《羯鼓錄》：「宋沈待漏於光宅佛寺，聞塔

〔註303〕《曝書亭集》卷五十四。

〔註304〕《欽定日下舊聞考》卷九十一。又見《欽定古今圖書集成·方輿彙編·職方典卷四十六》，稱「《隩志》」。

〔註305〕《陳風·澤陂》。

〔註306〕陳維崧《陳檢討四六》卷十八《靈巖寺重建大殿碑》「絳雲成蓋，人間開舍利之城」注。按：經文原見《大般涅槃經後分》卷上《憍陳如品餘》。

上風鐸聲，傾聽久之。」陸游詩：「塔簷風鐸亂疏更。」〔註307〕蟠楹蛟躑跜，見卷五《東甌王廟》。負礎鬼瘠貶。茂暘。飛梯截階級，白石奪琬琰。佑釦。司馬相如《上林賦》：「玊採琬琰，和氏出焉。」鎔金範為燈，《禮》：「範金合土。」〔註308〕《通俗文》：「規模曰范，以土曰型，以金曰鎔，以木曰模，以竹曰笵。」設砌架成廠。彝尊。見卷六《雪窗》。累累仄蜂房，歷歷覆蟹屬。坤。《廣韻》：「屬，蟹腹下屬。」怖鴿棲未安，見卷四《真如寺》。孟浩然詩：「禪枝怖鴿棲。」〔註309〕一夫突走險。慎行。緪缶牽膏油，《左傳》：「陳奮搰，具緪缶。」〔註310〕韓愈《進學解》：「焚膏油以繼晷。」豆火發星燄。善。庾肩吾詩：「豆火欲然薪。」〔註311〕《宋史》：「樂歌：青社分封，前星啟燄。」〔註312〕初如螢尾炫，忽若獸目睒。茂暘。《說文》：「睒，暫視貌。」郭璞《江賦》：「獱獺睒瞷乎廏空。」或如爐枕炭，陸游詩：「紙閣磚爐火一枕。」〔註313〕或如灶炊栝。佑釦。《說文》：「栝，炊竈木也。」須臾環扶闌，散作四百點。彝尊。虛堂鑒纖毫，老樹失掩冉。坤。氛煙看直上，樓閣時一閃。慎行。置身圓鏡中，《首楞嚴經》：「立大圓鏡，空如來藏。」交光不可掩。善。鼓鍾聲遠聞，來者紛禳襫。茂暘。提攜及童嬰，紫微夫人詩：「萬椿愈童嬰。」〔註314〕羅拜雜寺閣。佑釦。營營各有挾，邀福毋乃謟。彝尊。禮義苟不愆，《左傳》：「《詩》云：『禮義之不愆，何恤於人言。』」〔註315〕寸心又何慊。坤。玩物隨所遭，誰能束崖檢。慎行。《宋書·朱齡石傳》：「少好武事，頗輕佻，不事崖檢。」〔註316〕宵分梵放歇，漏轉人散漸。善。茗盌坐屢遷，松關啟還居。茂暘。《進學解》：「根闑居楔。」衰年疲倚徙，禪榻擁衾簟。佑釦。　李中詩：「漸添衾簟爽。」〔註317〕弦月隨側輪，濕雲俄淰淰。彝尊。驟驚山雨來，昏夢豁囒魘。坤。晨興矙林端，餘爝尚未斂。慎行。

〔註307〕《夜酌》。
〔註308〕按：非出《禮》，乃出《孔子家語·問禮》。
〔註309〕《夜泊廬江聞故人在東寺以詩寄之》。
〔註310〕襄公九年。
〔註311〕《和太子重雲殿受戒詩》。
〔註312〕卷一百三十九《樂志》。
〔註313〕《紙閣午睡二首》其一。
〔註314〕《真誥》卷四。
〔註315〕按：非出《左傳》。《荀子·正名篇第二十二》：「《詩》曰：『禮義之不愆兮，何恤人之言兮。』」
〔註316〕卷四十八。
〔註317〕《新秋有感》。

九日雨阻天寧寺聯句

仁王塔，見卷四《真如寺》。祇樹林，《金剛經》：「祇樹給孤獨園。」〔註318〕
注：「須達長者施園祇陀太子，施樹為佛說法之處，故後人名曰祇園，亦曰給孤園。」
李頎詩：「幽居祇樹林。」〔註319〕客九日，期登臨。彝尊。風《敬業堂集》作「木」。
蕭蕭，雨淫淫。《古詩》：「其雨淫淫，河大水深，日出當心。」〔註320〕泥滑滑，
見卷十八《臨平道中》。愁人心。慎行。馬毛縮，鮑照詩：「馬毛縮如蝟。」〔註321〕
魚潦深。行躑躅，坐沉吟。坤。《古詩》：「沉吟聊躑躅。」〔註322〕日月逝，衰
遲《敬業堂集》作「年光」。侵。去者昔，來者今。善。別苦易，曹植詩：「別
易會難，當各盡觴〔註323〕。」思難任，曹植詩：「離思故難任。」〔註324〕尊有酒，
且酌斟。佑釪。脫我帽，李白句。〔註325〕披我襟。折黃花，試共簪。茂晭。

同錢光夔王原嚴虞惇魏坤查慎行吳卜雄過白雲觀分韻二首王字令詒，青
浦人。康熙戊辰進士。嚴字寶仍，康熙丁丑進士。吳字震一，德清人。康熙庚辰進士。
《帝京景物略》：「白雲觀，元太極宮故墟，出西便門一里。觀中塑丘真人像，白晳無
鬚眉。都人正月十九日致醑祠下，謂之燕九節。」〔註326〕錢光夔《遊白雲觀分韻詩
序》：「歲己巳冬首，從竹垞朱先生泊王令詒、查夏重、魏禹平、吳震一、嚴寶成步訪
城西之白雲觀。觀為元初真人丘處機號長春仙蛻處。遺墓在後殿。墓北為真人像，道
裝童顏，怡坐其上。兩壁列畫弟子二九，冠履劍佩，彷彿古色照人。舊皆有題注封號，
歲遠，塵埃漫滅，幾不可辨。中殿祀玉帝。其西廡為儒仙殿。儒仙者，金末故翰林王
公諱□□〔註327〕。世變，棄官遯跡，為真人徒。後人重其義，遂像而併祀焉。殿凡
三重，宮垣欄楯，圮陊荒寂，其歷已久。幸庭碑未殊剝蝕，其撰勒則猶可省錄。朱先

〔註318〕《法會因由分第一》。
〔註319〕《題璿公山池》。
〔註320〕韓憑妻何氏《又答夫歌》。
〔註321〕《代出自薊北門行》。
〔註322〕《古詩十九首》其十二（東城高且長）。
〔註323〕「當各盡觴」，曹植《當來日大難》作「各盡杯觴」。此沿江浩然《曝書亭詩
　　　　錄》之說。
〔註324〕《雜詩七首》其一。
〔註325〕李白《扶風豪士歌》：「脫吾帽。」
〔註326〕《欽定日下舊聞考》卷九十四。
　　　　另，此下空六格，除前後分隔各一格外，另四格不知何字。
〔註327〕底本作空格，石印本作「□□」。按：《欽定日下舊聞考》卷九十四錄《人海
　　　　記》：「殿右有儒仙之殿，中有塑像，頳面黑髯，襆頭圍花袍，玉帶哀補。按：
　　　　李道謙《甘水仙源錄》有觀津張本者，正大九年以翰林學士使北，見留，遂
　　　　隱為黃冠，居燕長春宮。疑即其人也。」與此說不同。

生蒐奇訪軼，意獨踊躍，亟覓得敗紙，丐禿筆於賣餅家，拾斷瓦研炭，倩夏重憑晶鼂額備錄以歸。先生喜曰：『茲遊也，不可無記。』比同遊者七人，則隨拈唐人詩疏鬆影落四語，摘得其中平韻字十四，定以四韻，以次分，限人兩韻，為五字律二詩以紀之。龍眠錢夔詩先成，遂併為之序。」

按：時取韓翃《題仙遊觀》「疏鬆影落空壇靜，細草春香小洞幽。何用別尋方外去，人間亦自有丹丘」語分韻，先生得「疏」字、「丘」字。

愛見晴山出，郊西萬木疎。偶尋樵子徑，因訪羽人居。活脫存遺像，《輟耕錄》：「劉元，字秉元，薊之寶坻人。官至昭文館大學士、正奉大夫、秘書監卿。元嘗為黃冠，師事青州杞道錄，傳其藝非一，而獨長於塑，天下無與比。所謂摶換〔註328〕者，漫帛土偶上而髹之，已而去其土，髹帛儼然像也。昔人嘗為之，至元尤妙。摶換〔註329〕又曰脫活，京師語如此。」〔註330〕《道園學古錄》：「長春之白雲觀，金人汾王先生十一曜奇妙，為世所稱道。」〔註331〕亦正奉之所造也。**蒼涼感廢墟。惟餘綵旛字，髣髴鶴頭書。**蕭子良《古今篆隸書》：「鶴頭書與偃波書俱詔版所用，在漢謂之尺一簡，彷彿鶴頭，故有其稱。」

世祖興元日，真人獨召丘。《輟耕錄》：「大宗師長春真人，姓丘氏，名處機，字通密，號長春子，登州棲霞縣濱都里人。貞祐乙亥，金主召，不起。己卯，宋遣使來召，亦不起。是年五月，太祖自乃蠻國遣近侍劉仲祿手詔致聘。壬午三月，過鐵門關。四月，達行在所。上勞曰：『他國徵聘皆不應，今遠踰萬里而來，朕甚嘉焉。』至九月，設庭燎，虛前席，延問至道。真人答以節欲保躬、天道好生惡殺、治尚無為清淨之理。上說，命左史書諸策。甲寅〔註332〕八月，奉旨居太極宮。丁亥五月，特改太極為長春。七月九日，留頌而逝，年八十。」〔註333〕**片言能止殺，萬里不虛遊。羽蛻長春觀，**《穀城山房筆麈》：「七真之跡皆在東海嶗山，而丘處機為元太祖所聘，弟子十八人從遊漠北，居燕之長春宮化焉，今都城西南白雲觀也。」〔註334〕**池枯太液流。**《日下舊聞》：「元之長春宮本在太液池上，非今之白雲觀。」〔註335〕

〔註328〕「摶」，《道園學古錄》同，《輟耕錄》作「搏」。

〔註329〕「摶換」，《道園學古錄》作「摶丸」，《輟耕錄》作「搏丸」。

〔註330〕《輟耕錄》卷二十四《精塑佛像》。按：此語原出虞集《道園學古錄》卷七《劉正奉塑記》。

〔註331〕卷七《劉正奉塑記》。

〔註332〕「寅」，《輟耕錄》作「申」。

〔註333〕卷十《丘真人》。

〔註334〕《欽定日下舊聞考》卷九十四。

〔註335〕《欽定日下舊聞考》卷九十四，係朱昆田按語。

誰裁釋老傳，乃與帝師儔。王彝《三近齋稿》：「詔脩《元史》，始有《釋老傳》之目，老氏首丘處機，釋氏首八思馬。余嘗執筆從史官後，得預是議。」〔註336〕《元史‧仁宗紀》：「皇慶五年十月，建帝師巴思八殿於大興教寺。」〔註337〕

送高佑釲之安邑和魏坤韻

驪駒九日郭門催，問子西征幾月來。最好河東苦桑落，見卷九《河豚歌》。懷人一倍引深杯。

夜宿天寧寺大風和徐四處士善韻

檻外開皇塔，三千六百鈴。天風吹不定，一夜枕函聽。砌咽寒蟲語，窗搖獨樹形。故人眠未穩，吟傍佛燈青。

曉起風未止復賦

已湧高城日，猶號昨夜風。六年凋佛樹，乙字數邊鴻。〔註338〕《南齊‧顧歡傳》：「昔有鴻飛天首，積遠難亮，越人以為鳧，楚人以為乙。人自楚越，鴻常一耳。」〔註339〕催粥桐魚響，薰衣桂火籠。薄寒須摒擋，《世說》：「王長豫為人謹慎。丞相還臺及行，未嘗不送至車後，恒與曹夫人摒擋箱篋。」〔註340〕仍作鹿皮翁。見卷六《中秋》。

〔註336〕（明）王彝《王常宗集‧續補遺‧跋張貞居自書帖》。按：此注，石印本改為「《魏書‧釋老志》：「初，曇曜以復佛法之明年，自中山被命赴京，值帝出，見於路，御馬前銜曇衣，時以為馬識善人，帝後奉以師禮。」出《魏書》卷一百一十四。

〔註337〕卷二十六《仁宗本紀三》。
按：石印本無此二注，注曰：「《魏書‧釋老志》：『初，曇曜以復佛法之明年，自中山被命赴京，值帝出見於路，御馬前銜曇衣，時以為馬識善人，帝後奉以師禮。』」
另，國圖藏本眉批：《元風慶會圖文說》：「長春真人浴於東溪，越二日，太液池水入東湖，池遂涸，北口高岸亦崩。真人歎曰：山其摧乎，池其涸乎，吾將與之俱乎。遂卒。按：元世祖崇尚佛教，以八思巴為帝師，自後如伽璘、真答耳麻八剌剌吉塔寺等歷代不絕，怙勢恣睢，為害甚鉅。《元史》列傳以邱長春與八思巴等同列釋道，薰蕕不分，故詩云云。注引《魏書》，大謬。
開林按：國圖藏本此注同底本，為王彝《三近齋稿》、《元史‧仁宗紀》，但批語言及「注引《魏書》」，則初印本之注當有此三書。

〔註338〕國圖藏本眉批：「乙字數邊鴻」，謂鴻飛如排乙字耳。注引顧歡傳云云，乃燕乙之乙，與此無涉。且「字」字亦無著落矣。謬。

〔註339〕卷五十四《高逸列傳‧顧歡》。

〔註340〕《世說新語‧德行第一》。

送樊明府咸修之嘉興字子章，號慈東，陝西三原人。康熙丙辰進士。戊辰，除嘉興令，寬猛得宜，民情帖服。邑有豪惡，剪除不遺。遇窮民則嘉意撫恤之。以才能擢給事中。

仙凫南髮指江關，見卷五《留贈王沙縣》。到及梅花點地斑。倚郭千家齊傍水，登樓百里更無山。郊坰近日園亭少，旱潦頻年稼穡艱。憑仗賢侯妙為政，杜甫詩：「看君妙為政。」〔註341〕不難風景舊時還。

蘆塘放鴨圖為查大弟慎行題二首《在園雜志》：「上幸海子捕魚，賜群臣，命賦詩。查翰林慎行詩云：『笠簷蓑袂平生夢，臣本煙波一釣徒。』稱旨，內侍傳煙波釣徒查翰林。蓋同時有聲山學士也。可與『春城無處不飛花』韓翃同一佳話。」〔註342〕

橫漲橋東宿雨殘，盡驅鴨鴨出紅闌。《絕妙好詞》：「韓疁《浪淘沙》：『裙色草初青，鴨鴨波輕。』」〔註343〕《南畟書》：「陸龜蒙有鬥鴨一闌，頗極馴養。一日，驛使過，挾彈斃其尤者。龜蒙曰：『此鴨善人言，欲附蘇州上進，奈何斃之？』使人懼，盡與囊中金，以窒其口。使徐問善言狀。龜蒙曰：『能自呼名耳。』」蘆花兩岸冷如雪，十里秋容倚槳看。

鴨頭老綠鴨腳黃，十十五五沿斜塘。《豔歌何嘗行》：「十十五五，羅列成行。」不勞蜀郡滕昌祐，勾染一枝紅拒霜。《宣和畫譜》：「滕昌祐，字勝華，本吳郡〔註344〕人也。後遊西川，因為蜀人。有《拒霜花鴨圖》二。」〔註345〕柳宗元《湘岸移木芙蓉》詩〔註346〕注：「蓮花亦謂之芙蓉，《楚辭》所謂『集芙蓉以為裳』是也。此詩之所謂木芙蓉，則今之所謂拒霜花，生於岸際者。」

冬夜同諸子集杜尚書齋中分韻得波字

司空愛客埽東第，見卷十一《納臘輓詩》。十里杜曲齊來過。見卷二《鴛胵湖》。揚眉且作吳下語，見卷七《何侍御》。婪尾笑卷樽中波。《演繁露》：「飲酒卷白波，唐李濟翁《資暇錄》謂漢時嘗擒白波賊，人所共快，故以為酒令。白集：

〔註341〕《送鮮于萬州遷巴州》。

〔註342〕國圖藏本眉批：引《在園雜志》似贅。

〔註343〕卷二。

〔註344〕「郡」，石印本無。

〔註345〕卷十六。

〔註346〕原題作《湘岸移木芙蓉植龍興精舍》。

『長驅波卷白，連擲採成盧。』」〔註347〕吾老謫官久當去，人生良會安能多。
街頭鼕鼕漏鼓急，見卷九《和田郎中》。不醉奈此明燈何。

給事弟雲宅席上觀倒刺四首雲字介垣。《詞苑叢譚》：「倒〔註348〕喇，金元戲
劇名也，似俗而雅。」

　　雪後風燈焰焰寒，雲韶舊部走伶官。《宋史·樂志》：「雲韶部者，黃門樂
也。開、寶中平嶺表，擇廣州內臣之聰警者，得八十人，令於教坊習藝，賜名簫韶
部。雍熙初，改名曰雲韶部。」〔註349〕《〈詩·簡兮〉序》：「仕于伶官。」一雙手
技從容入，勝舞銀貂小契丹。《淥水亭雜識》：「遼曲宴宋使，酒一行，觱篥起
歌。酒三行，手技入。酒四行，琵琶獨彈，然後食入。雜劇進，繼以吹笙、彈箏、歌
擊、架樂、角觝。王介甫詩云：『涿州沙上飲盤桓，看舞春風小契丹』，蓋紀其事也。
至范致能北使，有《鷓鴣天》詞，亦云：『休舞銀貂小契丹，滿堂賓客盡關山』，則
金源〔註350〕宴賓，或襲為故事，未可定耳。」

　　洞庭橘酒注雙缾，老去繁絃不厭聽。為語參軍休打鶻，《五代史·吳世
家》：「徐氏之專政也，隆演幼懦，不能自持，而知訓尤凌侮之。常〔註351〕飲酒樓上，
命優人高貴卿侍酒，知訓為參軍，隆演鶉衣髽髻為蒼鶻。知訓常〔註352〕使酒罵坐，
語侵隆演。」《輟耕錄》：「唐有傳奇，宋有戲曲、唱諢、詞說，金有院本、雜劇、諸公
調。院本，雜劇，其實一也。國朝院本、雜劇始釐而二之。院本則五人：一曰副淨，
古謂之參軍；一曰副末，古謂之蒼鶻。鶻能擊禽鳥，末可打副淨，故云。」〔註353〕
沖筵喚出李青青。皮日休詩：「取次沖筵隱姓名。」〔註354〕《樂府雜錄》：「箏者，
蒙恬所造。元和至太和中，李青青及龍佐。大中以來，有常述本，亦妙手也。」

　　杯槃暢舞踏紅綃，《晉書·樂志》：「杯槃舞。按：太康中，天下為晉世寧舞，
矜手以接杯柈，反覆之。此則漢世惟有槃舞，而晉加之以杯也。」〔註355〕「暢舞」，

〔註347〕卷十二《卷白波》。
〔註348〕「倒」，（清）徐釚《詞苑叢談》卷九作「道」。
〔註349〕卷一百四十二。
〔註350〕「源」，《欽定日下舊聞考》卷一百五十九作「元」。此沿江浩然《曝書亭詩錄》
　　　　之說。
〔註351〕「常」，《新五代史》卷六十一作「嘗」。此沿江浩然《曝書亭詩錄》之說。
〔註352〕「常」，《新五代史》卷六十一作「嘗」。此沿江浩然《曝書亭詩錄》之說。
〔註353〕卷二十五《院本名目》。
〔註354〕《襄州春遊》。
〔註355〕《晉書》卷二十三《樂志下》。按：《宋書》卷十九《樂志》：「又云晉初有《杯

見卷一《董逃行》。皇甫松詩:「漢女踏紅綃。」〔註356〕**高下冰瓷燭一條。**陳師道詩:「價重十冰瓷〔註357〕。」**不是羊家張靜婉,**〔註358〕《南史·羊侃傳》:「姬妾列侍,窮極奢靡。有舞人張淨琬,腰圍一尺六寸,時人咸推能掌上舞。」〔註359〕《世說》作「張靜婉」。**如何貼地轉纖腰。**《羊侃傳》:「孫荊玉能反腰貼地,銜得席上玉簪。」〔註360〕張衡《思玄〔註361〕賦》:「舒妙婧之纖腰。」

琵琶鐵撥自西涼,《酉陽雜俎》:「古琵琶,用鶤雞筋作弦,石為槽,鐵撥彈。」**十四箏絃三足牀。**顧瑛詩:「錦箏彈盡鴛鴦曲,都在秋風十四絃。」〔註362〕歐陽修《見楊直講侍女彈琵琶》詩:「嬌兒兩幅青布裙,三腳木床坐調曲。」〔註363〕**街鼓鼕鼕催不去,更翻一曲玉娥郎。**《金鼇退食筆記》:「明神宗時,選近侍三百餘名,於玉熙宮學習官戲。歲時升座則承應之,各有院本,如盛世新聲、雍熙樂府、詞林摘豔等詞,又有玉娥兒詞,京師人尚能歌之,名御製四景玉娥郎。嚴分宜《聽歌玉娥兒詞》詩云:『玉蛾不是世間詞,龍艦春湖捧御巵。閭巷教坊齊學得,一聲聲出鳳凰池。』」〔註364〕

曝書亭集詩注卷十三　　　　　　　　　　　　　　　　男　蟠　挍

盤舞》、《公莫舞》。史臣按:杯盤,今之《齊世寧》也。張衡《舞賦》云:『歷七盤而縱躡。』王粲《七釋》云:『七盤陳於廣庭。』近世文士顏延之云:『遞間關於盤扇。』鮑昭云:『七盤起長袖。』皆以七盤為舞也。《搜神記》云:『晉太康中,天下為《晉世寧舞》,矜手以接杯盤反覆之。』此則漢世唯有盤舞,而晉加之以杯,反覆之也。」

〔註356〕按:非詩,出皇甫松《大隱賦》,見《文苑英華》卷九十九。

〔註357〕「瓷」,陳師道《次韻蘇公獨酌試藥玉滑盞》作「磁」。此沿江浩然《曝書亭詩錄》之說。

〔註358〕國圖藏本眉批:以反腰貼地屬張靜婉,誤。

〔註359〕卷六十三。

〔註360〕卷六十三。

〔註361〕「玄」,底本、石印本作「元」。

〔註362〕《效歌二首》其二。

〔註363〕原題作《於劉功曹家見楊直講褒女奴彈琵琶戲作呈聖俞》。

〔註364〕卷下。

曝書亭集詩注卷十四

嘉興　楊　謙　纂

秀水　周大同　參

上章敦牂庚午

同郭三徵滿井訪崙公即事二首《梅里志》：「郭麟徵，字景升，號皋門。孝廉
裒採子。以能詩稱，兼擅山水。有《西翠樓集》。」《帝京景物略》：「出安定門外，循
古壕而東五里，有滿井。井面五尺無收有榦，榦石三尺，井高於地，泉高於井。」《騰
笑集》四首。其三云：「滿井傳遺事，藤蘿縛作門。瓜先辰日種，花比午橋繁。繡幰高
低路，青旗遠近村。吾來消歇盡，閒與四禪論。」其四云：「一葉五花後，譜略暫紛紜。
傳擬王巾續，燈從井度分。圖書兼梵夾，鍾磬遠人群。自煮栟楡茗，留賓待夕曛。」
〔註1〕

郊行方澤外，《春明夢餘錄》：「方澤壇在安定門外之北。」路轉古城窪。小
雨乍潑火，輕風無聚沙。《騰笑集》作「早有雨潑火，更無風卷沙」。青蓮過橋
寺，紅杏隔牆花。一笑遠公在，催停轂觫車。

故人方外侶，謂周處士篔也。〔註2〕往往說支纖。見卷八《懷上方山》。帝
里沖風雪，僧廚共米鹽。《舊唐書‧李鈺傳》：「茶為食物，無異米鹽。」〔註3〕
招魂迷去路，掛壁有殘縑。不待山陽笛，見卷四《山陰雨霽》。同遊淚各霑。

〔註1〕國圖藏本眉批：刪定之詩何庸復錄，殊非作者之意。
〔註2〕此係自注。
〔註3〕《舊唐書》卷一百七十三。
　　　另，國圖藏本眉批：凡注釋引用書文，其勢不得不摘段，然起止必須成片段。
　　　今引，玩而起句不成文理。

送史館姜君宸英赴包山書局二首先生《孝潔姜先生墓誌》:「既而用薦入史館,支正七品俸,纂修《明史》,又分撰《一統志》。月給餐錢,衣儒生衣,雜坐公卿之次。會覃恩,敕授文林郎,贈考妣如其階。歲在己巳冬,刑部尚書總裁官崑山徐公乾學告歸,詔許以書局自隨。公上言,引君自助。」〔註4〕

白蠟明經亦可憐,《朝野僉載》:「張鷟號青錢學士,謂萬選萬中。時有董方九舉不第,號曰白蠟明經,與鷟為對。」強唫詩卷放歸船。告身許領郎官軸,《唐書》:「文武官皆給告身以符而印其上,謂之告身。」〔註5〕不藉題名雁塔前。《古今詩話》:「唐韋肇及第,偶於慈恩寺雁塔題名,後人傚之,遂成故事。」

莫釐峰下著書臺,《吳縣志》:「東洞庭山,一名莫里山,今呼為莫釐。」十道圖經一室開。按:梁載言有《十道志》。時纂修《一統志》,故云。破臘梅花繞清夢,勝騎官馬踏霜埃。

送徐處士善南還

玉河新柳已堪攀,二月交亭送客還。《潞沙筆綴》:「通州至京城中途有高米店,或呼高碑店。按:宋洪忠宣皓《松漠紀聞》云:『潞縣三十里至交亭,三十里至燕。』今之高米店,疑即古之交亭,交、高音訛也。」〔註6〕十度洞庭遊未足,見卷一《舟次平望》。今番真住石公山。《蘇州府志》:「石公山在吳縣西南一百二十里。山前有石板,皮、陸嘗遊覽賦詩。《續志》云:『在可盤灣南山根,石形如老翁獨立水中,甚有靈驗。旱涸不露,水潦不沒,因名。』」

送禹鴻臚之洞庭

謫官擬就洞庭居,此意沉吟六載餘。君去西峰先相宅,小樓容架滿船書。

送劉進士凡知孟縣江南潁州人。康熙丙辰進士。《名勝志》:「孟縣在懷慶府城南六十里。」

百里雷封古孟州,《六帖》:「雷震百里,故縣令稱雷封。」《名勝志》:「漢為河陽縣。唐會昌中陞為孟州。」銅章出宰最風流。見卷九《送施鑒範》。一灣清

〔註4〕《曝書亭集》卷七十六《孝潔姜先生墓誌銘》。
〔註5〕按:《兩唐書》未見此語。《通典》卷十五《選舉三‧歷代制下〔大唐〕》:「各給以符而印其上,謂之告身。」
〔註6〕《欽定日下舊聞考》卷八十八。

濟通王屋，見卷六《飲歷下亭》。**千樹穠花繞縣樓。**《名勝志》:「晉潘岳為河陽令，遍栽桃李，呼為花縣。」**別後酒鎗攜伴去，到來詩卷許吾酬。三年報最尋常事，**《漢書·嚴助傳》:「願奉三年計最。詔許，因留侍中。」〔註7〕**腰折眉摧不用愁。**李白《夢遊天姥吟》:「安能摧眉折腰事權貴，使我不得開心顏。」

送人《騰笑集》作「徐勍」**宰順德**勍字道勇。《一統志》:「順德在廣州府城西八十里，本隋南海縣地，唐以後皆因之。明景泰三年，始析其地置此縣。」

銅章再綰出都亭，天末郎官映一星。《後漢·明帝紀》:「館陶公主為子求郎，不許，謂羣臣曰:『郎官上應列宿，出宰百里，苟非其人，則民受其殃，是以難之。』」〔註8〕**南海潮連沙嶼白，**《名勝志》:「南海在廣州府城南百里，自古鬥村出口。」**西樵山壓縣樓青。**《名勝志》:「西樵山高數百仞，勢若遊龍，盤踞四十餘里。」**題詩定遍簹簩竹，**《異物志》:「南方思牢國產竹，可礪指甲。」即今簹簩竹也。**判牘憑移孔翠屏。**見卷十一《送少詹》。**此地不難先奏最，**蘇頲《贈權別駕》:「還當奏最掖垣來。」〔註9〕**因風為報遠人聽。**

贈張叟弨《騰笑集》:《題張叟小像即送其還山陽》。《居易錄》:「力臣博雅，精六書之學。嘗著一書，以辨俗書之譌。今老矣，又耳聾。攜其兩子一孫客京師，以寫真來索題。」〔註10〕

筍籜為冠大布裘，見卷十《秋杪》。**愛從金石拓遺文。**《靜志居詩話》:「力臣棄諸生，不就試。工六書。躬歷焦山水滋，手拓瘞鶴銘而考證之。又入秦，謁唐昭陵，遍覽從葬諸王公表碣。潛碣斷石，必三復而聯綴成篇。」**吾生癖似劉原父，當代楊南仲是君。**《集古錄》:「韓城鼎銘。右原甫既得鼎韓城，遺予以其銘，而太常博士楊南仲能讀古文篆籀，為余以今文寫之而闕其疑者。」〔註11〕

裂帛湖《集外詩》作《題畫二首》。其二云:「吾家小阮染雲藍，比似王微也不慚。詩罷尊前各惆悵，幾人今夜夢江南。」

〔註7〕卷六十四上。
〔註8〕卷二。
〔註9〕原題作《贈彭州權別駕》。
〔註10〕卷一。按:此處所引文字，《居易錄》前有「淮安門人張弨」，後有「予為賦二絕句云:『瘞鶴銘邊攜屐日，羊侯祠下卸帆時。吳山楚水探奇遍，不管秋霜點鬢絲』;『金石遺文太放紛，摩挲千卷對爐薰。白頭更訪鴻都學，手拓陳倉石鼓文。』張嘗著《瘞鶴銘辨》及摹峴山石幢寄予，首二句皆實錄也」。
〔註11〕卷一。

裂帛湖流兩岸平，見卷七《人日》。柳陰風煖燕飛輕。年光冷笑長安客，開遍山桃不出城。

查上舍慎行弟將南還查慎行《題壁集序》：「玉峯大司寇徐公予告南歸，奉旨仍領書局。出都時，邀姜西溟及余偕行。」〔註12〕**過寓舍話別同魏二坤小飲賦六言**《騰笑集》二首。其一云：「斜街槐樹之下，高館灝村以東。日緩郵簽算別，試開社酒治聾。天邊又回南雁，簾外猶鳴朔風。莫怪燕山春曉，小桃花已先紅。時盆中桃盛開。〔註13〕」

江郎南浦欲別，小謝西陵未來。謂嗣璨弟也。〔註14〕細草巴溝乍綠，《長安客話》：「高梁橋西北，十里平地，有泉四出，瀦為小溪，凡數十處。北為北海淀，南為南海淀。北海之水來自巴溝，或云巴溝，即南海淀也。」〔註15〕堅冰潞水寧開。骰翻李部新格，見卷十二《畢上舍》。酒瀉烏巾舊醅。見卷四《題峴山》。款語且留十日，看花同上豐臺。見卷八《蘸集豐臺》。

積雨寄賀秀才

堂坳階面蘙青莎，鳩婦呼來又出窠。見卷八《棹歌》。說與江南賀梅子，《竹坡詩話》：「賀方回嘗作《青玉案》詞，有『梅子黃時雨』之句，時人謂之賀梅子。方回寡髮，郭功甫指其髻曰：『此真賀梅子也。』」今年暑雨者邊多。

倪博士我端讀書城西雨中寄之二首先生《訓導倪君墓誌》：「君授經宣武門內，弟子著錄者日眾，乃避跡西山。君諱我端，字郢客，初名野王，字古期。先世嘉靖中自紹興避倭亂徙嘉興。」〔註16〕

黑龍潭口水雲腥，見卷七《龔尚書軼詩》。黃紙無勞畫丙丁。見卷十一《過劉學正》。料得林扉昏掩處，高荷大芋枕邊聽。范成大詩：「大芋高荷半畝陰。」〔註17〕

雨氣西山黯未開，更聞小暑一聲雷。《淮南子》：「夏至加十五日，斗至丁

〔註12〕《敬業堂詩集》卷十一。

〔註13〕石印本作「時盆桃花盛開」，與注同字號。

〔註14〕此係自注。

〔註15〕《欽定日下舊聞考》卷七十九、《欽定古今圖書集成·方輿彙編·職方典卷四十七》。

〔註16〕《曝書亭集》卷七十八《儒學訓導倪君墓誌銘》。

〔註17〕《大黃花》。

則小暑。」〔註18〕農占云：「小暑一聲雷，倒轉作黃梅。」謂多雨也。不煩走馬沖泥苦，便可乘船入市回。見卷七《送喬舍人》。

牽牛花十二韻

小草無心蔓，疎籬到處延。梅堯臣《牽牛花》：「花蔓相連延。」〔註19〕涼分銀漢水，見卷一《七夕》。曉映碧羅天。劉禹錫詩：「游絲撩亂碧羅天。」〔註20〕絆地三秋早，含苞七夕先。《唐本草》：「牽牛三月生苗，七月開花，八月結實。」風吹長嫋嫋，露洗更娟娟。冷翠蕉林外，歐陽炯詞：「笑指芭蕉林裏住。」〔註21〕新黃豆葉邊。日高翻自斂，《本草衍義》：「牽牛花，日出開，日西萎。」夜久愈生妍。月影銷衣後，蟲聲攪夢前。捎溝香驛路，《周禮·冬官·匠人》：「捎溝三十里而廣倍。」墮雨滴罾船。陸游詩：「臨溪旋喚罾船渡。」〔註22〕螢火黏常濕，蛛絲密易緣。子多拋藥臼，《名醫別錄》：「牽牛子，此藥始出田野，人牽牛謝藥，故以名之。牽牛作藤生，花狀如扁豆，黃色。子黑色。」根不費花錢。舊入桐君錄，見卷十二《食山藥》。宜篹織女鈿。憑誰描竹尾，《宣和畫譜》：「滕昌祐《竹枝牽牛圖》一。」幽思轉脩然。

同李中允澄中錢中允金甫李諭德鎧重過萬柳堂有懷相國馮公二首

岸柳經秋臥，簪花過雨摧。應門人已換，並馬客重來。板屋分熊檻，張華《文史箴》：「元熊攀檻。」莎亭擾雉媒。見卷一《渡黃浦》。昔年觴詠日，先生有《上巳萬柳堂讌集》詩。不記暮笳催。

樹改平泉譜，見卷九《王尚書》。堂仍右相名。路回逢石坐，心怯過橋行。稚子喧棊局，園官卻酒鎗。《梁書·何點傳》：「竟陵王子良遺點嵇叔夜酒杯、徐景山酒鎗。」〔註23〕惟餘沙面水，猶似冶源清。見卷十一《送益都》。

〔註18〕《天文訓》：「故日有四十六日而夏至，音比黃鐘；加十五日指丁則小暑，音比大呂。」
〔註19〕原題作《籬上牽牛花》。
〔註20〕《春日書懷寄東洛白二十二楊八二庶子》。
〔註21〕《南鄉子》（畫舸停橈）。
〔註22〕《山行》。陸游多用此。《散步至三家村》：「罾船歸處魚餐美。」《平水小憩》：「罾船浦漵通。」《南沮水道中》：「罾船聚小潭。」按：（唐）皇甫松《浪淘沙》：「浪惡罾船半欲沈。」
〔註23〕按：非《梁書》，出《南齊書》卷五十四《高逸列傳·何點》。又見《南史》卷三十《何點》。

題汪祭酒霦詩卷三首

金馬紛紛著作家，緇塵日日走箯車。誰如國子先生暇，吟到棠梨日影斜。《道元學古集》：「成均堂東有棠梨樹，日影至則師生始散。」〔註24〕

西陵十子流派別，見卷八《贈吳山濤》。南宋諸公體制殊。《少室山房詩藪》：「大抵南宋古體當推朱元晦，近體無出陳去非。此外略有三等。尤、楊四子，元和體也；徐、趙四靈，大中體也；劉、戴諸人，自為晚宋；而謝翱七言古時有可採焉。」〔註25〕《農田餘話》：「宋南渡後，文體破碎，詩體卑弱，惟石湖、放翁為平正。至晦庵諸子，始一變時習，模仿古作，故有神頭鬼面之論。」〔註26〕絕似韋郎浣花集，韋藹《浣花集序》：「家兄自應聘為蜀奏記。明年，浣花溪尋得杜工部舊址，結茅為室，思其人，欲成其處。藹因錄兄稿成默誦者，次為十卷，目之曰《浣花集》。」〔註27〕奇章麗則近來無。按：《奇章集》四卷，錄李林甫至崔湜百餘家。《麗則集》五卷，集《文選》以後至唐開元詞人詩。

庭闈眷戀賦歸難，酒伴相逢強自寬。只合宅西添小閣，秋山且當故園看。祭酒詩卷中有「記得年時重九日，全家登閣看秋山」之句。〔註28〕

秋日集馮檢討齋分韻得南字按：檢討名勖。同集者為毛檢討奇齡、李檢討澄中、李中允鎧、毛檢討升芳。

畢卓能轟飲，見卷四《大牆上蒿行》。卷十《贈徐丈》。康駢愛劇譚。《唐書・藝文志》：「康駢〔註29〕《劇譚錄》三卷。字駕言。乾符進士第。」長筵遮硯北，《漫莊墨錄》：「晁以道詩云：『疾病猶存硯北身。』《漢上題襟集》：『段成式書云：杯宴之餘，常居硯北。』蓋言几案南面，而人居硯之北也。」〔註30〕小徑闢花南。見卷一《閑情》。楄釀三升酒，白居易詩：「白角三升楄。」〔註31〕龕香二寸柑。餘酣

〔註24〕卷三《歐陽玄功待制入院後僕以兼領成均辰酉甚嚴絕不得相見今夜當同宿齋宮賦此先寄並柬謝敬德脩撰》「坐候棠梨過夕暉」注。

〔註25〕《南宋雜事詩》卷一「中興詞翰坐春風，科第繽紛出學宮。花月平章二百載，詩名終是首文公」注。按：原見《詩藪・雜編》卷五。

〔註26〕《南宋雜事詩》卷一「雲漢昭回奎宿明，岩庵猶記大蘇名。從來國運關文運，莫誤文章吃菜羹」注。

〔註27〕《御定佩文韻府》卷一百三之一。

〔註28〕此係自注。

〔註29〕「駢」，《新唐書》卷五十九作「餠」。

〔註30〕卷十。

〔註31〕《池上早春即事招夢得》。按：參卷十二《冬日陪徐副相元文姜著作宸英遊大房山出郊雨雪馬上作》「車中三升楄」。

留未去，採菊入茶籃。徐積詩：「茶籃與酒榼。」〔註32〕

題周編修金然雲松雪瀑圖編修與予有結鄰洞庭山之約。〔註33〕字廣菴，上海人。康熙壬戌進士。有《西山集》、《和陶詩》。

越縑八尺誰所畫，雪瀑亂灑長松梢。中有科頭人，獨坐磐石坳。注目一疋練，舀泉一勺瓟。《說文》：「舀，抒臼也。」挹彼注此謂之舀。《廣韻》：「瓟瓠可為飲器。」斯人豈宜在巖壑，或者避俗憎喧譊。我生山水性夙嗜，十年誤把田園拋。移家欲果洞庭約，擬先縛屋三重茅。毛公壇高踏月上，《吳郡志》：「毛公壇福地在洞庭山，劉根得道處。根既仙，身生綠毛，故名之曰毛公。」〔註34〕王世貞《洞庭山記》：「包山寺里許毛公壇，其所鍊〔註35〕丹處也。」靈威洞古探書鈔。《靈寶要略》：「吳王闔閭遊包山，見一人，自言姓山名隱居，入洞庭，取素書一卷，文不可識。令人齎之問孔子。孔子曰：『聞童謠曰：吳王出遊觀震澤〔註36〕湖，龍威丈人山隱居。北上包山入靈墟，乃入洞庭竊禹書。君王所得，毋乃是乎？』」《吳地記》「龍威」作「靈威」。楊梅滿村鶴頂賤。陸游詩：「壓擔稜梅鶴頂殷。」〔註37〕橘柚落樹筠籠包。茲山從無蛇虎雉，《吳郡志》：「晉琅琊王彪二女，姊聖姑，妹素姑，著木屐履水而行，折蘆而坐，邑人神之。沒後，立祠練瀆之西。有雉塘，聖姑常省其兄於此，為雉所驚，因而禁絕，自是西洞庭遂無雉。古稱洞庭無三班，蛇、虎、雉也。」但有魚蟹鰕登庖。雨前茶牙舌比雀，見卷十一《送曹郡丞》。籬下竹筍頭如貓。見卷十三《偶成》。閒房恣意任選擇，樂土不用分肥磽。先生方充記言史，《禮》：「動則左史書之，言則右史書之。」〔註38〕朵殿直入穿雲旓。張衡《西京賦》：「棲鳴鳶，曳雲旓。」曰歸正恐歸未得，磨錢枉費占義爻。《物原》：「伏羲始造龜卜，京房始以錢卜。」《儀禮注》：「以三少為重錢，重錢，九也；三多為交錢，交錢，六也；兩多一少為單錢，單錢，七也；兩少一多為折錢〔註39〕，

〔註32〕（宋）徐積《大河上天章公顧子敦》。

〔註33〕此係自注。

〔註34〕范成大《吳郡志》卷九《古蹟》。

〔註35〕「鍊」，石印本作「練」。

〔註36〕按：「澤」字衍。孫瑴《古微書》卷三十二、卷三十五、陳耀文《天中記》卷七、《欽定古今圖書集成·博物彙編·神異典卷二百六十三》、《御定駢字類編》卷四、《御定佩文韻府》卷十二之一均無「澤」，亦無「君王所得，毋乃是乎」。此沿江浩然《曝書亭詩錄》之說。

〔註37〕《故山四首》其一《鏡湖》。

〔註38〕《禮記·玉藻》。

〔註39〕非《注》，出《士冠禮第一》賈公彥《疏》。「折錢」作「拆錢」。下同。

折錢，八也。」陸游詩：「不用磨錢卜〔註40〕卦爻。」**耕田定須沮溺耦，開徑可少求羊交。**見卷二《彝公過》。**終當乞取鑑湖曲，**見卷二《鑑湖》。蘇軾詩：「欲問君王乞鑑湖。」〔註41〕**庶免怨鶴驚猨嘲。**見卷十二《竹爐聯句》。

皇仁綏遠詩八首並序

臣聞柔遠人則四方歸，《禮》。〔註42〕**有常德而六師整。**《詩》：「整我六師。」〔註43〕《小序》：「《常武》，召穆公美宣王也。有常德以立武事，因以為戒然。」**舞兩階之干羽，**《書》：「舞干羽於兩階。」〔註44〕**至誠感神；**《書》。〔註45〕**受百祿於共球，**《詩》〔註46〕：「受小球大球。」又：「受小共大共。」又：「百祿是總。」**敷奏其勇。**《詩》。〔註47〕**周官分職，合方訓方懷方；**《周禮·夏官》：「合方氏掌達天下之道路。訓方氏掌道四方之政事與其上下之志。懷方氏掌來遠方之民，致方貢，致遠物而送逆之，達之以節。」**王會開圖，**《唐書·南蠻傳》：「西爨之南，有東謝蠻。貞觀三年，其酋元深入朝，冠烏熊皮若注旄，以金銀絡額，被毛帔，韋行縢，著履。中書侍郎顏師古上言：『昔周武王時，遠國入朝，太史次為《王會篇》。今蠻夷入朝，冠服不同，可寫為《王會圖》。』詔可。」〔註48〕《譚賓錄》：「顏師古奏為《王會圖》，詔令閻立本圖之。」**比服要服荒服。**《逸周書·王會篇》：「方千里之外為比服，方千里之內為要服，三千里之內為荒服，是皆朝於內者。」**唐著歸忠之傳，**《唐書·藝文志》：「李德裕《異域歸忠傳》二卷。」〔註49〕**漢歌樂德之詩。**

〔註40〕「卜」，陸游《初歸雜詠七首》其二作「擲」。此沿江浩然《曝書亭詩錄》之說。
〔註41〕按：此處牽混蘇詩。《金門寺中見李西臺與二錢唱和西絕句戲用其韻跋之》其二：「欲問君王乞符竹，但憂無蟹有監州。」《次韻子由使契丹至涿州見寄四首》其三：「那知老病渾無用，欲向君王乞鏡湖。」此沿江浩然《曝書亭詩錄》之說。
〔註42〕《中庸》。
〔註43〕《大雅·常武》。
〔註44〕《大禹謨》。
〔註45〕《大禹謨》。
〔註46〕《商頌·長發》。
〔註47〕《商頌·長發》。
〔註48〕《新唐書》卷二百二十二下《南蠻列傳下》。另，《舊唐書》卷一百九十七《南蠻列傳》：「東謝蠻，其地在黔州之西數百里，南接守宮獠，西連夷子，北至蠻。……貞觀三年，元深入朝，冠烏熊皮冠，若今之髦頭，以金銀絡額，身披毛帔，韋皮行縢而著履，中書侍郎顏師古奏言：『昔周武王時，天下太平，遠國歸款，周史乃書其事為《王會篇》。今萬國來朝，至於此輩章服，實可圖寫，今請撰為《王會圖》。』從之。」
〔註49〕《新唐書》卷五十八。

《後漢·西南夷傳》：「白狼王唐敢等慕華歸義，作詩三章，有樂德、慕德、懷德歌。」矧夫百王之所未臣，重譯於焉來附，見卷九《平蜀詩》。于疆于理，《詩》。〔註50〕無貳無虞，《詩》。〔註51〕宜有頌聲，用揚盛美。欽惟我皇上軼堯包舜，揚武觀文，陟禹跡而方行，合軒符而在握。泰階協正，庾信《馬射賦序》：「玉衡正而泰階平。」被四表以光華；《書》：「光被四表。」〔註52〕上治咸和，《易》：「『飛龍在天』，上治也。」〔註53〕躋八紘於仁壽。《淮南子》：「九州之外有八寅，八寅之外有八紘。」〔註54〕《漢書·王吉傳》：「毆一世之民，躋之仁壽之域。」〔註55〕建中立極，《書》〔註56〕：「建中於民。」又：「皇建其有極。」無外恢圖。《管子》：「天覆而無外也，其德無所不在。」〔註57〕天地之大德曰生，《易》。〔註58〕靡一物不懷帝德。《書》：「帝德廣運。」〔註59〕神人之所助者順，《易》：「天之所助者，順也。」〔註60〕允率土莫非王臣。《詩》：「率土之濱，莫非王臣。」〔註61〕畫謀造化之先，《後漢·張衡傳·論》：「數術窮天地，製作侔造化。」〔註62〕制勝霄旻之上。《爾雅》：「秋為旻天。」乃喀爾喀《奉使俄羅斯日記》：「大幕以北，喀爾喀、車臣、額諾德、倭羅斯、回回等國道路遼闊，言語不通，亦聞風慕義，重譯而貢獻。」雖修職貢，反側靡常，與厄魯特妄搆兵端，阢窮已甚。《奉使日記》：「喀爾喀大旱連年，草枯水竭，兵雖眾而弱，屢戰未決勝負。額諾德出奇兵，從間道據喀爾喀妻孥家貲，喀爾喀舉國不戰而竄。」皇上湛恩溥博，克全仁濡義育之中；《通書》：「聖人在上，以仁育萬物，以義正萬民。」睿慮周詳，不遺曲成範圍之內。《易》：「範圍天地之化而不過，曲成萬物而不遺。」〔註63〕謂外藩之豫附，必親定其機宜。總七萃於黃圖，《隋書·經籍志》：

〔註50〕《大雅·江漢》。
〔註51〕《魯頌·閟宮》。
〔註52〕《堯典》。
〔註53〕《乾》。
〔註54〕《地形訓》。
〔註55〕卷七十二。
〔註56〕《仲虺之誥》。
〔註57〕《版法解》。
〔註58〕《繫辭下》。
〔註59〕《大禹謨》。
〔註60〕《繫辭上》。
〔註61〕《小雅·北山》。
〔註62〕卷五十九。
〔註63〕《繫辭上》。

「《黃圖》一卷，記三輔宮觀、陵廟、明堂、辟雍、郊畤等事。」〔註64〕**勒五營於紫微**。「七萃」、「五營」，竝見卷三《大閱圖》。楊炯《李君神道碑》：「遷原州百泉縣，令斜通紫微，卻負黃州。」**硎水潮河以北**，□□□□□〔註65〕：「《水經注》：『孟廣硎山也，其下為廣硎水，自黑谷關入，西南流逕牆子嶺，西合清水河。』」又：「密雲縣東七里為白河，又東十五里為潮河。」**照耀戈鋌**；《舊唐書·李嗣業傳》：「戈鋌鼓鞞，震耀山野。」〔註66〕**空同祝栗之間**，《爾雅》：「北戴斗極為崆峒。」又：「北至於祝栗。」**扶攜老幼。百重陛戟**，班固《西都賦》：「陛戟百重。」**瞻帳殿而傾心**；見卷九《省耕》。**千列周廬**，《西都賦》：「周廬千列。」**覲天顏而稽首。宸衷用豫，聖度誠弘**〔註67〕。**載揚正正之旗，徐布堂堂之陣**。竝見卷三《大閱圖》。**有爵有階有秩，推亡固存**；《書》。〔註68〕**賜衣賜讌賜金，式歌且舞**。《詩》。〔註69〕**申以河山之誓**，《史記·高祖功臣侯年表》：「封爵之誓曰：『使長河如帶，泰山若礪。國以永寧，爰及苗裔。』」〔註70〕**親同禁衛之軍**。《唐書·兵志》：「所謂天子禁軍者，南、北衙兵也。南衙，諸衛兵是也；北衙，禁軍也。」〔註71〕**而又躬蒞營門，特宣誥誡。用賞用罰，是訓是行**。《書》。〔註72〕**永為不侵不叛之臣**，《左傳》：「以為先君不侵不叛之臣，至於今不貳。」〔註73〕**無異實畝實籍之地**。《詩》：「實墉實壑，實畝實藉。」〔註74〕**於是揚葭啟路**，王融《曲水詩序》：「建旗拂霓，揚葭振木。」《隋書·史祥傳》：「想鳴葭之啟路，思託乘於後車。」〔註75〕**總馴回鑾**。顏延之《曲水詩序》：「金駕總馴，聖儀載佇。」唐太宗詩：「回鑾遊福地，極目玩芳辰。」〔註76〕**百千萬人，皆感恩而泣下；四十九部，益慕義而歡騰。蒼龍搖旆旆之旂**，《禮》：「乘鸞輅，

〔註64〕卷三十三。
〔註65〕按：出處闕，底本、石印本空五格。按：引文見《欽定日下舊聞考》卷一百五十二、卷一百三十九，出處當為《日下舊聞考》。
〔註66〕卷一百九。
〔註67〕「弘」，底本、石印本作「宏」，據康熙本《曝書亭集》改。
〔註68〕《湯誓》。
〔註69〕《小雅·車舝》。
〔註70〕卷一十八。
〔註71〕《新唐書》卷五十。
〔註72〕《洪範》。
〔註73〕襄公十四年。
〔註74〕《大雅·韓奕》。
〔註75〕卷六十三。
〔註76〕《謁并州大興國寺詩》。

駕蒼龍。」〔註77〕《詩》：「彼旟旐斯，何〔註78〕不旆旆。」**朱鷺疊淵淵之鼓**。
《古今樂錄》：「漢鼓吹十八曲，一曰朱鷺。」梁元帝詩：「疊鼓隨朱鷺，長簫應紫騮。」
〔註79〕《書》：「伐鼓淵淵。」〔註80〕**歲旱而雨師灑道**，《易林》：「雨師灑道，風
伯逐殃。巡守封禪，以告成功。」〔註81〕**日長而風伯清塵**。《唐書·狄仁傑傳》：
「天子之行，風伯清塵，雨師灑道。」〔註82〕**曜乾文**，《元史》：「郊祀樂章：肇此
大禮，乾文弘朗。」〔註83〕**闡坤珍**，班固《東都賦》：「於是聖王乃握乾符，闡坤珍。」
調玉燭，《爾雅》：「四時和謂之玉燭。」**輝金鏡**。見《平蜀詩》。**既膺寶籙**，張衡
《東京賦》：「高祖膺籙受圖。」杜審言詩：「禎符龍馬出，寶籙鳳皇傳。」〔註84〕**宜**
薦鴻稱。李華《含元殿賦》：「因以鴻稱，含元建名。」**惟至德之彌謙，而覃厚**
者多益。《詩》〔註85〕：「俾爾單厚。」又：「俾爾多益。」**萬年有道，千古未聞。**
臣幸際昌辰，王績《遊北山賦》：「幸收元吉，坐偶昌辰。」**式觀醲化**。陸機《辨
亡論》：「雖醲化懿綱，未齒乎上代。」**自慚弇陋，仰沭崇深。恭賦短章，奉揚**
駿烈。陸機《文賦》：「詠世德之駿烈。」」

　　紫禁開魚鑰，見卷十《禁中騎馬》。**青郊建羽旄**。《詩》：「建彼旄矣。」〔註86〕
《禮》：「飾以羽旄。」〔註87〕**受降資廟略**，《漢書》：「元封六年，令因杅將軍築受
降城。」〔註88〕楊炯詩：「坐謀資廟略。」〔註89〕**載筆忝詞曹**。《禮》：「史載筆。」
〔註90〕「詞曹」，見卷九《賜藕》。**塞拓漁陽遠**，《漢書·地理志》：漁陽郡，秦置縣
漁陽，莽曰得漁。〔註91〕**山盤虎北高**。《使遼行程記》：「自檀州北行八十里，又八

〔註77〕按：出《呂氏春秋·孟春紀》。

〔註78〕「何」，《小雅·出車》作「胡」。

〔註79〕《赴荊州泊三江口詩》。

〔註80〕《小雅·采芑》。

〔註81〕《巽》之《小過》。按：《淮南子·原道訓》：「令雨師灑道，使風伯掃塵。」

〔註82〕《新唐書》卷一百十五。按：《舊唐書》卷八十九「天子之行」下另有「千乘
　　　　萬騎」。

〔註83〕卷六十九《禮樂志》。

〔註84〕《和李大夫嗣真奉使存撫河東》。

〔註85〕《小雅·天保》。

〔註86〕《小雅·出車》。

〔註87〕《禮記·樂記》。

〔註88〕此引文，已見《納臘侍衛性德輓詩六首》之三「絕域受降時」。

〔註89〕《送劉校書從軍》。

〔註90〕《禮記·曲禮上》。

〔註91〕卷二十八上。

十里至虎北口館。」〔註92〕《日下舊聞》:「按:古北口亦名虎北口。」〔註93〕見卷十一《夜起》。**群臣歸燕息**,《詩》:「或燕燕居息。」〔註94〕**轉念聖躬勞**。

雁路緣沙磧,鮑照詩:「心隨雁路絕。」〔註95〕《郡國志》:「伊州鐵勒國多沙磧。」**魚雲接幔城**。**鳴鑾七校從**,班固《西都賦》:「大輅鳴鑾。」《漢書·刑法志》:「武帝平百粵,內增七校,外有樓船,皆歲時講肄,修武備云。」〔註96〕**吹笛六軍行**。《周禮·大司馬》:「凡制軍,萬有一〔註97〕千五百人為軍,王〔註98〕六軍。」**俗本通鞮譯**,《禮》:「西方曰狄鞮,北方曰譯。」〔註99〕**人今息戰爭**。**紛紛攜老穉**,**遙望屬車迎**。見卷十《送宋僉事》。

納款陳千帳,魏收《移梁文》:「有苗納款,未勞征伐。」**班朝式九圍**。《禮》:「班朝治軍。」〔註100〕《詩》:「帝命式於九圍。」〔註101〕**不圖瞻日角**,見卷十《賜御衣帽》。**轉自懾天威**。《左傳》:「天威不違顏咫尺。」〔註102〕**重馬馱金橐**,杜牧《寄和州崔員外》:「金橐寧回顧,珠簞肯一根。」〔註103〕**茸裘換錦衣**。見卷十一《簡宋觀察》。**早知恩賚渥**,**慕義久先歸**。

錫宴原殊禮,《韓詩外傳》:「晉平公使范昭觀齊國之政,景公錫之宴。」〔註104〕**官庖出尚方**。《漢書·百官公卿表》:「少府屬官有鉤盾、尚方、御府。」《注》:「鉤盾主近苑囿,尚方主作禁器物,御府主天子衣服也。」〔註105〕**自來鹽谷少,初得旨甘嘗**。**位近周青馬**,《逸周書》:「周公旦主東方,所之青馬,黑鬣,謂之母兒。」〔註106〕**詩呈漢白狼**。見前。**遠人何以報,齊奉萬年觴**。見卷十一《贈耿都尉》。

〔註92〕《欽定日下舊聞考》卷一百五十三、《欽定古今圖書集成·方輿彙編·職方典卷五十三》。

〔註93〕《欽定日下舊聞考》卷一百五十三。

〔註94〕《小雅·北山》。

〔註95〕《王昭君》。

〔註96〕卷二十三。

〔註97〕「一」,《周禮注疏》卷二十八《夏官司馬第四》作「二」。

〔註98〕石印本此下有「有」字。

〔註99〕《禮記·王制》。

〔註100〕《禮記·曲禮上》。

〔註101〕《商頌·長發》。

〔註102〕僖公九年。

〔註103〕原題作《寄內兄和州崔員外十二韻》。

〔註104〕卷八。

〔註105〕卷十九上。

〔註106〕《王會解第五十九》。

羽衛三千士，《晉書·天文志》：「壘壁陣十二，在羽林北，羽林之垣壘也，主軍衛為營壅也。」〔註107〕李獻能詩：「虎賁先導三千士，天馬初離十二閑。」〔註108〕**龍媒十二閒。**《古樂府》：「天馬徠，龍之媒。」〔註109〕《周禮·司馬·校人》：「天子十有二閒，馬六種。」**載旌平似水**，《禮》：「前有水，則載青旌。」〔註110〕**佈陣屹如山。膽已寒蕃部**，《宋名臣言行錄》：「范仲淹與韓琦協謀，必欲收復靈夏橫山之地。邊上謠曰：『軍中有一韓，西賊聞之心骨寒。軍中有一範，西賊聞之驚破膽。』元昊大懼，遂稱臣。」〔註111〕楊巨源詩：「曾從伏波征絕域，磧西蕃部怯金鞍。」〔註112〕**懽仍啟聖顏。**曹植《責躬》詩：「遲奉聖顏。」**始知師以律**，《易》：「師出以律。」〔註113〕**悔恃七旗孱。**杜臻《經緯堂集》：「喀爾喀以七旗數十萬之眾，喪亡略盡。」

繼絕宏新典，疏榮表外藩。河山申信誓，謨訓有恩言。入覲金吾仗，《漢書·百官公卿表》：「中尉，秦官，掌徼循京師。武帝太初元年更名執金吾。」〔註114〕**來隨白虎旛。**《古今注》：「魏朝詔東方郡國以青龍旛，南方郡國以朱鳥旛，西方郡國以白虎旛，北方郡國以玄〔註115〕武旛，朝廷畿內以黃龍旛，亦以騏驎旛。」**自今同尉候**，揚雄《解嘲》：「東南一尉，西北一候。」**不敢更懷諼。**《漢書·藝文志》：「及邪人為之，則上詐諼而棄其信。」〔註116〕

鳳蓋將旋日，班固《西都賦》：「張凰蓋，建華旂。」**重攜所部來。感深翻泣涕，送遠愈徘徊。星野瞻箕足**，《春秋元命苞》：「箕星故為幽州，分為燕國。」《漢書·地理志》：「劉向言：『地分燕地，尾箕之分野也。』」〔註117〕《文殊所說善惡宿曜經》：「第五尾四足，箕四足，斗一足，在寅歲星位焉。其神如弓，故曰人馬宮。」〔註118〕**雲旓戴斗魁。**《史記·天官書》：「魁枕參首。」〔註119〕《正義》：「魁，斗

〔註107〕卷二十《天文志中》。
〔註108〕（金）李獻能《從獵口號四首》其二。
〔註109〕卷二十二《禮樂志》。
〔註110〕《禮記·曲禮上》。
〔註111〕（宋）朱熹《宋名臣言行錄前集》卷七。
〔註112〕《贈史開封》。
〔註113〕《師》。
〔註114〕卷十九上。
〔註115〕「玄」，底本、石印本作「元」。
〔註116〕卷三十。
〔註117〕《欽定日下舊聞考》卷一、《欽定古今圖書集成·方輿彙編·職方典卷九》。
〔註118〕《欽定日下舊聞考》卷一。
〔註119〕卷二十七。

第一星也。言北方斗衡直當北之魁，枕於參星之首。」又：「斗魁戴筐六星曰文昌宮。」
神功一萬禩，駐蹕起層臺。

　　左闕千門曉，《神異經》：「東方有宮，青石為牆，高三仞，左右闕高百尺，畫
以五色。」南風五月薰。《家語》：「南風之薰兮。」〔註120〕崇牙鐃吹曲，《詩》：
「崇牙樹羽。」〔註121〕《樂府詩集》：鼓吹曲，一曰短簫鐃歌。仙仗羽林軍。杜甫
《洗兵馬》：「常思仙仗過崆峒。」《唐書·兵志》：「武德初，始置軍府，析關中為十二
道。以同州道為羽林軍。」〔註122〕行健同天德，《易》：「天行健。」〔註123〕鳴謙
集帝勳。《易》：「鳴謙，利用行師，征邑國。」〔註124〕何遜詩：「重規襲帝勳。」
〔註125〕小臣逢盛際，獻頌愧無文。《左傳》：「言之無文，行而不遠。」〔註126〕

為魏上舍題水村第二圖二首

《居易錄》：「門人魏坤持水村圖求題，予為作四
絕句。朱竹垞詩云：『綠蘋不礙板橋椿，紅葉空〔註127〕堆老樹腔。他日相思〔註128〕
任風雨，抽帆直到讀書窗。』又跋云：『通川錢德鈞居魏塘，趙承旨為作水村圖。予嘗
見其真蹟，信墨寶也。禹平以水村為〔註129〕號。吳江徐虹亭檢討亦為作水村圖，予
題之云：鷗波亭子趙王孫，曾為錢郎畫水邨。過眼雲煙難再見〔註130〕，披圖彷彿筆
蹤存；斜插漁〔註131〕標颭酒旗，柳陰小犬吠笆籬。歸田最是分〔註132〕湖好，我亦
相期作釣師。』既而禹平復至京師，屬李南溟上舍又作此卷。』按：德鈞當日亦有二
圖，承旨作之於前，薊丘李息齋為之於後，何古今人事之相類也。」〔註133〕

　　江鄉最好是分湖，見卷八《櫂歌》。紫蟹紅鰕雪色鱸。眯眼塵沙歸未得，
見卷六《風懷》。倩人重寫水村圖。

〔註120〕《辯樂解第三十五》。
〔註121〕《周頌·有瞽》。
〔註122〕《新唐書》卷五十。
〔註123〕《乾》。
〔註124〕《謙》上六。
〔註125〕《九日侍宴樂遊苑詩為西封侯作》。
〔註126〕襄公二十五年。
〔註127〕「空」，《居易錄》作「長」。
〔註128〕「思」，《居易錄》作「過」。
〔註129〕「為」，《居易錄》作「自」。
〔註130〕「見」，《居易錄》作「睹」。
〔註131〕「漁」，《居易錄》作「魚」。
〔註132〕「分」，《居易錄》作「汾」。
〔註133〕卷九。

綠蘋不礙板橋椿，紅葉空堆老樹腔。異日相過任風雨，抽帆直到讀書窗。

燕京郊西雜詠同諸君分賦按：姜西溟、高二鮑、譚左羽、汪舟次、梁藥亭、孫愷似、王令貽、查德尹、湯西厓、龔蘅圃同集古藤書屋分韻。

十八盤《帝京景物略》：「洪光寺徑，上指玉華寺，再上至〔註134〕玉皇閣；下指碧雲寺，再下指弘〔註135〕法寺。十有八盤，而徑盡至寺門。香山乃在其下。」〔註136〕

香山十八盤，盤盤種松柏。《寓林集》：「寺蹬凡九曲，歷十八盤而上，每蹬松柏成行，如列屏幛。」《珂雪齋集》：「香山寺僧舍數十處，多植〔註137〕偃蓋之松，引流水周其霤下。」惟見獨行僧，稀逢採樵客。

高粱河《長安客話》：「高粱河離西直門僅半里，橋跨河上。茲水發源西山，匯為西河，東為小渠，由此入大內，稱玉〔註138〕河。」

高粱寒食時，《帝京景物略》：「水從玉泉來，三十里至橋下。夾岸高柳，絲垂到水。綠樹紺宇，酒旗亭臺，廣畝小池，蔭爽交匝。歲清明日，都人踏青，輿者、騎者、步者，遊人以萬計。」〔註139〕昔年盛遊冶。隔水百重花，長堤兩走馬。見卷一《平陵東》。

釣臺《一統志》：「釣魚臺在府西花園村。臺下有泉湧出，匯為池，其水至冬不竭。相傳金人王郁隱此。」

鯈魚千百頭，湖水二三尺。有時溪雲生，不見釣臺石。

君子城《郡國志》：「石勒每破一州，必簡別衣冠，號為君子城。洎平幽州，擢荀綽、裴憲等還襄國經此。俗訛為箕子城。」

吾笑石季龍，《後趙錄》：「石虎，字季龍。勒之從子。」爾何知好士。羅致山城中，哀哉數君子。

〔註134〕「至」，《欽定日下舊聞考》、《欽定古今圖書集成》作「指」。

〔註135〕「弘」，底本、石印本作「宏」，據《欽定日下舊聞考》、《欽定古今圖書集成》改。

〔註136〕《欽定日下舊聞考》卷八十七、《欽定古今圖書集成·方輿彙編·職方典卷四十七》。按：底本無此注，據石印本補。

〔註137〕「植」，底本作「值」，據石印本改。按：引文見《欽定日下舊聞考》卷八十七、《欽定古今圖書集成·方輿彙編·職方典卷四十七》，「值」並作「植」。原出《珂雪齋集》卷十六《西山遊後記·香山寺》，亦作「植」。

〔註138〕「玉」，《欽定日下舊聞考》作「御」。

〔註139〕《欽定日下舊聞考》卷九十八、《欽定古今圖書集成·方輿彙編·職方典卷四十六》。

芙蓉殿《長安客話》:「玉泉山以泉名。山頂有金行宮芙蓉殿故址,相傳章宗嘗避暑於此。」〔註140〕

雕宮委礌礫,暗粉剝莓苔。想見明昌日,《癸辛雜識》:「章宗母乃徽宗某公主之女,故章宗嗜好書札,悉效宣和,字畫尤為逼真。金國之典章文物,惟明昌為盛。」〔註141〕按:明昌,金章宗年號。芙蓉殿腳開。顏師古《隋遺錄》:「每日擇妙麗女子千人,執雕版,鏤金楯,號為殿腳女。」〔註142〕

黃牛岡《長安可遊記》:「下黃牛岡口,取仰山道,轉一岡為南莊。復歷峻阪土,中有三斷石,讀之乃知為大興府西連山棲隱寺。金大定初,建有五峰八亭。章宗屢遊之,常題詩刻石,今亡矣。」〔註143〕

亂石侵花當,見卷九《清流關》。奔沙擁樹根。黃牛岡上月,橫笛過前村。黃庭堅詩:「騎牛遠遠過前村,吹笛風斜隔隴聞。」〔註144〕

香水院《帝京景物略》:「過金山口二十里,一石山小峰屏簇,如笏張簪。峰之尊者曰妙高峰,峰下法雲寺,寺有雙泉鳴於左右寺門。內甃為方塘殿倚石,石根兩泉源出焉。西泉出經茶灶,繞中霤。東泉出經香積廚,繞外垣。匯於方塘,所謂香水已。金章宗設八院遊覽,此其一。院草際斷碑,香水院三字尚存。」〔註145〕

壞磴接雲根,流泉來樹底。宛轉入僧廚,淙淙鳴不已。

夾山寺《四溟山人集》有《夾山寺》詩。

禪枝啼谷鳥,庾信《安昌寺碑》:「禪枝四靜,慧窟三明。」杜甫詩:「禪枝宿眾鳥。」〔註146〕忍草護松關。偶入樵人徑,桃花又一山。

〔註140〕《欽定日下舊聞考》卷八十五、《欽定古今圖書集成‧方輿彙編‧坤輿典》卷三十七、《方輿彙編‧職方典》卷四十七。

〔註141〕《御定佩文韻府》卷二十二之三。按:原出《癸辛雜識》續集卷下《章宗效徽宗》。

〔註142〕《隋遺錄》,一名《大業拾遺記》。「每日」,《說郛》卷一百十上、《天中記》卷二十八、《御定淵鑑類函》卷三百十三、《欽定古今圖書集成‧明倫彙編‧宮闈典卷五十四》、《欽定古今圖書集成‧經濟彙編‧考工典卷一百八十》均作「每舟」。

〔註143〕《欽定日下舊聞考》卷一百四、《欽定古今圖書集成‧方輿彙編‧職方典卷十二》。

〔註144〕《牧童》。

〔註145〕《欽定日下舊聞考》卷一百六。

〔註146〕《遊修覺寺》。按:蕭統《講席將畢賦三十韻詩依次用》:「藥樹永繁稠,禪枝詎凋摵。」

甕山《帝京景物略》:「甕山去阜城門二十餘里。」〔註147〕

石甕久已徙,《薊丘集》:「甕山相傳有老父鑿得石甕,上有華蟲雕刻文,中有物數十種,悉為老父攜去。置甕於山之西,留識於此,曰石甕。徙貧帝里。」〔註148〕青山仍舊名。去都無一舍,《周禮注》:「三十里為一舍。」已覺旅塵清。

重光協洽辛未

送吳御史震方還里二首《嘉興府志》:「吳震方,字右弨,號青壇,石門人。丙辰進士。由庶常改授御史。京師多無賴,糾黨爭鬥,震方嚴禁戢,尤鯁直,以參關弊解組歸。有《放膽詩》、《晚樹樓詩稿》行世。」

去年兮上書,拜手兮青蒲。《漢書・史丹傳》:「丹以親密臣得侍視疾,候上間獨寢,時丹直入臥內,頓首伏青蒲上。」《注》:「以青規地曰青蒲。」〔註149〕今春兮未暮,乘白駒兮下通潞。酌酒兮臨風,攬子袪兮城東。申之兮款曲,客無為兮忽忽。泛湢河兮千里,不如子之車兮莫或敢梐。望江關兮兩旗,不如子之馬兮莫或敢維。囊無一物兮旋故土,杜甫詩:「囊無一物獻尊親。」〔註150〕將津吏兮無怒。《詩》:「將子無怒。」〔註151〕

瞻衡宇兮欣欣,陶潛《歸去來辭》:「乃瞻衡宇,載欣載奔。」數鄉樹兮歷歷。慰慈母兮倚閭,見卷一《送屠爌》。御輕軒兮布席。見卷十三《送楊侍郎》。妾埽蠶兮臂筐,梅堯臣詩:「三月將蠶掃〔註152〕,蠶妾具其器。」童呼牛兮腰笛。於濆詩:「牧童披短蓑,腰笛期煙渚。」〔註153〕麥秋兮梅暑,《禮》:「麥秋至。」〔註154〕盧從願詩:「槐路清梅暑。」〔註155〕煙舟兮雨屐。鄭谷詩:「煙舟撐晚浦,

---

〔註147〕《欽定日下舊聞考》卷八十四。
〔註148〕《欽定日下舊聞考》卷八十四、《欽定古今圖書集成・方輿彙編・職方典卷四十七》。
　　　另,國圖藏本眉批:「人不之信。嘉靖初,甕不知所存,嗣是物力漸耗。」此數字不宜刪。
〔註149〕卷八十二。《注》乃顏師古引「應劭曰」。
〔註150〕《重贈鄭鍊》。
〔註151〕《衛風・氓》。
〔註152〕「蠶掃」,《和孫端叟蠶具十五首》其十《蠶槌》作「掃蠶」。
〔註153〕《山村曉思》。
〔註154〕《禮記・月令》。
〔註155〕《奉和聖製送張說巡邊》。

雨屐剪春蔬。」〔註156〕罷遠遊兮屈平，屈平有《遠遊》篇。師近遊兮束晢。束晢有《近遊賦》。逝將歸兮由拳，樂與子兮晨夕。陶潛詩：「樂與數晨夕。」〔註157〕

雨中酬王先生士禎〔註158〕早春見過韻

架插圖書即是家，忍令丘壑廢京華。《騰笑集》作「但愁無計視蒼華」。謝靈運詩：「昔余遊京華，未嘗廢丘壑。」〔註159〕故人積雨能來否，堂下羅生十樣花。《唐書·地理志》：「越州會稽郡土貢：寶花、花紋等羅，白編、交梭、十樣花紋等綾。」〔註160〕

正月上旬過朱竹垞太史齋中諸花盛開賦絕句《精華錄》編年在庚午。王士禎〔註161〕

馬塍曾說野人家，每先去聲。東皇管物華。今歲長安霜雪少，試燈風裏見唐花。

按：漁洋作其二云：「十笏如聞功德香，曼殊陀利兩芬芳。偶來小坐談空處，政要天花作道場。」先生和云：「長日看消百刻香，借書也學譜群芳。《群芳譜》，先生祖方伯公所輯。歸帆尚及春花種，盡墾蓬門碌磂場。」

團谿歌寄題黃贊善與堅書屋《感舊集》：「與堅，字庭表，號忍菴，江南太倉人。順治己亥進士。舉博學鴻詞，官贊善。有《忍菴詩集》。」《集外詩》作《送黃贊善歸里》。其一云：「一曲驪歌迫歲闌，慈仁松下駐歸鞍。深杯小榼休辭醉，長店岡頭雪正寒。」其四云：「誰耐京華久索居，入春我亦返田廬。嶽迴書屋能留客，鮮鯽須烘四寸魚。」

團谿水繞舍北流，團谿花發牆東稠。先生歸去著書便，日坐團溪溪上樓。

九日萬柳堂同譚十一表兄瑄作三首

百尺金臺近可攀，見卷七《送葉上舍》。城西積翠冷屏顏。司馬相如《大人賦》：「放散畔岸，驪以屏顏。」師古曰：「屏顏，不齊也。」〔註162〕自緣筋力新

〔註156〕《聞進士許彬罷舉歸睦州悵然懷寄》。
〔註157〕《移居二首》其一。
〔註158〕「禎」，底本、石印本作「正」。
〔註159〕《齋中讀書》。
〔註160〕卷四十一。
〔註161〕《曝書亭集》詩題前有「附」，王士禎前有「濟南」。「禎」，底本作「正」。
〔註162〕《漢書》卷五十七上《司馬相如傳上》。

來倦，九日聊尋一簣山。毛際可《萬柳堂記》：「因濬池之深以為山，岡皋回互，丘壑蒼莽。拾級而登，則西山晴翠，明滅可指。」

鵁鶄撲鹿起晴沙，見卷十三《送徐檢討》。路轉平岡日已斜。較是今年籬菊晚，秋深猶膩水葓花。《本草衍義》：「水蓼與水紅相似，紅非蓼甚明。」俗作「莊」，又作「葓」。李賀詩：「江圖畫水葓。」〔註163〕皇甫嵩詞：「水葒花發秋江碧。」〔註164〕

改席疎林脫帽多，半酣猶望麯車過。休嘲酒戶年來減，勸客還能卷白波。見卷十三《冬夜同諸子》。

秋水十韻

郭外湖新漲，天邊暑乍歸。牽艗移荻岸，繫纜到柴扉。橋影中流小，人煙極浦稀。家家採菱角，處處落蓮衣。渡口迷村店，潮痕驗釣磯。魚標林際短，李商隱詩：「荻花村裏魚標在。」〔註165〕道源注：「魚標，以白木板為之，插於水際，投餌其下，魚爭聚焉，漁人以籠罩罩之。」蟹火夜深微。柳近浮萍埽，楓兼斷葦飛。避矰鴻雁下，《莊子》：「且鳥高飛以避矰弋之害。」〔註166〕張耒詩：「蟄豸深壞〔註167〕戶，冥鴻巧避矰。」侵塍稻粱肥。夢穩扁舟在，鄉遙舊雨非。殷勤報鷗鳥，伴我共忘機。李商隱《太倉箴》：「海翁忘機，鷗故不飛。海翁易慮，鷗乃飛去。」

送蔡中允假還省親名升元。《騰笑集》四首。其一云：「近傳封事柏臺班，不放詞曹返故山。獨趁庭闈頭未白，青春一舸溯沙還。」其二云：「攜歸賜紵拆封緘，好進高堂製作衫。灣轉雪溪三百六，荷花香裏笑抽帆。」其三云：「春坊宅傍五亭東，酒幔茶橋面面風。到日別圖行看子，蛤蜊菰葉太湖公。」

記聽句臚已十年，見卷六《壽徐侍讀》。詞頭草罷擘宮箋。白居易《中書寓直》：「病對詞頭慚彩筆。」《北夢瑣言》：「羅紹威擘箋起草，下筆成文。」〔註168〕不知才子循陔後，鎖院何人下水船。《通考》：「故事，以雙日鎖院，隻日降

〔註163〕《惱公》。

〔註164〕皇甫松《天仙子》其一（晴野鷺鷥飛一隻）。

〔註165〕《贈從兄閬之》。

〔註166〕《應帝王》。

〔註167〕「壞」，《蛻庵歲晏百憂薰心排遣以詩乃作五首》其二作「坯」。

〔註168〕卷十七《鄴王偷江東詩》。

麻。」〔註169〕《摭言》:「裴廷裕乾寧中在內廷,文書敏捷,號為下水船。」〔註170〕

寄題張學士英前輩賜金園二首 張字敦復,桐城人。歷仕至大學生。諡文端。

《西河詩話》:「龍眠張學士以山水為性情,雖日供奉御前,而丘壑之志未忘,故自稱曰圃翁。嘗以乞假歸,出所賜水衡錢,搆園居之,名賜金園,姚舍人為之圖。」〔註171〕《集外詩》作《題張學士賜金園圖》,四首。其三云:「百里團湖冷畫屏,到門二十七〔註172〕峰青。四軒花月隨時有,不數涪翁舊日亭。」其四云:「橋外松篁檻下池,披圖天末起相思。廿年不見羹湖老,姚叟文變。畫手前身李伯時。」

金海橋西小苑灣,偶辭賜第放船還。仙居絕勝閭丘遠,《後漢·郡國志》:「山陽郡南平陽侯國有閭丘亭。」〔註173〕割取龍眠一半山。《南畿志》:「龍眠山在桐城縣西北六十里。」《宋史·文苑傳》:「李公麟,字伯時,舒州人。第進士。歸老肆意於龍眠山岩壑間。雅善畫,自作山莊圖。」〔註174〕

越溪漁客東歸後,千載無人乞鑑湖。輸與先生賜金換,君恩歲歲答魚租。《元史·余闕傳》:「盜方據石蕩湖,出兵平之,令民取湖魚而輸魚租。」〔註175〕

毛封公壽詩集唐人句十韻 封公名九苞,遂安人。子升芳,己未鴻博。〔註176〕

自知清淨好,張籍。〔註177〕名利本來疎。司空曙。〔註178〕嗜〔註179〕酒晉山簡,杜甫。通經漢仲舒。錢起。〔註180〕高齋徵學問,孟浩然。〔註181〕教子但詩書。朱慶餘。〔註182〕庭養衝天鶴,王維。〔註183〕香消蠹字魚。常

〔註169〕卷五十四。

〔註170〕卷十三《敏捷》。

〔註171〕《漁洋精華錄集注》卷十二《題張敦復大宗伯賜金園圖》惠棟注。

〔註172〕「二十七」,《曝書亭全集》(第868頁)作「七十二」。

〔註173〕卷三十一。

〔註174〕卷四百四十四《文苑列傳六》。

〔註175〕卷一百四十三。

〔註176〕石印本無此注。

〔註177〕石印本闕注。出《和左司元郎中秋居十首》其四。

〔註178〕按:非司空曙詩,出司空圖《上陌梯寺懷舊僧二首》其一。

〔註179〕「嗜」,《北鄰》作「愛」。

〔註180〕《奉和中書常舍人晚秋集賢院即事寄徐薛二侍御》。

〔註181〕《宴張別駕新齋》。

〔註182〕石印本闕注。出《送石協律歸吳興別業》。

〔註183〕《奉和聖製幸玉真公主山莊因題石壁十韻之作應制》。

衰。〔註184〕寧知武陵趣，祖詠。〔註185〕還傍釣臺居。張祜。〔註186〕散帙至棲鳥，高適。〔註187〕鳴榔聞夜漁。閻防。〔註188〕古苔生迸地，杜甫。〔註189〕時菊覆清渠。羊士諤。〔註190〕洞有仙人籙，王維。〔註191〕門停〔註192〕長者車。杜甫。桐江秋信早，皎然。〔註193〕勾漏藥成初。羅隱。〔註194〕自有延年術，白居易。〔註195〕何人更得如。姚鵠。〔註196〕

寄題新城王上舍啟深園居十二首

《甌尾續文》：「兒子啟涑於綠蘿書屋之南，稍以己意布置，小具丘壑，命之曰清遠山居。落成，自賦十二詩紀事。門人何翰林世璂澹菴復集陶句和之，妙出天然。清遠山者，在浙之浦陽，蓋道家所謂洞天福地之一。適與『涑』字符合，故取以名。」按：阮亭先生長子名啟涑，字清遠。有西城別墅，一時名士題詠甚多。啟深係士禧子，誤。

綠蘿書屋

女蘿青嫋嫋，《爾雅翼》：「女蘿色青而細長，無雜蔓，青長如帶。」壓君一丈牆。有時風卷幔，瑣碎涼月光。留照牀上書，簽帙生微黃。

嘯臺

江微《陳留志》：「阮嗣宗善嘯，聲與琴諧。陳留有阮公嘯臺。」

山月出漸高，山泉鳴不已。登臺一舒嘯，四面林風起。公子鸞鶴群，常建詩：「余亦謝時去，西山鸞鶴群。」〔註197〕形神兩無累。

春草池

《漁洋詩話》：「予所居小圃，石帆亭南有池，曰春草。」

春水既已綠，江淹《別賦》：「春水綠波。」春柳亦已青。此時池上草，日暖飛蜻蜓。游絲墮復起，牆外花冥冥。

〔註184〕《晚秋集賢院即事寄徐薛二侍郎》。
〔註185〕《題韓少府水亭》。
〔註186〕底本、石印本闕注。出張祜《七里瀨漁家》。
〔註187〕《同衛八題陸少府書齋》。
〔註188〕《與永樂諸公夜泛黃河作》。
〔註189〕《溪上》。
〔註190〕《永寧小園即事》。
〔註191〕《和尹諫議史館山池》。
〔註192〕「停」，《對雨書懷走邀許十一簿公》作「聽」。
〔註193〕《早秋桐廬思歸示道諺上人》。
〔註194〕《題玄同先生草堂三首》其二。
〔註195〕底本、石印本闕注。出白居易《北窗閒坐》。
〔註196〕底本、石印本闕注。出姚鵠《寄贈許璋少府》。
〔註197〕《宿王昌齡隱居》。

石丈《石林燕語》:「米芾知無為軍,見立石頗奇,喜曰:『此足以當吾拜。』命取袍笏拜之,每呼曰石丈。」

種橘號作奴,《荆州記》:「李衡,字叔平。仕吳為丹陽太守。遣客於武陵、龍陽、汎州種柑橘千株。臨死,語其子曰:『吾有千頭木奴,不責汝衣食,歲得千疋絹,亦足用矣。』種花呼作後。《群芳譜》:「魏紫出魏相仁溥之家,姚黃出民姚氏家。錢思公嘗曰:『今謂牡丹為花王,姚花真可為王,魏乃後耳。』山礬以為兄,黃庭堅《水仙花》:「山礬是弟梅是兄。」海棠以為友。都印《三餘贅筆》:「宋曾端伯以十花為十友,各為之詞。荼蘼,韻友。茉莉,雅友。瑞香,殊友。荷花,浮〔註 198〕友。岩桂,仙友。海棠,名友。菊花,佳友。芍藥,豔友。梅花,清友。梔子,禪友。」羅置石丈前,丈應開笑口。

大椿軒《莊子》:「上古有大椿者,以八千歲為春,八千歲為秋。」〔註 199〕

大椿本無樹,取以名其軒。不隨薾草雕,見卷一《樹萱篇》。長愛藻景暄。因思漆園叟,《史記》:「莊子,蒙人也,名周。嘗為蒙漆園吏。著書十餘萬言,大抵率寓言也。」〔註 200〕十九皆寓言。《莊子》:「寓言十九,重言十七,卮言日出,和以天倪。」〔註 201〕

小華子岡《唐書・王維傳》:「別墅在輞川,地奇勝,有華子岡、欹湖、竹里館、柳浪、茱萸沜、辛夷塢,與裴迪遊其中。」〔註 202〕

小水波淪漣,王維《與裴迪書》:「夜登華子岡,輞水淪漣,與月上下。」小山石偃仄。貢師泰詩:「草樹分偃仄。」〔註 203〕月明攜客上,竹樹風不息。比似輞川圖,《唐朝名畫錄》:「王維畫《輞川圖》,山谷鬱盤,雲水飛動。」但著淺絳色。《珊瑚網》:「黃子久有淺絳色山水。」

石帆亭王士禛〔註 204〕《池北偶談・自序》:「池上有亭,形類畫舫,曰石帆者。予暇日與客坐其中,竹樹颯然,池水清澈,可見毛髮,游鰷浮沉,往來於寒鑑之中。」

我昔鏡湖曲,曾對石帆山。見卷三《同宋琬》。婀娜層雲外,《古樂府》:

〔註 198〕「浮」字疑誤,《欽定古今圖書集成・博物彙編・草木典卷十一》引作「淨」。
　　　　　此沿江浩然《曝書亭詩錄》之說。
〔註 199〕《逍遙遊》。
〔註 200〕卷六十三《老子韓非列傳》。
〔註 201〕《寓言》。
〔註 202〕《新唐書》卷二百二《文藝列傳中》。
〔註 203〕不詳。
〔註 204〕「禛」,底本、石印本作「正」。

「布帆婀娜起。」〔註205〕迢迢不可攀。何如一片影，杜甫《孤雁》：「誰憐一片影。」移置戶庭間。

三峰杜甫詩：「一匱功盈尺，三峰意出群。」〔註206〕

　　一峰竦中央，兩峰旁夾侍。共此一簣山，各具千仞勢。要知主人心，方蓬有遐寄。李白詩：「水落海上青，鼇背覩方蓬。」〔註207〕

雙松書塢

　　我願身為鶴，巢君庭際松。清風吹我衣，明月照我容。與君歲寒約，寤語緜春冬。

樵唱軒孟浩然《南園即事》：「釣竿垂北澗，樵唱入南軒。」〔註208〕

　　樵風遠更聞，樵唱行無次。郭東郭西樵，見卷一《珠江阻風》。審音非一致。寫入丘中琴，泠泠有餘思。

小善卷《南畿志》：「善卷洞，宜興縣西南五十里，中可坐千人，周回峭壁，刻以佛像。有石筍，高丈餘，號玉柱。洞有三，曰乾洞，乃石室；曰大小水洞，泉深無底。」

　　洞戶雖言小，翻勝陽羨里。《常州府志》：「宜興古蹟有陽羨城，秦曰陽羨。」初無鹽米堆，《一統志》：「宜興善卷洞內有鹽堆、米堆及仙人丹灶。」惟有木石幾。不知經幾年，石髓滴為水。《列仙傳》：「卬疏者，周封史也，能行氣鍊形，煮石髓而服之，謂之石鍾乳。」

半偈閣《涅槃經》：「佛言我念過去作婆羅門，在雪山中脩菩薩行，時天帝釋即下試之，自變其身作羅剎像，住菩薩前，口說半偈云：『諸行無常，是生滅法。』菩薩即語：『羅剎但能具足說是偈競，我當以身奉施供養。』」

　　小梯上橫閣，勝境同精廬。宴坐維摩椅，纖塵都埽除。觀心默無語，想見天地初。

　　按：城西別墅倡和詩十三首，尚有《竹徑》一題。

〔註205〕《烏夜啼》（長檣鐵鹿子）。

〔註206〕《天寶初南曹小司寇舅於我太夫人堂下累土為山一匱盈尺以代彼朽木承諸焚香瓷甌甌甚安矣旁植慈竹蓋茲數峰嶔岑嬋娟宛有塵外數致乃不知興之所至而作是詩》。

〔註207〕《贈盧徵君昆弟》。

〔註208〕《澗南即事貽皎上人》。

題沈上舍洞庭移居圖六首《洛如詩鈔》：「沈南疑有卜居洞庭之志，倩王補雲寫林屋圖。」

沈郎歸興及秋風，見卷三《食鱠魚》。**擬學煙波笠澤翁**。《唐書·張志和傳》：「居江湖，自稱煙波釣徒。」〔註 209〕《揚州記》：「太湖一名笠澤，一名洞庭。」**不戀湖莊收紫茜**，按：南疑所居名茜莊，曾繪圖索同人題詠。**愛他千樹洞庭紅**。

銷夏灣頭五月涼，《姑蘇志》：「消夏灣在西洞庭縹緲峰之南。灣可十餘里，三面皆山繞之，獨南面如門闕。」**堂成面面納湖光。楊梅線紫批杷白**，〔註 210〕《格物總論》：「楊梅五月中熟，以紫者為佳。」陸游詩：「楊梅線紫開園晚。」〔註 211〕郭義公《廣志》：「枇杷四月熟，白者為上。」**買斷閒園自在嘗**。蘇軾詩：「借與匏尊自在嘗。」〔註 212〕

才微歲晚畏譏彈，杜甫詩：「才微歲晚尚虛名。」〔註 213〕**井社年來欲住難。只合全家太湖去，免教小吏侮鄉官。**

洞府曾傳第九天，蔡昇《震澤編》：「林屋洞即道書十大〔註 214〕洞天之第九，一名左神幽虛之天。洞有三門，同會一室，中有石室、銀房、金庭、玉柱。」**況聞崦裏足良田**。皮日休詩：「崦裏何幽奇。」注：「太湖龜山傍曰崦裏，有良田二十頃。」**煩君竢我鮎魚口**，《江南通志》：「鮎魚口在太湖之北，去吳江縣十八里。」**並載吳江赤馬船**。劉熙《釋名》：「輕疾者曰赤馬舟，其體正赤，疾如馬也。」〔註 215〕韓翃詩：「楚竹青陽路，吳江赤馬船。」〔註 216〕

濕銀三萬六千頃，《越絕書》：「太湖周三萬六千頃。」**兩點青螺髻子濃**。皮日休《縹緲峰》：「似將青螺髻，撒在明月中。」〔註 217〕**生怕東山鷿鵜鬧**，按：

〔註 209〕《新唐書》卷一百九十六《隱逸列傳》。
〔註 210〕國圖藏本眉批：《吳郡志》：「消夏灣在洞庭西山之趾山，十餘里繞之。舊傳吳王避暑處。」《具區志》：「楊梅出洞庭山塘里涵村，東山豐圻、俞塢。若橫陰諸山皆有之。」又，「枇杷出東山之白沙、紀革、查灣、俞塢諸處者佳。其品有二，實大而色白，味甘酸，獨核者名枇杷，實差小而黃色者名金蜜罐。」
〔註 211〕《出近村歸偶作》。
〔註 212〕《病中游祖塔院》。
〔註 213〕《酬郭十五受判官》。
〔註 214〕「大」，石印本作「八」。
〔註 215〕卷七。
〔註 216〕《贈別韋兵曹歸池州》。
〔註 217〕《太湖詩》其八《縹緲峰》。

太湖中有東鵝、西鵝二山。〔註218〕**輕帆徑度莫鼇峰**。見前《送史館姜君》。

　　橘田姜稜散租符，施樞詩：「付與租符曉夕忙。」〔註219〕**西舍東鄰興不孤**。**他日相逢王潑墨**，《歷代名畫記》：「王默酒後用頭髻取墨抵絹上，作山水松石。」《唐名畫錄》：「有王墨善潑墨山水，故謂之王墨。」《圖繪寶鑒》：「王洽能潑墨成畫。」〔註220〕**也礬生絹索橫圖**。《輟耕錄》：「寫山水訣，好絹用水噴濕，石上槌眼扁〔註221〕，然後上幀子。礬法：春秋膠礬停勻，夏月膠多礬少，冬月礬多膠少。」

曝書亭集詩注卷十四　　　　　　　　　　　　　　　　男　蟠　挍

〔註218〕國圖藏本眉批：富按：此引注鴨山，大謬。

〔註219〕（宋）施樞《鏡湖一曲》。

〔註220〕卷二。

〔註221〕「扁」，《南村輟耕錄》卷八作「匾」。